O código das profundezas

Roberto Lopes

O código das profundezas

Coragem, patriotismo e fracasso
a bordo dos submarinos argentinos
nas Malvinas

CIVILIZAÇÃO BRASILEIRA

2012

Copyright © Roberto Lopes, 2012

Projeto gráfico de miolo
Evelyn Grumach e João de Souza Leite

Diagramação de miolo
Ilustrarte Design e Produção Editorial

Foto da orelha
Fabio Hurpia

CIP Brasil. Catalogação na Fonte
Sindicato Nacional dos Editores de Livros, Rj

Lopes, Roberto, 1953-

L856c O código das profundezas: coragem, patriotismo e fracasso a bordo dos submarinos argentinos nas Malvinas / Roberto Lopes. – Rio de Janeiro: Civilização Brasileira, 2012.

Inclui bibliografia
ISBN 978-85-200-1122-5

1. Malvinas, Guerra das, 1982 – História. 2. Malvinas, Guerra das, 1982 – Operações navais – Submarinos. I. Título.

12-0429

CDD: 997.11
CDU: 94(292.85)

Todos os direitos reservados. Proibida a reprodução, armazenamento ou transmissão de partes deste livro, através de quaisquer meios, sem prévia autorização por escrito.

Este livro foi revisado segundo o novo Acordo Ortográfico da Língua Portuguesa.

Direitos desta edição reservados pela
EDITORA CIVILIZAÇÃO BRASILEIRA
Um selo da
EDITORA JOSÉ OLYMPIO LTDA.
Rua Argentina, 171 – Rio de Janeiro, RJ – 20921-380
Tel.: 2585-2000

Seja um leitor preferencial Record.
Cadastre-se e receba informações sobre nossos lançamentos e nossas promoções.

Atendimento e venda direta ao leitor:
mdireto@record.com.br ou (21) 2585-2002.

Impresso no Brasil
2012

*Este livro é dedicado ao
vice-almirante (R) Sérgio Tavares Doherty,
armamentista e especialista em Inteligência.
Um dos mais preparados
oficiais da Marinha do Brasil
que pude conhecer.*

Por nuestra bandera y nuestro destino
porque no estamos solos
porque la justicia y el derecho
están de nuestro lado
porque tenemos fe en nosotros mismos
por nuestros hijos
porque el enemigo está peleando
por su pasado
y nosotros por nuestro futuro.

Mensagem de propaganda do governo argentino
transmitida por rádio e televisão,
entre abril e junho de 1982

*Não é permitido à História fantasiar;
ela não pode, como o poeta dramático,
introduzir-se na mente de suas personagens
e falar por elas; porém
ela será tanto mais perfeita e mais artística
quanto mais se acercar, com seus próprios meios,
da produção dos mesmos efeitos do drama e da novela.*

Marcelino Menéndez y Pelayo (1856-1912),
filósofo e historiador espanhol

Sumário

APRESENTAÇÃO   13

BREVE NOTA TÉCNICA   23

1770. O PRIMEIRO ATAQUE ÀS ILHAS DA CONFUSÃO
(PREÂMBULO DE CARÁTER HISTÓRICO)   29

PEQUENO GLOSSÁRIO   33

PARTE I   24 anos antes   35

1. A força estagnada   37
2. O tenente rebelde   43
3. Atlântico Sul, ao largo de Puerto Pirámide. Outubro de 1966   53
4. De volta à Isla Soledad   59
5. 1978: a postos para a Operação *Soberanía*   65
6. Os submarinos de Pinochet   71
7. O remédio de Thule   79
8. Torpedos erráticos   83
9. Embargo   89

PARTE II   O calvário do "Santa Fe"

10. Punta del Este, manhã de 19 de março de 1982   97
11. No ataque! (A bordo de um submarino com pouca bateria, sem todos os tubos lança-torpedos disponíveis, sem radar e sem poder receber pelo rádio...)   103
12. Cracas   109
13. A volta para casa, cheio de problemas...   115
14. A nova missão (com o sistema elétrico da propulsão funcionando mal e o revestimento da torreta se desmanchando)   121

ROBERTO LOPES

15. Medidas desesperadas   127
16. A mensagem da sexta, dia 23   135
17. Grytviken   139
18. A escolha de Bicain   143
19. Sabotagens. E morte   155

PARTE III IKL-209 e SST-4: pesadelo debaixo d'água
20. O drama do "ARA Salta"   165
21. "Esquadra em potência": a Marinha argentina foge de
suas responsabilidades nas Malvinas   169
22. As opções estratégicas   175
23. Enriqueta   179
24. O desastre do dia 19   183
25. 1º de maio (com os torpedos em manual)   189
26. Mais notícias ruins   193
27. 8 de maio. Alvo em zigue-zague   199
28. 11 de maio. Aparecem dois inimigos de uma só vez   203
29. O grande vexame de Roberto Salinas   209
30. Emergência! O torpedo "acorda" dentro do tubo nº 1...   213
31. Salinas volta à Casa   217

PARTE IV Os vinte anos seguintes
32. O memorando de Guenter   225
33. A sentença do capitão Moore   235
34. A Força desprezada   243

     A Força ultrapassada (Conclusão)   257

NOTAS   265
TEXTOS TÉCNICOS CONSULTADOS   277

Apresentação

É 1982... ano em que o governo de Israel completa a retirada de suas tropas da península do Sinai, Muammar Gaddafi é formalmente acusado pelas potências ocidentais de apoiar terroristas, o chefe da NKVD (serviço secreto soviético), Yuri Andropov, ascende ao poder na então União Soviética, e ano da Copa do Mundo da Espanha — prevista para começar a 13 de junho.

Em maio, nas profundezas do Atlântico Sul, quando o submarino argentino "San Luis" toca o leito marinho para, discretamente, tentar se esconder dos navios e aeronaves que o perseguem na superfície (lançando na água torpedos de busca subaquática e bombas de profundidade), o tripulante dentro dele é submetido a um estado de ansiedade cujos efeitos o leigo não pode mais do que imaginar.

Todos sofrem nessas ocasiões.

Enquanto mergulha para alcançar a segurança do fundo, o navio da classe IKL-209/1.100, de origem alemã, deve suportar um peso cada vez maior da água, que lhe comprime — esmaga — a "pele" feita de uma liga de aço especial, de alta resistência. Cada dez metros percorridos para baixo representam o acréscimo de uma atmosfera de compressão sobre essa estrutura curvilínea externa. E ela, necessariamente, sofre alterações.

A força de esmagamento dos abismos submarinos deforma elasticamente o casco da embarcação, bem como suas tubulações — que devem estar preparadas não apenas para resistir, mas também para permitir que seus mecanismos internos funcionem de forma a que o conjunto cumpra a função para o qual foi concebido: de máquina de guerra.

Os submarinistas argentinos sabem: a 200 metros de profundidade, o cilindro gigantesco que os transporta recebe uma pressão de 206 quilos por metro quadrado. Se eles descerem uns 70% mais — a uma profundidade próxima dos 340 metros —, a força de compressão, perto dos 350 quilos por metro quadrado, possivelmente fará com que o casco se rompa. Todos morrerão.

Durante o período de espera nesse refúgio do oceano, aos tripulantes que não estão de serviço diante dos consoles, das alavancas e dos incontáveis manômetros que revestem o espaço interno do barco, é dada ordem para que se recolham às suas camas. Isso irá reduzir-lhes o esforço físico a um mínimo, bem como o seu consumo, nesses intermináveis momentos de expectativa, do item mais precioso a bordo: o oxigênio.

Há cuidados também com a preservação de um outro elemento embarcado, intocável como o oxigênio, e como ele de enorme valor para a tripulação: a carga acumulada nas baterias do navio. Afinal, será essa energia que impulsionará o "San Luis", quando chegar a hora, para um novo deslocamento submerso. Por isso, o indicado — para ajudar a poupar força — é que os sistemas de ar condicionado sejam desativados.

Em poucos minutos, o ambiente no interior do frio casco resistente (habitáculo) do navio começa a assistir ao gotejamento de água, causado pela condensação do ar, derivada da presença humana e do aquecimento dos equipamentos que precisam ficar ligados. Em reforço às medidas de economia de energia, o interior da nave cai sob a penumbra vermelha das luzes de baixo consumo. No jargão naval argentino, chama-se a isso "silencio de combate".

Submarinos são máquinas extraordinariamente singulares, e portanto desafiadoras ao gênero humano. Em seu espaço exíguo, só há lugar para a camaradagem. Tripulantes temperamentais podem constituir um risco. Tudo em seu interior se propaga com grande facilidade: a dissensão, a gripe, a sensação tóxica oriunda de fritura na cozinha — até mesmo os odores de temperos fortes, como a cebola e o alho, que precisam ser evitados.

No início da década de 1980, patrulhas prolongadas a bordo dos IKL-209 deixavam os submarinistas suscetíveis a uma série de desconfortos orgânicos. Aberta acima das ondas, a boca do tubo do esnórquel, levado pelo submarino, permitia a indispensável admissão do ar fresco, mas a diferença entre a pressão da superfície e a existente dentro do barco fazia com que os ouvidos dos tripulantes doessem. Alguns sentiam dor de cabeça com mais frequência.

À falta de exercícios, o apetite do submarinista, naturalmente, diminui. A água potável é reduzida a menos de um litro por dia para cada um. Água para a higiene pessoal vira artigo raro, e o hábito de barbear precisa ser suspenso... Com a barba crescida e a ingestão de alimentos prejudicada, a aparência de abatimento físico do tripulante é inevitável.

Este livro descreve a ameaça que a Força de Submarinos da Armada argentina representou para seus inimigos ingleses durante a Guerra das Malvinas, em 1982. Os fatores que condicionaram sua atuação e as lições — e consequências — derivadas de seu modesto desempenho.

São revelações que correspondem, estritamente, à realidade dos fatos. Elas foram pinçadas do arquivo de documentos e anotações que reuni durante os 47 dias que passei em Buenos Aires, cobrindo a crise para a Rede Globo de Televisão; e também selecionadas, nos últimos dois anos, em dezenas de páginas de informações inéditas e mais de uma dúzia de testemunhos orais obtidos de fontes argentinas, britânicas, brasileiras, americanas, francesas, israelenses e chilenas.

Mas são informações que têm a força — ou o efeito, como prefere Menéndez y Pelayo — dos lances de uma ficção dramática.

Aos 115 submarinistas argentinos tripulantes dos navios "Santa Fe" e "San Luis" o que se pediu, no período de abril a junho daquele ano, não foi apenas o cumprimento do dever como marinheiros nos gelados e tempestuosos mares austrais, ou do dever patriótico. A eles mandou-se lutar em uma guerra da qual, por sua inexperiência em combate, treinamento insuficiente e pela deficiência de seus barcos, eles só sairiam vivos caso aceitassem a capitulação.

Submersíveis que zarpavam para o combate com tripulações novatas, torpedos defeituosos — que ameaçavam se voltar contra o próprio barco que os lançara —, motores que faziam barulho demais ou superaqueciam, sistemas internos de comunicação sujeitos a panes repentinas, limitações para a recarga das baterias e súbitos apagões na sensível eletrônica de bordo. Restrições até mesmo para submergir...

Exemplos de uma singular incompetência dos argentinos?

Não exatamente.

Em junho de 1982, época da rendição das forças platinas aos britânicos nas Malvinas, um relatório produzido em Brasília pelo setor de Inteligência do Estado-Maior do Exército brasileiro admitiu:

Em circunstâncias semelhantes, dispondo apenas de mísseis de defesa de ponto e aeronaves com base em terra, nossas forças navais seriam, certamente, presas fáceis para o inimigo. Torna-se, assim, evidente a necessidade de, a curto prazo, guarnecermos o NaeL "MINAS GERAIS" com aviação de ataque e armarmos alguns de nossos navios com MAS destinados à defesa antimíssil.[1]

Menos de quatro anos depois, na segunda semana de março de 1986, o jornal carioca O Globo descobriu: em dezembro de 1985, no decorrer de um exercício de tiro torpédico na raia de torpedos da Marinha do Brasil, entre o litoral do município fluminense de Maricá e a ilha Rasa, um torpedo de fabricação inglesa Tigerfish, desgovernado, voltou-se contra o próprio submarino que o disparou.[2]

Sete meses mais tarde, eu próprio noticiei, no jornal Folha de S.Paulo: durante as dez semanas da fase mais aguda da tensão no Atlântico Sul — correspondente às ações militares —, todos os três submarinos modernos da Esquadra brasileira (de origem inglesa) se encontravam indisponíveis, sendo submetidos a reparos — um deles, o "Humaitá", desde o ano de 1978...[3]

No fim de junho de 1989, obtive a informação de que o submarino "Tupi", da classe IKL-209/1.400 — modelo alemão derivado dos problemáticos IKL-209/1.100 usados pelos argentinos nas Malvinas —, havia sido entregue ao Brasil com problemas no software do seu computador de tiro KAFS, fabricado pela Ferranti, da Inglaterra, e em seus dois sistemas de ar condicionado — que pifaram ainda na travessia do navio da Europa para o Brasil, em alto-mar.[4]

Em 35 anos de jornalismo — a maior parte deles reportando e analisando assuntos de defesa nacional —, um dos pontos que de forma mais recorrente chamaram minha atenção foi a incapacidade das ditaduras militares sul-americanas de usar o seu poder político para, ao menos, moldar e equipar suas legiões e frotas em bases eficientes.

No Brasil, um punhado de chefes militares de cabeleiras esbranquiçadas, cortadas à escovinha, acreditou piamente que o voluntarismo de alguns empresários (de boa lábia) permitiria à indústria bélica brasileira saltar o gap tecnológico que a separava da moderna ciência militar e entregar-lhes equipamentos — navios, aviões, tanques — robustos e eficazes. Produtos que, se não podiam ser comparados aos das principais potências mundiais, inaugurariam a linha do "bom e barato" no sofisticado mercado internacional dos armamentos.[5]

Os chefes militares argentinos também sonharam com a glória militar. Mas, diferentemente de seus *hermanos de Brasil*, eles priorizaram igualmente a sua glória pessoal — com todos os corolários negativos que isso pudesse acarretar. Também não houve, na Argentina, um regime militar preocupado em lançar diretrizes *desenvolvimentistas* — chamemos generosamente assim — como o que se instalou em 1964, no Brasil.

A *Revolución Argentina* do general Juan Carlos Onganía, em junho de 1966, não era a de seu camarada Marcelo Levingston; e a noção de *proyecto nacional* do circunspecto Levingston, um típico soldado profissional que desprezava as lideranças políticas tradicionais, certamente nada tinha a ver com a de seu sucessor, Alejandro Lanusse — um aristocrata habitante das casernas, do tipo antiperonista radical.

Nessa fogueira de vaidades, os profissionais da vida partidária argentina cobriram somente um intervalo — entre 1973 e 1976 —, antes que o partidarismo — ou a politicagem — dos quartéis produzisse um *Proceso de Reorganización Nacional*. Tratava-se, na verdade, de uma espécie de segunda rodada de generais argentinos no poder: Videla, Viola, Galtieri...

Surgiu, porém, nessa etapa, um dado novo que, paulatinamente, afirmou sua importância: a intromissão da Marinha nos bastidores decisórios da condução política. Seu primeiro representante foi o almirante Massera — Emilio Eduardo Massera —, oficial ambicioso e enérgico, de competência aprimorada na área da Inteligência Militar. A ele seguiu-se Armando Lambruschini, um colega de turma na Escola Naval.

Atingido pessoalmente (perdeu uma filha de 15 anos) pela violência da "guerra suja", esse almirante chancelou o emprego de seus oficiais (muitos deles submarinistas) e o uso de quartéis e navios nas sessões de torturas a guerrilheiros da esquerda argentina.

A 11 de setembro de 1981, Lambruschini passou o comando-geral da Armada ao terceiro elemento dessa novel dinastia de fardamento branco: um homem de compleição física inexpressiva, mas feições duras. Chamava-se Anaya — almirante Jorge Isaac Anaya —, o filho de um médico boliviano e mãe argentina que nascera perto do mar, em Bahía Blanca — a mais cosmopolita das comunidades do litoral meridional argentino.

No Brasil, o fracasso da chamada Revolta da Armada, na última década do século XIX, sepultou o prestígio político da oficialidade naval. Na Argentina, no início dos anos 1980, a última voz de comando da Armada ainda estava para ser dada. E ela iria lançar o país em um conflito tão doloroso quanto impossível de ser vencido.

Anaya era um obcecado por suas convicções íntimas, e um militar que não temia agir ou envolver-se. Ainda que essa impulsividade não significasse, propriamente, uma virtude.

Some-se a isso o fato de que, na acidentada evolução política das Forças Armadas argentinas, o lado profissional das três armas quase não merece relevo, e estão dados os elementos que, no primeiro semestre de 1982, determinarão a derrota de nossos vizinhos no gelado Atlântico Sul.

Enquanto se ocuparam, nas últimas décadas do século XX, de combater seus inimigos internos, os militares compatriotas de Juan Manuel Rosas (1793-1877) produziram estragos que ficaram circunscritos ao ambiente de convivência e progresso econômico dos elementos de uma mesma nacionalidade. Mas quando um oficial submarinista — o vice-almirante Juan José Lombardo — de grande influência sobre o almirante Anaya convenceu seu chefe a reunificar (pacificar?) a dividida e maltratada sociedade argentina por meio de uma causa externa — a soberania sobre as ilhas Malvinas, Geórgias do Sul e Sandwich do Sul —, esses expoentes da caserna não apenas perturbaram a paz na América do Sul; eles também expuseram ao mundo o ridículo de seu despreparo profissional e a incúria com que mantinham tanto os seus equipamentos quanto o adestramento daqueles que deveriam, devotadamente, operá-los.

A guerra que enlutou centenas de famílias argentinas — e empanou a reputação dos seus soldados — partiu de suposições e planificações tragicamente equivocadas, e se desenvolveu, do lado platino, em uma espiral de erros militares incríveis, que geraram conclusões e decisões estapafúrdias. Posições adotadas em circunstâncias caracterizadas por vaidade corporativa e (1) a incapacidade das lideranças uniformizadas de admitirem que os britânicos não negociariam a soberania das ilhas sob ocupação armada; (2) sua inaptidão para entender que os Estados Unidos não abandonariam os "primos" ingleses — pelos quais já haviam se sacrificado enormemente na Segunda Guerra Mundial; (3) a incompetência de um comando conjunto para prover os arquipélagos em disputa — e Port Stanley em particular — dos meios de defesa apropriados; (4) a (curiosa) dissociação da cúpula da Força Aérea do esforço de seus colegas do Exército e da Marinha; e, por fim, (5) a desorganização e o despreparo de cada Força, isoladamente, para cumprir o papel que lhe cabia.

"Nesta era tecnológica, os militares devem conhecer suas armas", ensina o almirante que comandava a Frota do Atlântico americana, durante a Guerra das Malvinas. "Perícia e coragem não são suficientes. O extremo pontiagudo da lança são as armas, sejam elas mísseis, bombas, torpedos, granadas de mão ou minas", completa ele.[6] Uma crítica evidente ao fato de boa parte das bombas aéreas despejadas pelos argentinos sobre seus alvos não ter explodido, e de os torpedos que os seus submarinos lançaram jamais terem conseguido atingir qualquer coisa que valesse a pena.

Passei duas temporadas em Buenos Aires, durante as dez semanas cruciais da crise das Malvinas. Em Brasília, no intervalo entre elas, fui — creio que ainda em fins de abril — convidado para almoçar com o então ministro da Marinha do Brasil, Maximiano Eduardo da Silva Fonseca, a quem já conhecia pessoalmente.

Numa sala sem janelas, de paredes cobertas por cortinas — ambiente claustrofóbico que mais lembrava o da praça-d'armas de um submarino —, entre taças de vinho e taifeiros de luvas brancas, vi sentar-se à nossa mesa um oficial moreno, volumoso e quieto: o então chefe do Centro de Informações da Marinha (Cenimar), contra-almirante Luiz Augusto Paraguassú de Sá, um submarinista. Sua mudez contrastava com a afável falastronice de Maximiano, então com 62 anos. O ministro foi um hidrógrafo idealista, que colaborou decisivamente para o retorno da democracia no Brasil. A seu comando, a Força Naval impulsionou um programa nuclear próprio, dinamizou suas atividades na Antártida, criou um corpo feminino e estimulou a construção de navios militares no país. Sua grande derrota foi a não aprovação, pelo governo Figueiredo, de uma Guarda Costeira, projeto que implicava custos importantes e que foi sabotado dentro da própria Marinha por um grupo de almirantes egoístas e despreocupados com a questão da segurança pública no país.

Nesse almoço de abril — surpresa! — pude notar que o bem-sucedido assalto da Marinha argentina às Malvinas, no dia 2 daquele mês, causava, além de inveja, uma indisfarçável preocupação aos almirantes brasileiros. Eles temiam que a empreitada vitoriosa da Armada "irmã" pudesse inaugurar uma fase de hegemonia da *Flota de Mar* nas águas do Atlântico Sul. Mas é preciso dizer que não ouvi isso da boca do chefe do serviço secreto da Marinha. O almirante Paraguassú entrou mudo no nosso encontro, e dele, como popularmente se diz, "saiu calado". Tratava-se, pensei, de um autêntico chefe de serviço secreto.

Também predominava à mesa uma outra certeza: a de que os argentinos estavam construindo nas Malvinas um enclave militar poderosíssimo, cujo desmonte pelos britânicos — indispensável à retomada das ilhas — talvez exigisse um preço em vidas (e equipamento) que Londres julgasse proibitivo pagar.

E dessa trágica visão eu mesmo compartilhava. Tínhamos todos no inconsciente os terríveis sacrifícios exigidos às juventudes europeia e norte-americana pela Segunda Guerra, e sobretudo uma conta muito em voga na propaganda militar da época: a de que o sucesso no assalto a uma posição fortificada como a das Malvinas requeria, no mínimo, dez atacantes para cada defensor superado (morto ou capturado).

Caso isso fosse verdade, e também a informação de que os argentinos já haviam transferido para as Malvinas 10 mil soldados, os ingleses precisariam empreender um esforço hercúleo de transferir ao menos 100 mil homens do hemisfério norte para o hemisfério sul — com um só ponto de apoio no meio desse longo caminho, as ilhas Ascensão — se quisessem garantir a vitória militar.

Seria uma expedição de tal porte possível?

Alguns dias antes desse almoço, a seção de Informações do Estado-Maior do Exército produzira uma "Apreciação" que, obviamente, circulara na chamada "comunidade de Informações" brasileira. Ela dizia:

> Apesar da sua evidente superioridade qualitativa e quantitativa, a esquadra britânica encontrará dificuldades para sobrepor-se à Armada argentina, caso haja confronto entre as forças dos dois países, em virtude da superioridade aérea local argentina. (...) A hipótese de um desem-

barque inglês nas ilhas MALVINAS vai ficando mais remota, tendo em vista a quantidade de meios terrestres que a ARGENTINA já colocou na área, bem como os preparativos para a defesa que vêm sendo realizados, desde o primeiro dia da ocupação.[7]

Essa montoeira de "achismos" e previsões descoladas da realidade, que subestimava tanto a determinação britânica quanto o adestramento de seus militares, sua vocação para a guerra, a qualidade do material de que dispunham e o apoio potencial dos americanos, estava, aqueles dias, latente no noticiário da imprensa brasileira.

Jamais me esquecerei das horas que antecederam o meu primeiro embarque para a Argentina, na tarde da quarta-feira, 14 de abril. Devia ser por volta das 16h, e eu me encontrava no corredor das "ilhas" de edição do prédio-sede da Globo, no bairro carioca do Jardim Botânico, quando alguém gritou que acabara de chegar de Nova York o boletim gravado pelo jornalista Paulo Francis — principal comentarista da emissora nos Estados Unidos — para ir ao ar no *Jornal da Globo* naquela noite. Perguntaram se eu não queria assisti-lo antes de tomar o carro que me levaria ao Aeroporto do Galeão. Respondi, naturalmente, que sim.

De pé atrás de um editor de imagens, prestei toda a atenção na previsão de Francis, à época com 51 anos e no auge de sua credibilidade. Segundo ele, não haveria guerra no Atlântico Sul, porquanto se os britânicos se aproximassem demais das Malvinas os Estados Unidos interporiam sua frota entre os dois contendores (naqueles tempos de Guerra Fria, ambos seus aliados), e o choque entre eles não se produziria.

Um tanto decepcionado com essa ducha de água fria na minha aventura prestes a ter início, me apressei para embarcar no Boeing 727 da Aerolíneas Argentinas, que diariamente, às 19h, deixava o Rio com destino a Buenos Aires.

O nível de acerto da previsão de Francis — das minhas e de tantos outros — o leitor já conhece.

Este livro não pretende recontar como a liderança política argentina de 1982 levou seu país à guerra contra a Grã-Bretanha, mas apenas como o conflito surgiu na rotina dos submarinistas aquartelados na Base Naval de Mar del

Plata — de repente, sem permitir-lhes um mínimo de preparação, quase sem explicação alguma.

Por um capricho de estilo, tomo a liberdade de usar as palavras *submarino* e *submersível* como sinônimas, apesar de saber, perfeitamente, que do ponto de vista estritamente técnico-militar elas não o são. Espero contar com a indulgência dos leitores mais rigorosos.

O projeto deste livro não teria se tornado realidade sem a ajuda de um grupo de pessoas que aportaram não apenas documentos, mas também suas informações e experiências particulares. Devo a riqueza das imagens nos cadernos de ilustrações ao historiador argentino Ricardo Burzaco, que me franqueou os arquivos de sua prestigiosa revista *Defensa y Seguridad*, e ao editor-chefe do site *Poder Naval On Line*, Alexandre Galante. A todos minha sincera gratidão.

R.L.
Ariranha, São Paulo, junho de 2011

Breve nota técnica

Apesar de a quantidade de militares envolvida na crise das Malvinas ter sido muito menor do que a prevista no quadro dantesco imaginado pela mídia e por alguns militares brasileiros, e das limitações a que se submeteram as Forças Armadas de Sua Majestade, como o não bombardeio de alvos em território continental argentino — apelo enfático do governo de Washington —, os combates ocorridos entre abril e junho de 1982 no Atlântico Sul possibilitaram a avaliação de uma série de novidades para a moderna história das guerras.

O conflito constituiu a primeira campanha naval de alta complexidade desde a guerra no Pacífico — que, entre dezembro de 1941 e setembro de 1945, opôs os Estados Unidos e seus aliados locais aos japoneses. E do ponto de vista estritamente militar: a) o choque entre britânicos e argentinos ensejou o primeiro emprego de mísseis de cruzeiro modernos (franceses, do tipo *Exocet*) contra navios de uma armada de alta categoria. Isso, obviamente, criou a oportunidade para que se verificasse a real capacidade de autodefesa dessas embarcações — com resultados não muito lisonjeiros para a prestigiosa Royal Navy; b) da mesma forma, a confrontação representou uma chance inédita desde a Segunda Guerra Mundial: a de se observar os efeitos de uma onda de ataques aéreos contra uma força naval completa e de grande porte (formada por elementos de superfície, submarinos e de cobertura aérea); c) foi também a primeira vez em que uma potência naval empregou submersíveis de propulsão nuclear em teatros de operação reais; e d) a primeira vez em que se pôde constatar a eficiência de aviões de decolagem e aterrissagem vertical (ou curta) em um cenário de combate não fictício.

As páginas que se seguem estão concentradas no esforço da Fuerza de Submarinos argentina durante a crise das Malvinas.

Assim, sobre a guerra submarina nessa oportunidade é preciso ressaltar três pontos: 1) no Atlântico Sul, um diminuto e deficientíssimo agrupamento de submarinos sul-americanos de propulsão diesel-elétrica produziu uma preocupação enorme — desproporcional à sua capacidade de ameaça — às autoridades inglesas; 2) o dispositivo de proteção montado pelos marujos de Sua Majestade contra o perigo representado pelos submarinos argentinos causou o gasto de uma quantidade imensa de armas antissubmarinas, e ombreou-se, facilmente, à estratégia de cobertura montada contra os ataques do inimigo pelo ar; mas 3) também é necessário dizer: a pequena força de submarinos britânicos — que se sabia integrada por belonaves de propulsão nuclear — condicionou as principais decisões dos chefes navais argentinos; especialmente a de recolher seus principais barcos para águas de pouca profundidade, protegidas. Algo um tanto curioso e irônico, já que coube à Marinha argentina — e, em especial, a um seu submarinista, o comandante de Operações Navais, vice-almirante Juan José Lombardo — a decisão de lançar os argentinos na fogueira que ardeu entre abril e junho de 1982 nesse ponto remoto do globo.

Finalmente, é preciso deixar claro: à medida que os segredos das Malvinas forem sendo liberados (em 1982, os ingleses colocaram um lacre de noventa anos sobre os dados que julgaram confidenciais), surgirão, não tenho dúvida, informações impressionantes acerca do heroísmo dos militares que moveram as fundas do Davi argentino contra o formidável aparato bélico do Golias britânico.

Lembro-me, nesse momento, da epopeia de um avião KC-130H Hércules da Força Aérea argentina que, sem ser detectado, cumpriu missões de reabastecimento de caças-bombardeiros no ar, representando a salvação para muitos pilotos que alvejavam o desembarque inglês na baía de San Carlos.[8]

Nas páginas que se seguem veremos episódios que retratam uma assustadora incapacidade da Royal Navy de localizar e destruir os submersíveis inimigos no fundo do mar. Isso apesar de a essa famosa Marinha serem atribuídas, durante os treinamentos navais da Organização do Tratado do Atlântico Norte (Otan), repetidas missões de patrulha antissubmarino. Nesse caso, obviamente, contra a ameaça potencial constituída pela frota da então União Soviética.

Isso pode parecer vergonhoso para os ingleses, e de certa forma é mesmo acabrunhante. Mas — a história esclarece — não é inédito.

Em um famoso artigo sobre o papel das Marinhas na guerra e na paz, o mais renomado almirante russo de todos os tempos, Sergey Georgiyevich Gorshkov (1910-1988) — um não submarinista que organizou para a sua armada, em fins dos anos 1970, uma maciça força de submarinos —, observa: durante o conflito, de 1939 a 1945, foram necessários, em média, 25 navios e uma centena de aeronaves para combater cada submarino alemão em operações no mar. Para superar cada submarinista germânico, diz Gorshkov, foram necessários cem especialistas em guerra antissubmarina ingleses ou americanos.[9]

Como uma atenuante para a Marinha de Sua Majestade, deve-se considerar que os ingleses jamais haviam estudado — ou estudado a fundo — os padrões de comportamento dos submarinistas argentinos — apesar de, na companhia deles, já terem simulado situações de guerra no mar. Por irônico que possa parecer, umas poucas semanas antes do 2 de abril, oficiais navais dos dois países se encontraram sob a égide do treinamento conjunto denominado Expanded Sea '82, que priorizava o controle — vigilância — de navios mercantes no Atlântico Sul.

O espanto dos almirantes da Otan em decorrência das boas possibilidades de atuação dos submarinos de propulsão diesel-elétrica em presença de submarinos nucleares vem se prolongando até os dias de hoje (escrevo na primeira semana de julho de 2011).

A Marinha dos Estados Unidos debruçou-se sobre os diferentes aspectos da Guerra das Malvinas, e, em especial, as dificuldades e a apreensão dos comandantes navais britânicos em razão da presença dos submersíveis argentinos, alguns deles do tempo da Segunda Guerra.

Essas avaliações concluíram: em áreas litorâneas — e por vezes até mesmo fora delas —, os submarinos convencionais, menores que os nucleares, revelam-se muito mais furtivos (discretos) e manobráveis. Nesses espaços restritos, ao contrário do que ocorre com um "sub" nuclear, os motores principais de um barco de propulsão diesel-elétrica podem ser simplesmente desligados, reduzindo extraordinariamente a emissão de ruído do navio. Nessa condição, o submersível a diesel moderno consegue se esconder no fundo do oceano, em silêncio mortal, apenas escutando e analisando o que acontece em torno e acima dele. Foi o que fez, nas vizinhanças da Isla Soledad (a maior das Malvinas), em maio de 1982, o submarino "ARA San Luis", da Armada argentina.

E com o advento da tecnologia Air Independent Propulsion (AIP) — Propulsão Independente do Ar, não disponível trinta anos atrás —, unidades de pequeno porte como o "San Luis" podem manter-se submersas não por uma noite, ou por um dia inteiro (como fez o barco argentino), mas durante semanas.

A preocupação da Marinha dos Estados Unidos com a capacidade de infiltração dos modernos submarinos não nucleares tem razão de ser. Dou, acerca disso, não um, mas quatro exemplos, colhidos no espaço de um decênio.

Operando com Marinhas da Otan no hemisfério norte, durante os exercícios navais Linked Seas '97, o IKL-209/1.400 "Tamoio", da Marinha brasileira, penetrou a cobertura antissubmarino de navios, helicópteros e outros submersíveis e "afundou" o sofisticado porta-aviões espanhol "Príncipe de Astúrias".

Em 2005, durante manobras conjuntas com a frota americana no Atlântico Norte, um pequeno submarino sueco da classe *Gotland* (1.500t), dotado do inovador sistema AIP, "atingiu" o novíssimo (e caríssimo) navio-aeródromo "Ronald Reagan", quase 69 vezes maior do que ele.

O auge desse constrangimento foi alcançado, entretanto, em outubro do ano seguinte, quando um submarino chinês tipo *Song*, com o comprimento de um quarteirão e sessenta homens a bordo — transportando mísseis antinavio e dois tipos de torpedos —, emergiu propositadamente no meio de uma força-tarefa americana, a boreste (lado direito) do porta-aviões "Kitty Hawk". Os americanos levaram quase três anos para se refazer do susto.

Finalmente, em 2009, um porta-voz do Comando Americano do Pacífico admitiu que a tripulação do "Kitty Hawk" foi surpreendida numa "atitude muito relaxada" — mas que isso, em um momento de crise, jamais aconteceria.

Em setembro de 2007, no decorrer da Operação *Amazolo*, também com navios da Otan, o IKL-209/1.400 "SAS Manthatisi", da armada sul-africana, conseguiu se infiltrar sem ser detectado numa força-tarefa antissubmarina de sete navios. O dispositivo incluía dois navios de superfície da própria Marinha da África do Sul — as fragatas da classe *Valour* "SAS Amatola" e "SAS Isandlwana" —, mas nem elas foram capazes de localizar e neutralizar a unidade atacante.

Versão ligeiramente melhorada dos barcos IKL-209 argentinos que haviam combatido nas Malvinas, o "Manthatisi" — que custara aos cofres sul-africanos 285 milhões de dólares — permaneceu o tempo todo indetectado, e de forma metódica, irresistível, "pôs a pique", uma a uma, todas as sete embarcações "inimigas".

Não por outro motivo, nos últimos quinze anos, os aplicados submarinistas americanos vêm convidando submersíveis convencionais de Marinhas amigas, como a brasileira, a chilena e a peruana (que, na América do Sul, se destacam por seu estado de operacionalidade das forças de submarinos da Argentina, da Colômbia e do Equador), para participar do programa de adestramento em guerra subaquática denominado *Diesel Electric Submarine Initiative* (Iniciativa para o Submarino Diesel-Elétrico) — mais conhecido por DESI.

Aliás, convencido de que submarinos convencionais constituem uma preciosa ferramenta de treinamento "dentro de casa", o Comando da Marinha americana examina encomendar um pequeno lote de submarinos convencionais aos estaleiros estadunidenses — e dessa forma aperfeiçoar seus exercícios para a eventualidade de um enfrentamento com nações dotadas desses barcos.

Foram, contudo, as Malvinas a primeira aula dessa importante lição.

Mergulhemos nas profundezas do passado, para conhecê-la.

1770. O primeiro ataque às ilhas da confusão
(preâmbulo de caráter histórico)

Na Argentina as crianças aprendem na escola que *las islas Malvinas son argentinas*. E só depois ficam sabendo o que são e onde ficam, exatamente, as Malvinas. Por último, são informadas — superficialmente, claro — sobre o nome Falklands, a administração britânica e a vida naquelas paragens. Para além dessas noções iniciais, o que existe é um mar — às vezes revolto — de divergências.

A descoberta do arquipélago malvinense foi, por muito tempo, localizada no ano de 1502, e atribuída — sem provas convincentes — ao experiente navegador e cartógrafo italiano Americo Vespúcio, à época com 48 anos.

A maior parte dos historiadores que se debruçaram sobre o assunto prefere, contudo, acreditar na versão de que foram os tripulantes da nave "San Antonio" que divisaram as ilhas pela primeira vez. Isso teria acontecido em novembro de 1520, bem sobre o paralelo 51, enquanto a embarcação regressava à Espanha. A "San Antonio", de 120 toneladas, singrava as águas de uma espécie de canal amplo — na verdade, um estreito — nessa parte gelada do mundo, quando sua marujada resolveu desertar da frota que partira da costa espanhola no ano anterior, comandada por Fernão de Magalhães, para uma viagem ao redor do globo. O tal canal foi, mais tarde, batizado de *Estrecho de Magallanes*.

Alguns pesquisadores argentinos garantem que as Malvinas já constavam das cartas náuticas espanholas de 1522, embora outros afirmem que isso só veio a acontecer em 1526, depois que, em 1525, o navegador espanhol Pedro de Vera avistou e anotou a posição das ilhas.

É incontestável que o arquipélago já figurava, com o nome de *San Antón*, no mapa que o cartógrafo português Diogo (ou Diego) Ribero confeccionou, em 1529, para o governo de Madri. Sete anos mais tarde, elas apareceram em uma segunda carta espanhola destinada a orientar exploradores de além-mar. Há, inclusive, quem atribua o descobrimento das Malvinas ao navio espanhol "Incógnita", da frota do bispo de Placencia, e situe este acontecimento no ano de 1540. Certo é que no *Islario General*, de autoria do historiador Alonso Santa Cruz, publicado na Espanha em 1541, essas ilhas aparecem em um ponto próximo ao litoral sul argentino, à altura do paralelo 51.

No decorrer do século XVI, o arquipélago figurou em sucessivos croquis batizado com diferentes nomes, todos, por sinal, espanhóis: San Antón, Sansón, de los Patos ou de los Leones. Apesar disso, advertem os argentinos, um marinheiro inglês — John Davis — proclamou-se, em 1592, o descobridor das Malvinas. Dois anos mais tarde, outro britânico, Richard Hawkins, desembarca no arquipélago e o batiza de Maiden Land. Quem encontra as ilhas não resiste à tentação de dar-lhes um nome. A 24 de janeiro de 1600, o holandês Sebald de Weert batiza o arquipélago com o nome de ilhas Sebaldinas.

Passam-se, então, noventa anos antes que o capitão da Marinha Real John Strong percorra o estreito de San Carlos, entre as duas grandes Malvinas. Impressionado com o cenário daquela vasta passagem marítima, confinada entre duas costas rochosas e virgens, ele nomeia o estreito de Falkland Sound, em homenagem a *Sir* Anthony Cary, 5º Visconde Falkland, tesoureiro da Marinha Real. Mais tarde, todo o arquipélago ficaria conhecido, entre os britânicos, como Falkland Islands.

Ainda em 1698, a Companhia de Pesca do Mar do Sul, baseada em Saint-Malo, na costa francesa da Normandia, começa a operar nas águas do arquipélago chamado Îles Malouines.

A 20 de janeiro de 1701 chega às ilhas uma fragata francesa, sob as ordens do comandante Villefort. Segundo alguns historiadores, foram os franceses que, no ano de 1706, levantaram, pela primeira vez, os planos das ilhas malvinenses. Navios da França voltariam ao arquipélago em 1708 e em 1714.

Em meados do século XVIII, o comodoro George Anson, de 51 anos, fez uma longa viagem em busca de pontos de apoio ao expansionismo britânico.

Na volta ele recomendou à Coroa a ocupação das Falklands, devido à sua excepcional localização estratégica, na rota para o Pacífico.

Madri reagiu com surpresa e irritação à ideia, e Londres preferiu adiar qualquer providência que pudesse desgostar os espanhóis. Paris, entretanto, não estava nem um pouco preocupada com isso. Em 1764, à frente de uma pequena multidão de 130 pessoas, o comandante da Marinha francesa — e ex-secretário da embaixada em Londres — Louis Antoine de Bougainville, de 35 anos, fundou Port-Louis, na Malvina oriental.

A 23 de janeiro de 1765, o capitão John Byron (avô do poeta *Lord* Byron) desembarcou secretamente na Isla Trinidad — Saunders, para os ingleses —, perto do litoral norte da Malvina ocidental, e fundou Port Egmont. Em 1766, essa comunidade foi reforçada pela chegada de um destacamento militar — o que elevou para uma centena o número de súditos de Sua Majestade em território malvinense.

A 4 de novembro desse ano, o comandante da tropa britânica, John Mc-Bride, apresentou-se em Port-Louis, reclamando a posse do arquipélago para a Coroa britânica. A ponderação foi rejeitada e os ingleses se retiraram.

A Espanha também reafirmou seus direitos de descoberta, e apresentou um protesto contra a ocupação francesa. Mas à reivindicação espanhola o governo da França reagiu de forma mais atenta: concordou em retirar seus compatriotas mediante indenização. Madri pagou o equivalente a 24 mil libras, e a 1º de abril de 1767 o comandante de Bougainville e sua *troupe* despediram-se daquele ventoso e pouco atraente cenário insular.

Tendo a corte espanhola nomeado o capitão de fragata Felipe Ruiz Puente para o cargo de governador das ilhas, ele de pronto fez chegar a Buenos Aires — sede do Vice-Reinado espanhol do Prata — a notícia da presença dos ingleses na Isla Trinidad.

A 1º de junho de 1770, uma força de cinco navios, sob o comando do capitão de navio Juan Ignácio de Madariaga, bombardeou Port Egmont, destruindo diversas instalações erguidas à sombra da Union Jack.

O ataque provocou uma enérgica reclamação de Londres e desencadeou um lento processo de negociações. Port Egmont foi devolvido aos ingleses em 1771, mas, três anos depois, a Grã-Bretanha decidiu abandonar as ilhas, alegando medida de economia. Os residentes em Egmont se retiraram a 22 de maio de 1774, mas deixaram fincada no solo do arquipélago uma placa de chumbo advertindo que ele era de "direito e propriedade exclusivos" do rei George III.[10]

Na Argentina, alguns historiadores afirmam que a retirada dos britânicos, em 1774, aconteceu em razão de um entendimento secreto entre Londres e Madri. Pelos termos desse acordo, uma vez desagravada a honra da Coroa britânica, atingida pelo ataque de Madariaga, Londres procederia à desocupação.

Nos 37 anos que se seguiram, as ilhas tiveram dezenove governadores espanhóis — dezessete deles pertencentes à Marinha. Então, no início de 1811, também os espanhóis se retiraram do arquipélago, que pouco produzia. Londres considerou que qualquer pretensão que a Espanha pudesse alimentar em relação às ilhas devia estar prescrita.

A Espanha, efetivamente, renunciaria às ilhas. Mas não as Províncias Unidas de La Plata, que incluíam o governo de Buenos Aires.

Pequeno glossário
(com definições simplificadas
para os não iniciados em submarinos)

ARA — acrônimo de "Armada República Argentina" e indicativo dos navios de guerra da República Argentina.

A vante — na parte dianteira da embarcação.

A ré — na parte traseira da embarcação.

Aviso — qualquer navio de emprego geral, auxiliar de uma esquadra.

Classe — tipo, categoria de uma embarcação.

Compartimento de manobra — centro de comando e controle do submarino; nele estão localizados o periscópio, mastros de comunicações e do esnórquel, além de muitos outros equipamentos.

Estibordo (ou boreste) — lado direito.

Bombordo — lado esquerdo.

Esnórquel (*snorkel*) — tubo alojado na torreta do submarino que, erguido, admite a entrada de ar do exterior para a recarga das máquinas da embarcação.

Frota de Mar (*Flota de Mar*) — denominação dada pela Marinha argentina à sua esquadra; também conhecida pelo acrônimo Flomar.

Passadiço — Ponte de comando, ou local de onde são comandadas as manobras de uma embarcação.

Suspender — no jargão naval, o mesmo que zarpar, partir para uma navegação.

Tanque de lastro — tanque que admite água do mar para aumentar o peso do submarino e, dessa forma, permitir que ele submerja.

Vela — torreta do submarino.

PARTE I   24 anos antes

1. A força estagnada

No *primeiro trimestre de 1958, o tenente de navio da Armada argentina Juan José Lombardo, de 31 anos — um interiorano de Salta (no remoto Noroeste argentino) —, foi mandado servir, de novo, no "S-3", o submarino batizado com o nome de sua terra natal.*

O barco era o que restara da flotilha de três submersíveis contratados, em fins dos anos de 1920, ao estaleiro italiano Franco Tosi, da cidade de Taranto. Esse tipo de unidade, de 935 toneladas, oito tubos lança-torpedos e um canhão pesado (de 102 milímetros) na proa, pertencia à classe Cavallini *— homenagem ao escritório que o projetara (responsável, à época da ascensão política do ditador Benito Mussolini, pelos planos de dois tipos de submarinos de alto-mar da Real Marinha italiana). Mas os argentinos os chamavam de* Tarantinos, *em alusão ao lugar onde haviam sido construídos.*

Em 1958, Lombardo acumulava sete anos como oficial. Ele ingressara na Escola Militar Naval em 1946 e fora declarado guarda-marinha em 1º de dezembro de 1950, na 77ª turma da instituição. Em janeiro de 1955 se apresentara para integrar a tripulação do "Salta" pela primeira vez. Acabara de ser promovido a tenente de fragata e de terminar a Escola de Aplicação de Armas Submarinas.

Encontrara sua nova "comissão" a cargo do tenente de navio Manuel Jacinto García Tallada — um comandante de apenas 30 anos —, sendo submetido a extensos reparos no estaleiro da Base Naval de Rio Santiago, defronte à Escola Naval, depois de passar uma temporada na reserva da frota argentina. Não importava. Era a primeira vez que ele conseguia a transferência para um submarino, e esse era o seu sonho. Como oficial mais moderno (mais novo) a bordo, atribuíram-lhe não um, mas dois cargos: chefe de Navegação e de Comunicações do navio.

Os problemas desse antiquado tubarão de aço nunca se apagaram de sua memória: o desgaste das baterias do conjunto propulsor — renovadas graças ao empenho da empresa argentina Conen —, a pane no sistema de transmissão elétrica do timão...

De qualquer forma, aquele era o submersível que havia sobrado.

O "S-1 Santa Fe" fora retirado do serviço ativo a 14 de setembro de 1956 — após 23 anos de bons serviços —, e o "S-2 Santiago del Estero", também com problemas nas suas baterias principais, estava igualmente em vias de ser aposentado.

Essa primeira temporada do tenente Lombardo no "S-3" durou, entretanto, bem pouco. Já em 1956 designaram-no para a oficialidade do navio-escola "Bahia Thetis", e em 1957 convidaram-no para ser instrutor da Escola de Submarinos.

Só em 1958 ele pôde, finalmente, voltar ao mar — a bordo do veterano "Salta". E agora não mais como um oficial novato. No posto de tenente de navio, ele foi designado chefe de armamento do sobrevivente da Força de Submarinos.

Os italianos chamavam esse *Cavallini* de *sotomergibile silurante de piccola crocera* [submersível torpedeiro de pequeno cruzeiro], e Lombardo logo concluiu que, por suas limitações operacionais, ele mais se assemelhava a um barco de superfície que podia, eventualmente, navegar debaixo da água.

Seu "poder de fogo" repousava em oito tubos lança-torpedos de 530 milímetros — quatro na proa e quatro na popa —, além do canhão montado no convés de vante e um par de canhões antiaéreos de 40 milímetros, da marca sueca Bofors, à ré.

Por volta de julho o "Salta" entrou na Base Naval de Mar del Plata, sede da Arma Submarina, para dar início às atividades do *ano naval* de 1958. "Começamos a navegar, fazendo basicamente adestramento antissubmarino para os barcos da frota", relataria Lombardo mais de quarenta anos depois, "a guerra antissubmarina era nesse momento a atividade da moda na armada. A ela se dedicavam os maiores esforços".[11]

Entretanto, à ênfase observada nos exercícios dos navios de superfície em mar aberto — de treinamento contra a ameaça representada por um submersível moderno —, não correspondiam as deliberações administrativas tomadas em terra.

Ainda nesse ano, os rumores de que a armada negociava a aquisição de submarinos com um estaleiro holandês foram substituídos por um surpreendente expediente da Diretoria-Geral de Material, solicitando aos submarinistas uma relação dos reparos necessários ao prolongamento da vida útil do "ARA Salta" por mais vinte anos (!)... O pedido dessa lista nem sequer considerava que o barco acabara de sair de extensa reforma, em Rio Santiago. "Se pretenderia que solicitássemos a mudança dos motores de propulsão, a renovação de toda a tubulação de alta precisão e, assim seguindo, fazer um submarino novo, mas mantendo as características de um barco já obsoleto?" Essa, a dúvida que assaltava o jovem tenente chefe do Armamento. "Creio que nunca se chegou a responder ao expediente, mas ficou gravado em nosso ânimo que a compra dos [*submarinos*] holandeses havia fracassado (...)."[12]

Lombardo não podia saber, mas nos últimos dez anos a obtenção de submarinos americanos, novos ou de segunda mão — disponíveis por meio da ajuda militar que Washington reservava a nações amigas dos Estados Unidos —, única alternativa à compra de barcos de guerra na Europa, também já havia sido tentada, sem sucesso. E não uma vez apenas, mas duas.

A 9 de janeiro de 1947, época em que o chefe do Armamento do "Salta" ainda era um jovem cadete da Escola Militar Naval, o então secretário de Estado americano, James F. Byrnes, assinou uma carta para o vice-presidente da Divisão de Estaleiros da Bethlehem Steel Company, W.H. Collin, informando que a administração Truman não autorizaria a venda para os argentinos dos vári᱐s navios que eles tencionavam encomendar à companhia: um porta-aviões ligeiro — de escolta —, um cruzador leve, quatro destróieres, três submarinos, um navio-oficina e um transporte de tropas. "No presente, a política do governo dos EUA é a de não prover armas, armamentos ou navios de guerra a um número de governos estrangeiros, inclusive o da Argentina", escreveu Byrnes, "e em vista desta política, o Departamento de Estado não outorgaria uma licença de exportação, no caso de que estes navios sejam construídos nos EUA".[13]

Três anos mais tarde — Lombardo já era quase um guarda-marinha —, Buenos Aires tentou outra vez. Agora por meio de um ofício de seu então ministro das Relações Exteriores, Hipólito Jesús Paz, ao embaixador americano na capital argentina, Griffis:

Ministério das Relações Exteriores
N° 369 — Ano do Libertador General San Martín
Buenos Aires, 23 de fevereiro de 1950.

Senhor Embaixador,

Tenho a satisfação de dirigir-me a Vossa Excelência com o objetivo de levar a seu conhecimento que o governo argentino deseja modernizar o material de que dispõe a Marinha de Guerra Nacional. Com este motivo, tenho o prazer de solicitar de Vossa Excelência queira tomar a bem transmitir ao Departamento de Estado o pedido que, pela presente, oficialmente se formula, para que, em virtude do disposto na "Lei de ajuda para a defesa mútua de 1949", e tendo em conta o consignado pela Resolução Pública N° 82 de 15 de junho de 1940, se considere a possibilidade de transferir elementos da Marinha de Guerra dos Estados Unidos da América para a Marinha de Guerra da República Argentina.

A solicitação que se formula tem fundamentalmente em conta a necessidade de atender ao aprontamento das forças navais deste país para colaborar com a defesa continental, em cumprimento dos compromissos contraídos pelos Estados americanos.

Por outro lado, me é grato assinalar à consideração de Vossa Excelência que moveram este governo a efetuar esta gestão diversas comunicações da Marinha de Guerra estadunidense que por vários condutos se fizeram chegar, que indicam a oportunidade de se concretizar de forma oficial as necessidades da Armada Nacional (...).

Os estudos que a respeito se realizaram permitiram chegar à conclusão de que é necessário incorporar à Marinha argentina os elementos adequados para adestrar o pessoal que constituiria o núcleo das forças necessárias em tempo de guerra, capacitadas para a defesa dos interesses nacionais no mar e dentro do conceito de que a República, em termos navais, colaborará na medida de suas possibilidades na defesa do continente (...).

Os elementos em questão são:

O CÓDIGO DAS PROFUNDEZAS

1 (um) Porta-aviões de Escolta, com sua dotação de aviões e repostos

3 (três) Cruzadores (um Cruzador pesado e dois leves, ou dois Cruzadores pesados e um leve)

5 a 7 (cinco a sete) Destróieres de Escolta

8 a 10 (oito a dez) Destróieres tipo Frota

2 (dois) submarinos de treinamento

A lista precedente foi elaborada levando em conta a capacidade normal de absorção, fundada na disponibilidade de pessoal tecnicamente apto, a capacidade de manutenção e reparos, o esforço financeiro admissível e a relação entre os requisitos em tempo de guerra e os núcleos adestrados em tempo de paz.

A esta relação se agregam os elementos complementares tais como: equipamentos para montar os centros de adestramento correspondentes ao material que se incorpora, radar, detectores e redes anti-submarinas, equipamentos para a luta anti-submarina, equipamentos para a luta anti-minas, etc. e em especial tudo o relativo à aviação naval.

À medida que se incorporem as unidades mencionadas é propósito das autoridades navais desativar os navios correspondentes que atualmente estão em serviço na Marinha argentina, de maneira que os elementos incorporados signifiquem uma modernização e não um aumento do poder naval do país.

(...)

Deus Guarde a Vossa Excelência

Hipólito J. Paz
Ministro de Relações Exteriores e Culto

À Sua Excelência o senhor Embaixador Extraordinário e Plenipotenciário dos Estados Unidos da América, D. Stanton Griffis.[14]

Mas a verdade é que o representante do governo Truman não julgou adequado posicionar-se a favor da solicitação argentina. Pelo contrário: ao encaminhar o pedido de Buenos Aires por navios de guerra, Griffis sublinhou:

Anexo (acharão) o texto e tradução resumida da Nota Nº 359 do Ministério das Relações Exteriores, recebido hoje, referente ao desejo da marinha de guerra argentina de obter vários navios e equipamentos complementares. A Argentina não ratificou o Pacto do Rio e, portanto, compreendendo que esse país pode não ser elegível para obter equipamento segundo o previsto pela Ata de Defesa Mútua de 1949, a nota faz referência à nossa Resolução Pública Nº 83 de 15 de Junho de 1940, de acordo com a qual o equipamento desejado pode ser conseguido.[15]

Preocupado em não parecer submisso — ou simplesmente alinhado — a Washington, o governo do general Juan Perón encontrou no irrompimento das hostilidades na Coreia a justificativa de que necessitava para levar o Parlamento argentino a ratificar o Pacto de Defesa do Rio de Janeiro.

A ratificação ocorreu a 28 de junho de 1950 — meros três dias depois de a guerra ter estalado na península coreana —, mas nem isso apressaria o fornecimento de submarinos americanos usados à Força de Submarinos de Mar del Plata.[16]

A manifesta incapacidade de sucessivos governos argentinos de sensibilizar os americanos para as deficiências de sua armada não impressionaram tanto o tenente Lombardo quanto a notícia que ele recebeu a 15 de outubro daquele ano: o desaparecimento, perto do continente antártico, do aviso "ARA Guarani".

2. O tenente rebelde

O "Guarani" era um rebocador de fabricação americana, do tempo da Segunda Guerra, que integrava a dotação da Base Naval de Ushuaia, a mais meridional do litoral argentino.

Às 6h da terça-feira 14 de outubro ele suspendeu para uma posição na passagem Drake, a fim de servir de unidade de apoio de comunicações ao voo de um bimotor Douglas DC-4, da Marinha, que decolara de Rio Gallegos para lançar fardos de suprimentos médicos de emergência (plasma e outros medicamentos) sobre o Destacamento Naval Antártico Melchior.

Como parte do pessoal do aviso se encontrava de licença, alguns militares da própria base foram convocados para completar a tripulação. A previsão meteorológica falava em uma tormenta na área do canal de Beagle.

Às 19h19 dessa terça, o "Guarani" informou a Ushuaia estar dez milhas ao sul da ilha Nueva, com o porão da popa inundado e problemas nas máquinas. Foi seu penúltimo contato. O último, instantes depois — fraco e truncado —, não pôde ser bem compreendido. Depois sobreveio o silêncio.

No fim da manhã da quarta-feira, o Comando de Operações Navais argentino ordenou uma ampla busca marítima pela embarcação que não respondia às chamadas pelo rádio, já que repetidas varreduras aéreas haviam se revelado infrutíferas. Somente a 22 de outubro alguns destroços, identificados como objetos e restos do navio sinistrado, foram encontrados em um setor costeiro da ilha de los Estados.

O imediato da unidade era o tenente de navio José Eduardo Palet, um amigo íntimo do chefe do Armamento do "Salta" — e a pessoa que lhe apresentara a moça que acabara por se tornar a sra. Lombardo. Palet e seus 37 companheiros do "Guarani" nunca mais foram vistos.

Para conduzir a investigação sobre o desaparecimento da aviso, o comando da armada escolheu um oficial de Mar del Plata: o capitão de navio César Goria, comandante da Força de Submarinos. Ele viajou para Ushuaia e, ao cabo de alguns dias, reapareceu na base marplatense.

Era fim de tarde, e o tenente Lombardo cumpria turno de serviço em seu submarino, como oficial de guarda. Ele e o chefe da guarda da base no horário foram cumprimentar o comandante recém-chegado. Na mesma oportunidade pediram seus comentários sobre a tragédia nos mares próximos a Beagle. "[*Goria*] Nos fez um sucinto relato do que havia investigado e terminou suas palavras dizendo que, quaisquer que houvessem sido as circunstâncias, a responsabilidade sobre a sorte do barco era de seu comandante", recordaria Lombardo em um texto que redigiu 41 anos depois, para o Boletim do Centro Naval argentino. "[*Segundo Goria*] Afora as condições do tempo, demasiado rigorosas para o tipo de barco, ou que o estado de seu material fosse deficiente, era o comandante da unidade quem devia assumir a responsabilidade de sair ou não a mar aberto."[17]

Essas palavras tiveram um impacto tremendo sobre o jovem oficial do alquebrado "Salta".

> Voltei ao meu camarote e comecei a refletir. Eu era chefe de armamento. Desse cargo dependiam todos os sistemas de salvamento, o ar de alta pressão, vital em um submarino, também o sistema de oxigênio.
>
> Apesar dos reparos completos aos quais o submarino havia sido submetido, no transcurso do pouco tempo que levávamos operando, haviam ocorrido várias e importantes avarias. Para citar algumas recordo um incêndio em um quadro elétrico, que felizmente não estava colado ao casco resistente. O fogo foi tão intenso que perfurou a antepara no qual [*o quadro*] estava pendurado e que também era resistente por ser uma divisória de compartimentos. No que toca ao meu cargo, em duas ocasiões arrebentaram tubos de oxigênio, que milagrosamente não causaram incêndio nem feridos. Cada vez que se usava o ar de alta pressão, toda a tubulação vibrava como se fosse estourar. Éramos conscientes do perigo que isto implicava, e da fadiga do material que estava ocorrendo.[18]

Em outra ocasião, ainda nesta última semana de outubro de 1958, uma ordem do tenente Lombardo quase fez o cansado *Cavallini* naufragar. Por meio do intercomunicador de bordo, o cabo de guarda na seção de torpedos da proa inteirou o chefe do Armamento de que havia um transbordamento de água salgada na câmara de refrigeração do eletrocompressor do navio — um compressor de alta pressão movido por motor elétrico, capaz de acionar até 200 quilos de ar.

Lombardo foi até o compartimento e ordenou a verificação da condição de fechamento das chamadas *válvulas de mar* — uma tubulação diretamente conectada ao meio marinho. Tudo parecia em ordem. O oficial pediu que o cabo as abrisse um pouco e depois as fechasse, como forma de confirmar sua eficácia. Ele imaginou que algum tipo de sujeira pudesse estar impedindo a correta vedação do sistema. Quando o tripulante girou uma das manivelas, ela se desprendeu do casco e ficou em sua mão...

Não houve tempo sequer para uma reação de surpresa. Imediatamente um jorro de água fortíssimo começou a sair pelo orifício da válvula e a inundar o compartimento. Lombardo e o cabo abandonaram a sala de torpedos e fecharam sua porta estanque, de forma a isolá-la. Depois, por meio de uma injeção de ar comprimido, eles conseguiram conter a infiltração e controlar aquela emergência — quando isso aconteceu, "a água nos chegava aos joelhos", lembraria o oficial mais tarde.[19]

Assustado e revoltado com mais aquela grave deficiência técnica revelada pelo barco, Juan Lombardo lembrou-se das palavras do comandante César Goria. "Me perguntei se eu estava cumprindo cabalmente com minha responsabilidade perante meus subordinados. Decidi que não."[20]

Nessa mesma noite o tenente de navio datilografou um relatório para o Comandante de sua unidade, capitão de corveta *Don* Franco Panzeri, relatando o acontecido e opinando: *el submarino ya no era apto para ir a imersión* (o submarino já não era apto à imersão).[21] Seu texto nada tinha de alarmista ou panfletário. Bem ao contrário disso, consistia em um conjunto de ponderações criteriosas. Lombardo redigira-as embasado em não mais do que fatos — eventos que, no ver do autor, justificavam a interrupção das atividades do submarino:

A válvula de admissão de água do mar do eletrocompressor foi encontrada com sua haste completamente cristalizada, a tal ponto que com a unha se rompiam seus filamentos. Trocada a haste, a caixa da válvula se rompeu, sem que até esse momento nada fizesse prever esta avaria, e, por fim, trocada a caixa, também foi preciso mudar o tubo de comunicação com o mar por idêntica razão.

(...) Os grupos de oxigênio não mantêm sua pressão, [e] apesar de que o trabalho [de manutenção] tenha sido rechaçado duas vezes consecutivas nos últimos reparos, este precisou ser aceito conforme se encontra atualmente pela impossibilidade de melhorar suas condições sem efetuar uma mudança total do sistema. (...)

O eletrocompressor, não obstante se haver pedido uma vistoria total nos últimos reparos, não pôde ser levado a cumprir com suas especificações. Atualmente, na pressão de 200 quilos, ainda que ela seja alcançada não comprime nenhum volume apreciável, e a pressões menores tem capacidade muito menor que a prevista.

A instalação de ar de alta pressão foi submetida durante o ano passado a uma prova hidráulica de 300 quilos e, durante os últimos reparos, a uma pneumática de 200. Não obstante isso, e por serem ditas provas estáticas, não me oferecem uma garantia de que, ante um esforço dinâmico, resistam (...). Para poder ter confiança nesta instalação, fundamental para a segurança do barco, deveriam ser feitas análises metalográficas de suas diferentes partes, que não me constam tenham, algum dia, sido efetuadas.

Todo o exposto não se deve interpretar como pedido de substituição, senão como minha leal apreciação das possibilidades do barco naquilo que se refere particularmente a meu cargo. Deixo constar que (...) caso se decida continuar com o barco em atividade, é meu desejo continuar no mesmo. O fato de elevar a presente [nota] justo quando se cumpriu a maior parte das atividades do presente ano naval, tem, ademais, sua razão de ser. Mais cômoda e menos decidida seria minha atitude de silenciar minha consciência, quando faltam escassos dias de navegação para terminar meu ciclo normal a bordo.

O CÓDIGO DAS PROFUNDEZAS

Com isso não faria, entretanto, mais que transmitir esta responsabilidade a quem me suceda, que necessitará seguramente outro fato similar ao que produziu esta reação [*naufrágio do "ARA Guarani"*], para que se evidencie a realidade atual, [*e*] particularmente importante é este fato ante a notícia de que se prevêem as reparações do barco para fins do ano vindouro, com o que suponho que se pense prolongar a vida deste [*submarino*] por no mínimo dois anos mais.

A presente foi datilografada pessoalmente e se lhe dá caráter "Confidencial" a fim de prevenir sua leitura por pessoal subalterno a quem pudesse prejudicar moralmente.[22]

Ao recordar o episódio, Lombardo explicaria: "Não queria que, se chegasse o momento de uma tragédia, se dissesse que era minha culpa não haver informado e dado minha opinião."[23]

Cientificado, no dia seguinte, do incidente na seção dos torpedos de vante, o colega de Lombardo que ocupava o cargo de chefe de Máquinas e Controle de Avarias do "Salta" peticionou ao comandante da embarcação no mesmo sentido — de suspender as atividades do navio —, e com a mesma preocupação metodológica: apresentar seus argumentos amparados nas muitas e graves deficiências apresentadas pelo submarino.

Nestes dias de luto para a instituição pelo desaparecimento do barco de salvamento ARA Guarani, como chefe de Controle de Avarias do barco sob seu comando me sinto na obrigação de recordar-lhe que o submarino ARA Salta deve ser considerado uma unidade única no tocante à estanqueidade, e que no caso de produzir-se um vazamento de água não há meios suficientes de esgotá-la.

O Diretor Geral de Material Naval, [*que*] remeteu um ofício ao Comandante em Chefe da Frota de Mar, diz no parágrafo final: "O submarino ARA Salta não cumpre as condições de estanqueidade interna que assegurem a possibilidade mínima de sobrevivência de seu pessoal e do material em caso de um sinistro."

No primeiro parágrafo da folha 2 (dois) diz textualmente: "as provas que se efetuaram e que deram resultado satisfatório não contemplam condições internas do material que, neste tipo de barco, há que se ter em consideração de uma maneira mais decisiva para a avaliação do resultado final da prova do que num barco de superfície."

À folha 2 (dois) (...) "se considera que o submarino ARA Salta chegou a seu limite de utilização impondo-se sua renovação". As unidades dos painéis de Timões Horizontais apesar de seu comportamento eficiente nas provas de rotina travaram repetidas vezes [*quando o navio estava*] em profundidade, nas navegações do corrente ano. De se travarem os planos [*aletas*] de proa ou popa em determinadas posições, não é remota a possibilidade de tocar o fundo com impulso que pode ser grande ou ser atropelado por um barco quando os mesmos trabalham fazendo ataques antissubmarinos ao submersível. Nestes casos podem se produzir vazamentos consideráveis com trágicas consequências para a tripulação, e, secundariamente, para a nave.

Sendo a situação atual um resultado de deficiências em um departamento a meu cargo, sinto-me absolutamente responsável pela sobrevivência do pessoal em caso de um sinistro, e a possibilidade de ser eximido de tal responsabilidade não me quitará a angústia permanente sobre a provável desgraça que pode ocorrer ao pessoal cuja condução a Instituição me encomendou.[24]

Mas a reação do comandante Panzeri a essas advertências não foi boa. Como os dois chefes de departamento já pressentiam, ele ficou indignado. Tendo sido nomeado para o "Salta" após comandar dois navios de salvamento — os rebocadores "Diaguita" e "Charrua" (nenhum deles minimamente equipado para o salvamento de submarinos no fundo do mar) —, sentia-se confiante e qualificado para tratar do tema sinistros marítimos.

Ele acusou os subordinados de pretender arruinar-lhe aquele ano de comando, e usou outras imagens rudes e fortes. Valendo-se do regulamento naval e confiante em sua capacidade de liderança, convocou um Conselho de Oficiais para examinar o assunto. O recurso, previsto no código naval argentino, era mais apropriado à ocasião em que a unidade da Armada está em alto-mar, distante das instâncias superiores em terra, e o "Salta" se encontrava, naquele momento, amarrado ao cais de Mar del Plata... Mas a convocação foi mantida, e o resultado,

O CÓDIGO DAS PROFUNDEZAS

nesse fim de outubro, decepcionante para o comandante. "Todo o estado-maior votou por parar o barco", Lombardo guardaria na memória, "o comandante votou em desacordo".[25]

Convidados a participar daquela sessão deliberativa, oficiais não integrantes da tripulação do "Salta" (o chefe do Serviço de Eletricidade da Força de Submarinos e outros de serviço no "Santiago del Estero") também apoiaram a iniciativa proposta inicialmente pelos chefes de Armamentos e de Máquinas do navio.

Panzeri viu-se forçado a relatar os fatos a Goria, enfatizando, claro, sua posição pessoal de que a unidade tinha condições de seguir operando.

> Dois oficiais de meu Estado Maior apresentaram os ofícios que anexo. Depois do recebimento dessas notas (...), na data de 24 de outubro celebrou-se um Conselho de Oficiais (art.188 inc. 7 RGSN) do qual ficou arquivado no barco a ata correspondente; no qual se discutiram e avaliaram todos os pontos (...), ficando como saldo final em definitivo por unanimidade (...) a opinião de que o submarino ARA Salta deve parar de imediato exceto o subscrito, cuja opinião não coincide com as anteriores e cujas razões passo a fundamentar.
>
> Que se bem considero corretas as apreciações, e ademais confirmo que todas as avarias, deficiências, desgastes e fadigas de material ou mecanismos expressados nas notas são reais, e aconteceram ou se constataram durante meu Comando, são (...) provenientes a maioria delas de sucessivos Comandos anteriores.
>
> Estimo por apreciação pessoal puramente subjetiva que a simultaneidade das notas, sua origem, sua finalidade e até seu mesmo tom denotam uma psicose coletiva, de tipo afetivo [*elevada*] em maior grau com o acidente já citado nas mesmas (se refere ao naufrágio do Guarani) e sua palpitante atualidade.
>
> Com referência ao acidente, não abro juízo de índole alguma sobre o enlutante fato; mas minha convicção pessoal me indica que estes sucedem quando os barcos da Marinha de Guerra cumprem conscientemente com suas funções específicas operativas, em princípio e para sintetizar, quando navegam.

Que reconheço, como submarinista e como qualificado em Salvamento e Mergulho, que as condições de segurança do barco estão abaixo do nível desejável; mas todos os escalões hierárquicos se encontram em completo conhecimento de tudo que foi dito nas notas (...).

Que estimo que unicamente a imperiosa necessidade de manter o adestramento "antissubmarino", que considero de vital importância em nossa Marinha de Guerra, (...) tem justificado até esta data que o submarino ARA Salta tenha continuado em serviço.

(...)

Que aceitei toda a responsabilidade do Comando ao assumi-lo e estimo que o balanço geral, como consequência do adestramento e superação do fator humano na manobra e condução do barco, tem sido favorável (...); pelo exposto não há juízo que minha responsabilidade atualmente me obrigue a modificar, dado que se isso fizesse seria [*como*] aceitar, implicitamente, que ao comandar o barco em suas imersões anteriores fui um irresponsável, conceito que envolve em seus alcances os comandantes que me precederam.

Que o barco navegou 550 milhas em imersão de profundidade, 25 a 30m, pelo intervalo de 153 horas e 34 minutos, [*e*] faço constar que em seus mais de 25 anos de vida ativa somente durante o ano de 1957 registrou-se mais tempo em imersões com 154 horas, (...). Que até esta data se efetuaram duas subidas totais e de urgência, a 7 de julho e a 29 de agosto, ambas durante operações (...) sem barcos de superfície sobre o submarino.

Que a 3 de outubro considero se chegou a uma emergência muito séria, sem chegar à subida total, apesar de que 4 fragatas estavam efetuando [*simulações de*] ataques sobre o submarino, que esta última emergência foi exclusivamente atribuível ao erro do pessoal e não à falha de material ou mecanismo algum.

Que, em virtude de todo o exposto, minha opinião pessoal é seguir uma das duas alternativas pela ordem de importância correspondente:

1ª) Finalizar as atividades atribuídas [*ao navio*] para este ano, navegando em profundidade quando seja estritamente necessário, e logo parar o barco para seu reparo total.

O CÓDIGO DAS PROFUNDEZAS

2ª) Navegar unicamente à profundidade de periscópio, quer dizer, sem barcos de superfície sobre o submarino, com o objetivo de poder adestrar, ainda que (...) parcialmente, os barcos ou forças que o necessitem.

3ª) Que mediante comissão pericial se determine o alcance das deficiências definidas nas notas anexas (...).

Que como última consideração especial estimo que deve encarar-se de forma definitiva e radical o problema submarino; já que se corre sério risco de continuar indefinidamente com a navegação em profundidade. (...) a precariedade de meios do submarino e sua falta de segurança até transcederam os âmbitos da Marinha de Guerra, de acordo com comentários jornalísticos e radiofônicos e o conhecimento total das deficiências da Arma por parte de membros do Honrado Congresso Nacional.

Sintetizando minha opinião pessoal a respeito do S-3: finalizada a última etapa de operações do corrente ano, parar definitivamente o S-3. Reparar totalmente o S-3 ou renová-lo.[26]

Ex-comandante do navio de Panzeri entre 1950 e 1951, o capitão Goria retrucou de forma política: ele admitiu que o "Salta" fizesse um exercício adicional de imersão, mas sem ter navios de superfície sobre ele — para o caso, é óbvio, de precisar voltar à tona rapidamente, em manobra de emergência, sem correr o risco de chocar-se contra outra unidade da frota argentina. "Não houve mais exercícios antissubmarinos", conta Lombardo. "O *Salta* fez alguns mergulhos mais, vigiado pelo navio de salvamento, e assim cumpriu o sonho de seu Comandante de bater o recorde de horas em imersão, ao fazer um total de algo mais de 154 horas nesse ano. Pouco depois o *Salta* passava para a reserva".[27]

São anotações feitas pelo almirante da reserva Juan José Lombardo, em novembro de 2000, recordando fatos acontecidos mais de quarenta anos antes. É estarrecedor como um oficial que desde a juventude provou pessoalmente o estado de precariedade da Força de Submarinos platina pôde, em 1982, compactuar com o envio de três tripulações de submarinistas para uma situação de combate real contra uma das principais potências militares do globo, em navios que apresentavam um conjunto de deficiências tão numerosas e graves quanto as apresentadas pelo velho "Salta".

O "S-2 Santiago del Estero" foi desincorporado da esquadra argentina a 23 de abril de 1959. O "Salta" permaneceu na lista das unidades na ativa até 3 de agosto de 1960. Ao ser desincorporado, contava mais de mil imersões — a última realizada na própria Base de Mar del Plata. Já não se aventurava fora das águas protegidas e rasas do quartel. Os seus mergulhos, cuidadosamente controlados, só serviam a uma forma muito limitada de adestramento para oficiais e subalternos.

Durante exatos cem dias a Armada argentina ficou sem nenhum submarino. A atividade da Arma Submarina só foi retomada na sexta-feira, 11 de novembro de 1960, quando chegaram a Mar del Plata dois submersíveis da época da Segunda Guerra Mundial, cedidos pelo governo dos Estados Unidos: o "S-11 Santa Fe" e o "S-12 Santiago del Estero". Juntos eles formam a nova Divisão de Submarinos da corporação, cujo comando fora entregue ao comandante do "S-11", capitão de fragata *Don* Franco Panzeri — o oficial que acusara o tenente Lombardi de sucumbir a uma *psicosis* de caráter afetivo.

O casco dos *Tarantinos* "Salta" e "Santiago del Estero" foram adquiridos por um particular, Aaron Gutman, que cortou-os e aproveitou-os para o transporte de combustível. O do "Santa Fe" virou sucata. "Ainda hoje, mais de 40 anos depois e com muitos postos mais em minha extensa carreira naval, me surpreendo com agrado ao reler o que sendo um jovem tenente de navio decidi fazer e escrever, ainda que sabendo a reação que provocaria em meu então comandante", escreveu Lombardo no fim de 2000. "A função primordial de um oficial é exercer de forma absoluta sua responsabilidade, em particular quando esta repercute sobre seus subordinados."[28]

Pena que esse oficial tão responsável e idealista, de 1958, tenha se comportado de forma tão irresponsável e insensível no início da década de 1980. Pena.

3. Atlântico Sul, ao largo de Puerto Pirámide. Outubro de 1966

Quando os motores a pistão de aço GM 16-278A, cada um com 1.600 cavalos de potência, estremeceram mais fortemente o casco comprido (93,5 metros) e pontiagudo do submarino "Santiago del Estero", quase todos os 85 tripulantes a bordo julgaram, com naturalidade, estar indo para casa — no caso, para a ensolarada e ventosa Base de Mar del Plata, a "casa" dos submersíveis da Marinha da República Argentina, uns 1.200 quilômetros ao Norte de onde se encontravam, defronte ao litoral de Puerto Pirámide, reduto de ecologistas na Patagônia.

Lentamente, o "S-12", um barco de fabricação americana, propulsão diesel-elétrica e vinte anos de idade, foi ganhando velocidade.

Chegado há quatro meses de uma demorada reforma nos estaleiros onde, em junho de 1960, fora aprontado para ser transferido para a armada sul-americana — em San Diego, costa do Pacífico —, o navio cumprira naquela área marítima uma série de exercícios navais destinados não apenas a adestrar a marujada, mas também a aferir sua disponibilidade.

Dotado de uma torreta do tipo Guppy, com periscópio e antenas mais sofisticados do que os dos navios de sua categoria, o "Santiago" podia ser considerado o submarino em melhor estado de prontidão na Flota de Mar naquele momento.

Talvez por isso ele tenha seguido um rumo inesperado.

Apenas os subalternos encarregados da navegação foram imediatamente cientificados pelo comandante, capitão de fragata Horacio González Llanos, e por seu imediato, capitão de corveta Juan José Lombardo, que deveriam adotar uma proa diferente da que imaginavam: uma inclinação na carta marítima que levaria a todos, em suave ângulo, para sudeste. Nessa rota eles, claro, avançariam para águas azuis — a uma parte mais austral e gelada do Atlântico Sul.

A vida dentro daquele canudo de aço não era fácil. Projetada em uma época em que a Segunda Guerra Mundial se encontrava ainda indefinida, exigindo de todos — homens e equipamentos — o máximo de suas capacidades, a classe *Fleet* de submarinos estadunidenses, a que o "S-12" pertencia, priorizava o espaço para torpedos (contra alvos de superfície e antissubmarinos) e controles suplementares (mecânicos, hidráulicos e eletrônicos) de todas as funções, relegando o conforto a último plano.

Foram quase quatro dias de viagem em compartimentos apertados, corredores espremidos entre manivelas e mostradores da aparelhagem que recobria as paredes internas do barco; o passo das hélices sendo alternado conforme o regime de navegação — ńa superfície ou submerso.

Cortando as ondas a céu aberto, a embarcação, concebida para se deslocar a mais de 20 nós (37 quilômetros) horários, alcançava velocidades que oscilavam entre nove e 12 nós (16,6 a 22 quilômetros). Debaixo da água — como ele cobriu a parte final de sua rota —, esse ritmo caía para, em média, 5 nós (pouco mais de 9 quilômetros).

Em Mar del Plata a ausência do "Santiago del Estero" só foi notada quando os navios que haviam compartilhado com ele as manobras do sul reapareceram para o descanso em seus atracadouros, ao longo da costa.

Desde a fase de planejamento até os dias de sua execução, os exercícios navais de 1966 haviam se revestido de especial importância, até de certa solenidade. Isso em consequência do fato de que, na segunda semana do mês de abril, o comandante de Operações Navais, almirante Benigno Ignácio Varela — um tipo passional, polêmico e americanófobo —, comunicou a seu colega estadunidense Thomas Hinman Moorer — aviador naval condecorado por atos de heroísmo durante a Segunda Guerra —, chefe da Frota do Atlântico, que a Armada argentina dispensava o convite para participar, aquele ano, da Operação Unitas VII.

Realizada desde 1959, a Unitas era a maior simulação de guerra no mar que a U.S. Navy realizava com as suas congêneres sul-americanas. Segundo Varela, a decisão correspondia ao desagrado que tomara conta do Almirantado de seu país, em razão do montante de ajuda militar reservado por Washington às necessidades da Força, considerado totalmente insatisfatório.

A nota assinada por Varela fingia refletir uma decisão eminentemente técnica:

(...) Faz cinco meses que nossos submarinos [*"ARA Santa Fe"* e *"ARA Santiago del Estero"*] se encontram ausentes do país, e portanto não podemos operar com estes meios. Esta circunstância não teria ocorrido se o terceiro submarino que desejamos adquirir nos Estados Unidos houvesse sido autorizado na data prevista por nossa Armada, quando ficou acertado o envio dos dois que atualmente estão sendo reparados em São Francisco.[29]

No número 2055 da avenida Comodoro Py, no bairro Retiro, da Capital Federal, em apenas dois gabinetes do imponente edifício Libertad (quartel-general da Marinha argentina), o situado no 13º andar, do almirante Varela, e o do comandante da Frota de Mar, almirante Juan Carlos Boffi, o sumiço do "S-12" não provocou mais do que uma silenciosa expectativa.

Somente esses dois chefes — além, claro, da chefia da Força de Submarinos e da dupla de oficiais em comando no navio naquele instante — sabiam de seu destino.

Às perguntas que surgiram em relação ao paradeiro do "S-12", as instâncias superiores retrucaram com uma explicação rotineira e desinteressante: a unidade fora destacada para permanecer à retaguarda dos patrulhamentos rotineiros organizados naquela época de deslocamentos da Frota de Mar, nas águas próximas (e sempre de muito movimento) da base de Mar del Plata. Portanto, o "Santiago" demoraria ainda um pouco para voltar ao cais.

Era ainda dia claro, quando no fim da tarde do terceiro dia de navegação, o periscópio do submersível argentino assomou as ondas. Se tudo estivesse certo, a linha da costa avistada pelo visor era um ponto 40 quilômetros ao norte de Port Stanley, na Isla Soledad, a maior e mais oriental das Malvinas. A cidade de Mar del Plata estava a 1.530 quilômetros, a noroeste; a capital, Buenos Aires, a quase 2.000 quilômetros dali.

Então, houve movimentação a bordo do "S-12". Logo se ouviram ordens breves para que uma dúzia de homens se preparassem para desembarcar. Anoitecia quando o "Santiago del Estero" emergiu. Rapidamente os marinheiros lançaram na água dois botes de borracha, embarcaram neles e se afastaram do navio, remando vigorosamente rumo à praia. O lugar onde deveriam desembarcar estava a pouco menos de uma milha (1,8 quilômetro) de distância. Mas houve um imprevisto.

O regime das marés reservara àquele início de noite um frio e desagradável ambiente de ventos e correntezas intensas — que os marujos, por mais que se esforçassem, não conseguiam vencer. Separadas rapidamente uma da outra, as duas equipes de desembarque tentaram, exaustivamente, se reagrupar, e dessa forma avançar para terra. Mas seu empenho foi inútil. A ponto de se perderem na densa escuridão, as equipes concordaram em ser recolhidas por seu navio. Após um lento e cuidadoso zigue-zague defronte à Isla Soledad em busca das "ovelhas" perdidas, o "S-12", finalmente, submergiu.

Supondo que haviam chegado até ali sem serem detectados, e que tal situação se mantinha, Llanos e Lombardo decidiram não abortar a operação e repetir a tentativa mais tarde. Consentiram apenas, para aumentar a margem de segurança, em adiar a incursão para o final do dia seguinte — o que, inclusive, permitiria a seus comandados um bom período de repouso.

A missão deles naquele ponto inóspito do Atlântico Sul consistia em aproveitar as doze horas de trevas típicas das Malvinas nessa época do ano para explorar aquele setor do litoral e seus arredores. Tratava-se de verificar as condições locais para suportar um desembarque anfíbio em grande escala, checar a qualidade dos acessos para o interior, medir distâncias em terra, confirmar o tipo de visão que se obtinha daquele lugar a partir do mar e, sobretudo, observar quanto ele se encontrava exposto — ou desprotegido — à mercê de quem o vigiasse dos sítios mais elevados à sua volta.

Depois de passar mais um dia quieto no fundo daquela zona costeira, o "Santiago del Estero" voltou à superfície, sob o negrume que engolia o oceano. E dessa vez tudo transcorreu de forma rápida, sem contratempos. A dupla de botes de borracha levou os expedicionários da Marinha argentina diretamente ao local planejado. Eles pisaram o solo da ilha sem problemas, e ali permaneceram dedicados a seus levantamentos por, aproximadamente, quatro horas.[30]

Na Isla Soledad, a única estação do ano perfeitamente demarcada — pela precipitação de neve e as tempestades violentas — é o inverno. Mesmo no verão, pode fazer sol, chover e nevar no espaço de uma hora. O vento é constante, e sopra, normalmente, a 30 quilômetros por hora — mas essa velocidade pode subir, de forma repentina, até os 160 quilômetros por hora. Dias sem vento são raridade nessa parte do mundo. Dois ao ano, quando muito.

O lugar investigado era, aparentemente, desabitado e raramente visitado — por civis ou militares. Duas semanas antes, um grupo de jovens argentinos sequestrara o DC-4 que fazia o voo doméstico 648 da companhia Aerolíneas Argentinas, de Buenos Aires para Rio Gallegos, no extremo meridional do território de seu país, e fizera os pilotos aterrissarem a aeronave (com 35 passageiros a bordo) em uma pista de 800 metros destinada a corridas de cavalos.[31]

Em função desse episódio — "de reafirmação da soberania argentina sobre as Malvinas", como a imprensa portenha o descreveu —, que não teve maiores consequências, a guarnição militar das Falklands seria aumentada de seis para cerca de quarenta homens.

Mas os submarinistas argentinos não perceberam, nesse mês de outubro, a presença de patrulhas ou simples sentinelas. Concluídas as tarefas, eles remaram de volta ao submarino e puderam tomar o rumo de casa. Esses marinheiros nunca ficaram sabendo se possíveis rastros que houvessem deixado naquele ponto do litoral malvinense foram, algum dia, percebidos pelos ilhéus — e investigados.

Um pouco depois da visita clandestina, duas novidades chamaram a atenção dos tripulantes do "Santiago": a crise no relacionamento entre a Espanha e a Grã-Bretanha por causa do enclave militar britânico de Gibraltar e uma tragédia ocorrida a bordo do porta-aviões americano "USS Oriskany".

No dia 22 de outubro, Madri solicitou a Londres o fim de grande parte dos voos militares para Gibraltar. O caso dessa possessão britânica fincada no extremo sul da península Ibérica lembra o das ilhas Malvinas, cuja posse os argentinos reclamam desde 1833.

Os espanhóis cederam Gibraltar à Grã-Bretanha em um distante ano de 1713 — "junto com o porto, fortificações e fortes (...) para sempre, sem qualquer exceção ou impedimento" —,[32] mas agora reivindicam a soberania sobre esse território ultramarino britânico de 6,8 quilômetros quadrados — sem água e com muito calor. Inflexíveis, os ingleses rejeitam o pedido logo no dia seguinte, sem sequer discuti-lo amplamente. Três dias mais tarde, em represália, a Espanha fechou os 1.200 metros de sua fronteira com Gibraltar para qualquer tráfego que não o de pedestres — medida que afetava, claro, os interesses britânicos e dos 20 mil habitantes daquele promontório rochoso que guarnece a entrada do mar Mediterrâneo.

A notícia do incidente no CV-34 "Oriskany", na quarta-feira, 26 de outubro, faz os submarinistas se arrepiarem. A súbita inflamação de um sinalizador de magnésio produziu um incêndio que deixou 44 tripulantes mortos a bordo do velho barco, construído durante os anos finais da Segunda Guerra Mundial. Ele e o submarino "Lamprey" — rebatizado em 1971 como "Santiago del Estero" — são, portanto, da mesma época.

O "Lamprey" foi incorporado à esquadra estadunidense na terceira semana de novembro de 1944, quando o conflito ainda devorava milhares de vidas diariamente. O "Oriskany" ficou pronto onze meses mais tarde. Ambos eram navios feitos às pressas, sem grande comodidade, com todo o espaço aproveitado no interesse de uma máquina de combate.

González Llanos não permaneceu por muito tempo no comando do "Santiago". Em 1967 ele transferiu o comando do navio ao então capitão de fragata Manuel J. García Tallada, que Juan Lombardo conhecera em 1955, na chefia do "S-3 Salta".

4. De volta à Isla Soledad

Na manhã da terça-feira, 13 de março de 1973, o já capitão de fragata Juan Lombardo assumiu o comando do submarino "S-21 Santa Fe".

Não se tratava, nesse caso, do irmão gêmeo do classe Fleet *"Santiago del Estero", que ele tripulara como imediato (segundo em comando) na missão secreta à Isla Soledad, e sim de um navio recebido pela Armada argentina, em 1971, também dos estoques de guerra americanos, mas de uma categoria — a* Balao — *mais bem-equipada do que a* Fleet.

A nova dupla de submersíveis "Santiago del Estero" e "Santa Fe" constituía a terceira geração de navios da Força de Submarinos argentina. Ela havia sido submetida, na metade final da década de 1940, à conversão para o padrão Guppy *(sigla de* Greater Underwater Propulsion Program*) II, que contemplava melhorias na velocidade e na resistência do casco, especialmente durante a navegação submersa.*

Os navios dessa categoria — transferidos não apenas à Argentina, mas também ao Brasil — eram bem superiores em desempenho aos da classe Fleet, *que o saltenho Lombardo conhecera pessoalmente. Tanto que foram utilizados no bloqueio das costas da península coreana, durante a Guerra da Coreia, em missões respaldadas pela Organização das Nações Unidas.*

No início de 1973, o momento era, contudo, de transição e expectativa para a Fuerza de Submarinos.

Havia em marcha um ambicioso programa de reequipamento da Armada, que previa dotar a Frota de Mar com até oito submarinos — os dois primeiros já contratados ao escritório alemão de projetos navais Ingenieur Kontor, de Lübeck, do professor Ulrich Gabler. O veterano engenheiro da Marinha de Adolf Hitler durante a Segunda Guerra trabalhava em parceria com a fábrica Howaldtswerke-Deutsche Werft (mais conhecida pela sigla HDW), de Kiel.

Os trezentos ou quatrocentos submarinistas argentinos do começo da década de 1970 eram, portanto, responsáveis por manter em atividade os dois *Guppies*, mas suas melhores esperanças de desempenho estavam nos submersíveis IKL-209, modelo 1.100 (indicativo de tonelagem), que haviam chegado ao estuário do rio da Prata em partes, por via marítima, procedentes da República Federal da Alemanha.

A HDW começara a construir as seções dos submersíveis argentinos no segundo semestre de 1969, e agora eles eram montados nos Talleres Navales Dársena Norte (Tandanor) — um pequeno conjunto de oficinas militares, carreiras e diques secos, estes anteriormente controlados pela *Administración General de Puertos* local.

Os navios desenhados pelo birô IKL constituíam o "sonho de consumo" de qualquer submarinista — à exceção, claro, daqueles que já tripulavam submersíveis de propulsão nuclear.

Depois do sucesso dos modelos IKL-205, 206 e 207, de baixa tonelagem, fornecidos a esquadras europeias, a empresa de Gabler anunciara a produção do tipo 209, um navio de ataque de propulsão diesel-elétrica, com deslocamento acima de mil toneladas, eletrônica moderna, alto grau de automação e, portanto, pouquíssimos tripulantes. A Grécia fora o primeiro país a encomendar essa novidade: quatro unidades que ficariam conhecidas como da classe *Glavkos*.

O desenho do barco era similar ao das unidades 205/206, mas seu projeto previra dimensões consideravelmente maiores, baterias de capacidade aumentada e uma propulsão bem mais potente. O casco, totalmente liso — garantidor de eficiência hidrodinâmica —, fora dotado de hidroplanos retráteis encaixados na parte inferior da proa, controles de profundidade montados em cruz na popa e apenas um hélice (os submersíveis americanos do final da guerra cedidos aos argentinos possuíam dois) de cinco pás.

Esse *design* caprichado — marca registrada de Gabler — seria impulsionado por um conjunto-motor poderoso: quatro propulsores diesel MTU 493 AZ88, de doze válvulas e 2.400HP cada um, acoplados a quatro alternadores de 404 quilowatts — tudo isso amparado na força gerada por quatro baterias de 120 elementos cada uma. A energia produzida por esse aparato devia assegurar à embarcação uma velocidade, em imersão, até 23 nós horários (43 quilômetros por hora), mas na Marinha argentina falava-se também, à boca pequena, em 25 nós. À flor da água — colidindo contra as ondas —, a marcha do navio caía, claro, para 12 nós (pouco mais de 22 quilômetros) horários. Ambas as máximas, de qualquer forma, bem maiores que a dos submarinos convencionais do fim da década de 1960.

Uma propulsão desse nível permitiria aos IKL sul-americanos autonomia de 6 mil milhas (10.800 quilômetros) a 8 nós (15 quilômetros) horários de velocidade na superfície, 230 milhas (414 quilômetros) viajando submerso a 8 nós, ou 400 milhas (720 quilômetros) deslocando-se igualmente em imersão, mas a um ritmo bem reduzido, de só quatro nós (7,5 quilômetros) por hora.

Tais características representavam, contudo, para os marujos da América do Sul, um salto na direção dos submarinos no estado da arte. Tanto que, em seguida à venda para a Argentina — que os havia encomendado logo após o governo grego —, eles foram negociados também com as Marinhas do Brasil, do Chile, do Peru, do Equador, da Colômbia e da Venezuela, em uma quadra de extraordinário desprestígio dos navios de segunda mão que os americanos ofereciam repetidamente a seus aliados de menor qualificação militar.

As novidades eletrônicas eram, igualmente, muitas. Por exemplo: os 209 argentinos viriam equipados com um computador de controle de tiro Signaal VM8/24, para o lançamento de torpedos guiados a fio (filoguiados) que, de acordo com a posição dos alvos, podia seguir o deslocamento de até três desses objetivos simultaneamente, e propor o que os oficiais argentinos chamavam de *soluciones de tiro*.

O conceito básico dos M-8 fora concluído ainda nos anos 1950, para equipar os novos submarinos holandeses da classe *Dolfijn*. Alemães e holandeses trabalhavam juntos em projetos de submarinos desde os anos 1920.[33] O primeiro M-8 exportado — o M-8/1 — revelou-se tão útil que foi instalado nos pequenos submarinos de patrulha costeira do tipo 205 da Marinha da Alemanha Ocidental.

O M-8/1 acolhia uma fusão de dados obtidos por diferentes sistemas de detecção do submarino, o que permitia a seu computador não apenas calcular os ângulos de lançamento dos torpedos, mas também projetar em uma tela a posição dos adversários e seus vetores (direções), bem como mostrar, de forma simultânea, informações sobre rumo e distância obtidas por meio do periscópio e dos sistemas de sonar e radar existentes a bordo. Uma série de programas foi desenvolvida para calcular com precisão as posições desses *targets*, tanto no modo "ativo" — quando o submarino emite uma onda sonora — quanto no "passivo", ocasião em que o submersível apenas escuta o ruído gerado pelos motores e hélices dos navios inimigos, e os analisa

O equipamento da reputada Signaal podia controlar o disparo dos velhos mas ainda confiáveis torpedos "de corrida reta", dos engenhos buscadores (de alvos) pré-programados e dos filoguiados. A indústria naval alemã "sugeria" a seus clientes, como principal arma dos submarinos 209, o torpedo filoguiado SST-4 *Seal*, fabricado pela respeitada AEG-Telefunken, de 1.154 quilos mais 260 quilos de "cabeça explosiva" e 25 quilômetros de alcance — que, fora do tubo, diziam os manuais, corria a uma velocidade até 50% maior que o ritmo de deslocamento mais veloz do próprio submarino.

Os navios argentinos de origem alemã viriam também com um radar de busca francês Thomson-CSF DRUA-33, que, da mesma forma que o computador de tiro, tivera seus desenhos originais rabiscados na primeira metade da década de 1950 para os submersíveis franceses da classe *Narval*. A partir de 1964, esse equipamento, de 450 quilos (só a antena pesava 60 quilos) ganhou uma versão de exportação, denominada *Calypso*, desenvolvida em conjunto com os técnicos da IKL, para ser instalada nos submarinos 209. O modelo vendido aos argentinos podia detectar a presença de um avião com "assinatura de radar" de 10 metros quadrados — tamanho aproximado de uma aeronave de patrulha marítima —, aproximando-se a uma distância de 16 milhas, ou quase 29 quilômetros.

O sonar do 209 seria um Atlas Elektronik CSU 3-4, alojado na proa da embarcação, semelhante aos já instalados nos submersíveis de fabricação alemã das Armadas da Alemanha, Dinamarca e Noruega. O aparelho estaria integrado a um sonar telemétrico francês modelo Thomson Sintra DUUX-2C, novidade da telemetria acústica passiva de grande êxito comercial desenvolvido — como sempre — no início dos anos de 1950, com base na experiência alemã do fim da Segunda Guerra. A tecnologia DUUX-2 foi disponibilizada em fins da década de 1960. Um total de 120 aparelhos desse tipo foram vendidos a catorze Marinhas, para serem montados em oito classes diferentes de submarinos.

Em torno da torreta do IKL-209 estariam os hidrofones do sistema Thomson Sintra DUUG 1D Velox, para captar os ruídos propagados no meio subaquático — um sistema de tanta confiabilidade que havia sido selecionado pela Marinha dos Estados Unidos. O tipo D, adquirido pelos argentinos, era uma versão de maior sensibilidade e melhor capacidade.

A francesa Thomson também fornecera ao 209 sul-americano um analisador de sinais modelo CSF DR-2000, dotado de uma antena de 34 quilos. O equipamento fora concebido para detectar as emissões dos radares de pulsos e de onda contínua do inimigo, incluindo as protegidas por salto de frequência (criptografia).

Dotado de dois periscópios, o 209 impressionava por suas linhas simples mas harmoniosas. Os submarinistas, contudo, sabiam que nem tudo causava boa impressão. O barco oferecia, por exemplo, escassa habitabilidade. Seguindo a tradição da Arma Submarina alemã, os 209 não possuíam conforto algum. Apenas o comandante dispunha de um cubículo a título de camarote. Na verdade, em todo o navio não havia sequer assentos e beliches para todos os 36 tripulantes...

No último quadrimestre de 1974, quando os IKL foram integrados à rotina da Base de Mar del Plata, eles produziram uma inesperada e lamentável divisão nos quadros de pessoal da Força de Submarinos.

O "S-31 Salta" e o "S-32 San Luis" só podiam ter a bordo os seus próprios tripulantes. Oficiais sem a chamada *especialidad 209* eram vetados a bordo. Criou-se uma aura de mistério e segredo, por todos os motivos, injustificável. Oficiais que cursavam a especialização requerida pela Arma Submarina já sabiam: de acordo com a designação que recebessem, sua sorte estava selada. A escolha para um posto no classe 209 garantia o acesso a um ambiente de alta tecnologia, ou à própria elite da Força. A nomeação para um *Guppy* equivalia a ser visto com desdém por seus pares. Além disso, os barcos americanos viraram *Comando de 3ra*: a eles eram destinados quase sempre capitães de corveta — só ocasionalmente um fragata, oficial de maior patente (mais experiente), se encarregava deles. E apesar de todo esse cuidado com os novos barcos alemães, precisamente um deles, o "San Luis", foi vítima de um sério problema.

No início de 1975, poucos meses depois de sua incorporação — em agosto de 1974 —, rompeu-se o bloco do motor n° 1. O reparo completo da avaria exigiria uma operação delicada, de corte e soldagem do casco de aço resistente HY-80, mas essa intervenção exigiria uma tecnologia indisponível, à época, na Marinha argentina. Com o auxílio de especialistas da Diretoria de Material da Armada e do Tandanor, o chefe de propulsão do "S-32", tenente de fragata José Alberto Somonte, manteve o motor danificado funcionando de forma provisória — poupando-o (desligando-o) sempre que possível.

Com o propulsor nº 1 desativado, o submarino perdia 25% de rendimento no momento de recarregar as baterias, mas esse era um problema com o qual sua tripulação teria de conviver, uma vez que, em tempo de paz, isso constituía contratempo plenamente suportável.

No primeiro semestre de 1975, em vista das necessidades operacionais da Armada, oficiais de seu Estado-Maior Geral, da Frota de Mar — ao qual estava subordinada a Arma Submarina — e do comando da *Fuerza de Submarinos* começaram a planejar um exercício capaz de submeter o equipamento alemão recém-incorporado e seus tripulantes a *una máxima exigencia*: uma campanha de cinquenta dias de duração ininterrupta em imersão e sem apoio externo para cada um dos IKL separadamente.

Nesse período deveriam ser avaliados (1) os predicados dos marinheiros das embarcações, (2) sua capacidade de deslocamento em patrulha, (3) a aptidão da marujada para o manejo de sensores e armas, (4) o desempenho das unidades em manobras táticas, e (5) o preparo para o cumprimento de missões especiais, como a de reconhecimento fotográfico.

Precisamente um ano depois de terem sido incorporados, eles partiram: o "Salta" mais cedo, a 18 de setembro; e a 9 de outubro o "San Luis", com o motor nº 1 comprometido. Eles se afastaram da Base Naval de Mar del Plata navegando na superfície — suas silhuetas de aproximadamente 56 metros de comprimento "arrastando", à flor da água, um corpanzil de 1.185 toneladas (quase igual ao de um pequeno destróier) —, para logo submergir. Sob as ondas, a tonelagem saltava para 1.356 toneladas, que deslizavam com um zumbido metálico.

No total, cada um desses barcos cortou as profundezas por mais de 2.800 milhas (5.040 quilômetros), mantendo-se 1.200 horas escondido no fundo do Atlântico Sul — naquelas latitudes, gelado e agitado, inóspito. Os oficiais puderam observar a adaptação de seus subordinados "ao meio" — isto é, à vida no encarceramento daquele cilindro de aço —, o profissionalismo e o espírito de corpo dessas dotações — qualidades indispensáveis à adequada operação de submersíveis com aquelas características.

A capacidade de adaptação dos homens ao confinamento prolongado foi considerada "excelente". E apesar da restrição que se observava em seu grupo propulsor, à tripulação do "San Luis" foi atribuída uma tarefa particularmente significativa (e que os deixaria orgulhosos): realizar o reconhecimento fotográfico da Isla Soledad, a maior das Malvinas.

5. 1978: a postos para a Operação *Soberanía*

Em janeiro de 1977, prestes a completar o seu quinquagésimo aniversário, o ex-imediato do "S-12 Santiago del Estero", Juan José Lombardo, assumiu o comando da Base Naval de Mar del Plata.

Sua última comissão no mar — a do comando do "S-21 Santa Fe" — terminara mais de três anos antes, a 28 de dezembro de 1973.

Os tempos de rebeldia e idealismo haviam ficado duas décadas para trás. Lombardo era agora um oficial rigoroso e bem-formado, que frequentara o Curso para Comandantes de Submarinos da Base Naval de New London, no estado americano de Connecticut, a Escola de Guerra Naval argentina e o Curso Superior de Guerra Naval ministrado pela Marinha da França.

Seu comportamento podia ser descrito como o de um nacionalista enérgico. Mas esse perfil não o atrapalhou — ao contrário.

Eram tempos tumultuosos aqueles. A "casa" dos submarinos argentinos foi escolhida para funcionar também como centro de detenção de guerrilheiros, e o vigoroso Lombardo não fugiu às ordens que recebeu — de mantê-los bem guardados para os interrogatórios (cruéis) que os aguardavam.

O ex-comandante do "S-21" cumpriu com rigorosa devoção militar as instruções que recebeu no front da guerra súcia.

No dia 8 de dezembro de 1978, quase nove meses depois que uma arbitragem britânica revelou-se desfavorável à pretensão de Buenos Aires de soberania sobre algumas ilhas chilenas do canal de Beagle, a Força de Submarinos argentina deu uma bela prova de seu estado de prontidão operacional. Suas quatro unidades partiram de Puerto Belgrano — principal porto militar do país — para mar aberto, rumo ao sul, em busca de cumprir as tarefas que, nessa fase crítica da tensão entre a Argentina e o Chile — de escalada aparentemente irreversível —, lhe haviam sido atribuídas pela *Flota de Mar*.

Ao *Guppy* "Santa Fe", do capitão de fragata Alberto R. de Manfrino, foi destinada a área de patrulha da baía Cook, a noroeste do cabo de Hornos — zona de grande profundidade, além de constituir o principal acesso ocidental ao canal de Beagle.

Ao *Guppy* "Santiago del Estero", do capitão de fragata Carlos M. Sala, foi designado um perímetro marítimo a sudeste de Cook, em águas intermediárias entre o cabo de Hornos e o chamado falso cabo de Hornos.

Ao IKL "Salta", do capitão de fragata Eulogio Moya Latrubesse (que ainda encontraremos nestas páginas, cumprindo papel importante durante a Guerra das Malvinas), foi atribuída uma área de patrulha também na zona do cabo de Hornos.

Ao IKL "San Luis", do capitão de fragata Félix Bartolomé, foi designada uma posição que não chegou a ser alcançada, em virtude de um problema com o barco (mais um, já que o motor nº 1 praticamente não funcionava). Assim, sua zona de patrulha foi alterada para uma região de menor risco, próxima à boca do estreito de Magalhães.[34]

Em linhas gerais, os submarinos deveriam estabelecer um cordão de vigilância invisível em torno da força naval de superfície que a Armada argentina constituíra para a ocasião, estruturada sobre três grupos-tarefa e entregue ao comando do contra-almirante Humberto José Barbuzzi, ex-comandante do porta-aviões "25 de Mayo". Os navios de Barbuzzi tomaram posições a leste do cabo de Hornos, nas águas pouco profundas do chamado banco Burdwood, de forma a minimizar o perigo constituído pelos submersíveis chilenos — cujo potencial conheceremos no capítulo seguinte.

A designação dos dois submarinos argentinos mais antigos, modelo *Guppy II*, para as áreas de patrulha marítima mais perigosas naquela crise desafia, até hoje, o raciocínio dos analistas que se debruçaram sobre a disposição das duas frotas no episódio.

Antes de mais nada, é preciso lembrar que o "Santa Fe" e o "Santiago del Estero" eram navios construídos segundo o projeto *Balao*, que, no pós-guerra, haviam sido adaptados para o padrão *Guppy II*. Em fins de 1978, eles já apresentavam limitações de toda ordem.

Sua operação exigia aproximadamente oitenta tripulantes a bordo (oito deles oficiais) — enquanto os IKL-209, muito mais automatizados, manobráveis e letais, podiam ser manejados por apenas sete oficiais e 29 subalternos. Além disso, os velhos barcos de origem americana jogavam terrivelmente no mar revolto do cabo de Hornos — ondas até 12 metros de altura —, o que dificultava tremendamente a recarga das suas baterias.

O procedimento era, em si, relativamente simples, facilitado pelo uso do esnórquel, um tubo alojado na torreta do navio. Acionado, ele assomava cerca de um metro e meio a superfície das ondas, e admitia o ar fresco no interior da nave. Além de ventilar compartimentos e corredores, esse ar vindo de fora permitia o funcionamento dos motores diesel, que davam carga nas baterias.

Ocorre que, no mar agitado, as coisas funcionam de maneira bem mais irregular e desconfortável.

O esnórquel possui uma válvula que se fecha automaticamente se uma onda o engole, de maneira a evitar o ingresso de água no interior do barco. Quando isso ocorre, o que se produz no interior do submarino é uma forte pressão negativa, devido à demanda violenta de ar dos motores diesel — que param de funcionar —, com um efeito bastante desagradável nos ouvidos dos tripulantes.

A isso deve ser acrescentado o estado de tensão dos homens pelo aumento da "taxa de indiscrição" no momento de expor o tubo de ventilação para fora da água. Todos sabem que, numa emergência, o emprego do esnórquel deve durar o menor tempo possível. Não é difícil imaginar quão crítico era esse procedimento naquelas águas turbulentas, em dezembro de 1978.

Na verdade, no mar agitado a simples manobra de levar um submersível antigo e lento como o da classe *Guppy* à "cota periscópica" — entre 15 e 18 metros sob as ondas — constituía um risco.

A manobra é corriqueira, pois permite ao comandante do barco *dar un vistazo* (dar uma olhada) no que acontece à superfície, mas nas pequenas profundidades (até 50 metros) daquelas zonas austrais as fortes correntes submarinas poderiam arrastar o navio — isso aconteceu por duas vezes com o "Santiago del Estero" — e, pior, dificultar-lhe um mergulho de emergência, caso fosse constatado que ele se encontrava sob perigo iminente.

Os submarinos de segunda mão americanos também eram navios limitados (a) pelo paulatino esgotamento de seus equipamentos originais, (b) pelo funcionamento dos seus sensores consideravelmente primitivos e (c) pela carência de recursos eletrônicos no estado da arte.

Ainda em 1978, a empresa Varta Argentina, da cidade de Merlo, na província de Buenos Aires, reproduziu, com o assessoramento da Armada, uma bateria para o "Santa Fe". Para que o equipamento pudesse ser instalado, o navio foi levado a um dique de Puerto Belgrano. Aí, uma equipe de operários especializados realizou o corte do casco, o encaixe da peça e a correspondente soldagem de sua estrutura. Tudo com predicados de qualidade e robustez comparáveis aos do mesmo serviço feito nos Estados Unidos. E mais importante: sem que a intervenção implicasse restrições a futuras singraduras do barco em grandes profundidades. O trabalho repercutiria tão bem que os argentinos ganharam uma licitação internacional para fazer um reparo que envolvia corte do casco no submarino venezuelano "Picua".

O sistema *Magnavox*, que aferia o posicionamento do *Guppy* por satélite, era útil somente quando coincidia de sua antena — embutida na vela — estar fora da água no momento em que a embarcação era sobrevoada pelo satélite fornecedor dos dados.

Não havia, a bordo do "Santiago" ou do "Santa Fe", um computador capaz de gravar as "assinaturas" (ruídos emitidos pelos hélices) de barcos transitando próximo a eles. Para decidir sobre o comportamento a tomar em presença de um navio qualquer, era preciso confiar na perícia e na boa memória dos operadores de sonar.

O armamento embarcado em Mar del Plata era outro problema. Consistia em um punhado de torpedos de "corrida reta" Mk-14 — não mais de seis por embarcação —, desenhados na década de 1930, e de um lote de torpedos antissubmarino Mk-37 — equipamento-padrão da Armada americana desde os primeiros tempos da Guerra Fria. Os submarinistas argentinos não gostavam de nenhum dos dois.

Concebidos para o tiro torpédico de superfície, os Mk-14 eram movidos por motores a combustão, que em sua corrida deixavam uma nítida e delatadora esteira de espuma branca e vapor. Não eram considerados confiáveis.

A "cabeça buscadora" de alvos dos Mk-37 lhes conferia certa capacidade de alcançar *targets* na superfície. Mas por sua tecnologia antiquada, eles tampouco eram do agrado dos tripulantes de submarinos.

Havia relatos que os caracterizavam como suscetíveis a três tipos de falhas: (a) *o travamento na hora da partida*. O projeto do Mk-37 previa que ele deixasse o tubo do submarino impulsionado por um mecanismo de propulsão própria — conhecido por *swim out* —, mas se sabia de casos em que, apesar de ter seu hélice ativado para partir, o torpedo "travava" perigosamente dentro do tubo (ou seja, caso estivesse dotado de sua "cabeça de guerra", o torpedo poderia explodir dentro do submarino...); (b) *a desativação espontânea*. Outros registros informavam que o Mk-37 não conseguia manter-se ativo — e dar início ao procedimento de busca do alvo — depois de concluir os primeiros 400m de sua trajetória, trecho chamado pelos submarinistas de "corrida inerte de segurança", uma espécie de impulso inicial; e (c) *o mau funcionamento da "cabeça buscadora"*. A eficiência do Mk-37 estava condicionada a uma perfeita graduação da profundidade em que deveria iniciar sua perseguição ao alvo. Qualquer erro nessa regulagem impediria o torpedo de encontrar o alvo. Nesse caso ele simplesmente "apagaria" e se perderia nas profundezas.

À falta de informações mais consistentes e esclarecedoras, predomina, claro, a impressão de que o Comando Naval argentino despachou seus dois *Guppies* para as patrulhas mais perigosas por não querer expor a risco seus barcos mais modernos e importantes: os dois IKL-209.

Mas, claro, essa pode não ser a verdadeira razão — ou, ao menos, a mais forte. O que entrou para a história é que apenas duas horas depois de terem largado de Puerto Belgrano, tendo atingido uma zona onde a profundidade já alcançava os 60 metros, o "S-21" e o "S-22" desapareceram sob as ondas, iniciando a navegação submersa.

Aqueles eram tempos, na Força de Submarinos argentina, claramente influenciados pelo sopro de modernidade representado pelos submersíveis alemães.

A montagem das embarcações exigira dos engenheiros dessa Armada a criação de um *Taller Aplicado de Técnicas Múltiples* (Oficina Aplicada em Técnicas Múltiplas) — conhecido por Tisú —, mais tarde transformado em Arsenal Naval Mar del Plata.

A cúpula da Marinha lidava com máquinas submarinas de origem europeia (italiana) desde o final dos anos 1920, mas logo pareceu evidente que a manutenção e operação de seus novos barcos exigia um grau de aptidão profissional que os argentinos talvez ainda não tivessem alcançado.

O fato é que enquanto se dirigia para o setor naval que lhe tinha sido atribuído, o "S-32 San Luis", que já não contava com o seu motor nº 1, apresentou falha em outro de seus quatro motores. Com 50% de seu grupo propulsor comprometidos, o navio precisaria de muito mais tempo para recarregar suas baterias, e isso multiplicava por dois a sua *TIS — Tasa de Indiscrección en Superfície* (Taxa de Indiscrição na Superfície) —, algo que, para um barco que depende basicamente de sua furtividade, pode ser, simplesmente, letal. O imprevisto levou os almirantes argentinos a aprovarem a transferência da unidade do comandante Bartolomé para uma zona de menor risco, perto do estreito de Magalhães.

Neste ponto cabe lembrar minhas primeiras palavras na apresentação deste livro, sobre a incapacidade das ditaduras de manter forças armadas minimamente eficientes, e fazer uma rápida apreciação sobre a *Fuerza de Submarinos* da Armada chilena.

6. Os submarinos de Pinochet

No segundo semestre de 1978, a Arma Submarina da Marinha do general-presidente Augusto Pinochet estava sob o comando do contra-almirante Osvaldo Schwarzenberg Stegmaier, um descendente de alemães de 49 anos.

No papel, tratava-se de uma força comparável à sua congênere argentina: *dois submarinos americanos do tempo da Segunda Guerra Mundial, da classe* Balao *(como já sabemos, menos equipados do que os* Guppies*), e dois navios modernos de fabricação inglesa do tipo* Oberon.

Mas na prática a realidade era outra.

O Balao *"Comandante Thompson" encontrava-se desativado e o* Oberon *"Capitán O'Brien", do* capitán de fragata *Juan Mackay Barriga — que ostentava a pecha de torturador do regime pinochetista — se encontrava em dique seco, impossibilitado de atender àquela emergência mesmo que seus reparos fossem apressados.*

Contudo, as dificuldades dos chilenos não paravam por aí. O segundo Oberon — *"Ingeniero Hyatt" — tinha um sério problema em sua propulsão, e emitia um nível de ruído muito acima do aceitável, motivo pelo qual devia ser considerado, igualmente, "fora de combate". Foi ordenado ao seu comandante, o* fragata *Ricardo Kompatzki Contreras, rumar com o navio para a Base Naval de Talcahuano.*

O único submersível chileno disponível em dezembro de 1978 era o Balao *"Simpson", que também exibia certas deficiências. A pior delas: a falta de um esnórquel, o que forçava o navio a permanecer na superfície por até oito horas (!), de forma a recarregar convenientemente suas baterias.[35] Isso o tornava, claro, detectável para os radares inimigos. Mais grave: tal limitação impedia o navio de submergir por mais de 24 horas, e, em navegação submersa, restringia seu deslocamento a uma velocidade de patrulha baixíssima, de apenas 5 nós (um pouco mais de 9 quilômetros) horários. Caso fosse atacado e precisasse se evadir, as baterias do "Simpson" provavelmente se esgotariam antes que essa manobra pudesse ser concluída.*

Nesse caso, caberia ao comandante da unidade, capitão de navio Rubén Scheihing Navarro, que acabara de completar seu 42º aniversário, optar por um dos dois caminhos: emergir para a rendição ou deixar que seu barco se perdesse nas profundezas, condenando seus oitenta tripulantes à morte.

De qualquer forma, à época em que os submarinos argentinos atingiram as áreas de patrulha que lhe haviam sido designadas, o "Simpson" já havia alcançado um "santuário" (zona marítima considerada livre de ameaças), com seus tubos lança-torpedos carregados e inundados — isto é, prontos para a ação.

Mas também o armamento do *Balao* de Scheihing era inferior ao de seus adversários.

Enquanto os *Guppies* argentinos levavam torpedos elétricos Mk-37, de fabricação americana, o "Simpson" só dispunha dos torpedos a vapor M-14 e Mk-27 — um reflexo da chamada "Emenda Kennedy" (referência ao senador democrata Ted Kennedy), que, aprovada no Congresso americano, deixara a ditadura pinochetista sem ajuda militar.

Mas não era só isso. Por ocasião da crise de Beagle, os submarinos argentinos haviam recebido a bordo um equipamento inédito: aparelhos de criptografia que, mediante códigos especiais, desenvolvidos especificamente para a Força de Submarinos, estavam aptos a permitir uma comunicação com muito maior segurança — e de forma indetectável para os inimigos chilenos.

Nesse capítulo da segurança da navegação também é preciso lembrar que o *Guppy II* "Santa Fe" estava equipado com um engenhoso sistema denominado *Prairie Masker*, que disfarçava o ruído produzido por essa classe de barcos — especialmente quando motores e baterias funcionavam ao mesmo tempo.

Um conjunto de tubos conhecidos por cinturões *Masker*, aplicado ao redor da superfície externa da embarcação, produzia uma tela de bolhas de ar em torno da seção do casco que abrigava as máquinas. O sistema era acionado por um motor especial, instalado no lugar de um dos quatro motores GM 16-278A, originais do navio. A camada de bolhas criava uma diferença de impedância acústica entre o casco do navio e a água, reduzindo a transmissão de ruído das máquinas às águas circundantes.

Finalmente, cumpre esclarecer: mesmo que a Armada do Chile pudesse ter alinhado os seus dois submarinos da classe *Oberon* contra os argentinos, isso não os deixaria em desvantagem.

Concebido para ser um dos submersíveis diesel-elétricos mais modernos da década de 1960, o *Oberon* se manteve, durante os anos 1970, como uma excelente plataforma para detecção. Mas como é bem grande — 90 metros de comprimento e mais de 2.400 toneladas em imersão —, ele, mergulhado, exibia uma dificuldade de manobra consideravelmente maior que a dos modelos mais compactos e modernos. Sua relação "em guinada", isto é, a rapidez com que o *Oberon* muda de rumo ou profundidade, era significativamente menor do que a dos IKL-209.

A participação do comandante Rubén Scheihing e seus homens do "Simpson" no conflito dependia das ordens do vice-almirante Raúl López Silva, um oficial de feições duras, ex-adido naval em Londres que, logo no início de 1978, aos 53 anos, ascendera ao cargo de comandante em chefe da Esquadra chilena, em substituição ao contra-almirante Arturo Troncoso Daroch.

Já nessa época, o comandante-geral da Marinha, almirante José Toribio Merino, advertira López Silva para as nuvens que se acumulavam no horizonte político do Cone Sul da América.

Merino pediu ao novo comandante em chefe que preparasse seus navios e tripulações com esmero. Ele, de sua parte, se esforçaria para que não faltassem os três insumos básicos ao bom funcionamento da esquadra: combustível, munição e pessoal. A primeira consequência dessa mobilização de espíritos foi que, no período de março/abril, a frota chilena saiu para realizar uma etapa inicial de exercícios nos mares austrais.

Curiosamente, nem toda essa preocupação se refletiu no estado de prontificação da Arma Submarina chilena.

López Silva não tinha identidade com ela. Em seus 39 anos de carreira naval fora comandante de rebocador, de destróier e do veleiro-escola "Esmeralda". Comandara até mesmo a Aviação Naval, sem ter aprendido a pilotar.

Dos submarinos passara longe. Quando o Chile precisou de sua flotilha de submersíveis, somente uma dessas naves estava em condições de navegar — e assim mesmo com as limitações inerentes a um barco antigo e desgastado.

Em dezembro de 1978, López dividira suas unidades em duas *agrupaciones*: *Acero* ("Aço") — que, costeando as ilhas do mar de Drake, precisaria suportar — e revidar com a artilharia convencional — o ataque principal da frota argentina; e *Bronce* ("Bronze"), que, procedente de uma posição mais ao sul, deveria cair de surpresa (se possível) sobre os navios inimigos, fazendo desabar sobre eles uma chuva de mísseis.

O segundo de López, almirante Hernán Rivera, chefe do Estado-Maior da esquadra, embarcara no cruzador "Prat", que liderava a formação *Acero*.

Por volta das 2h da quarta-feira, 20 de dezembro, o capitão Scheihing, foi acordado em seu camarote pelo oficial de guarda no horário. "Meu comandante, chegou uma mensagem do Almirante", disse-lhe o rapaz, sem disfarçar a emoção na voz, "é muito importante". O comandante partiu direto para a cabine do "Simpson" que servia como câmara dos oficiais — um cubículo retangular, onde havia uma mesa recoberta de fórmica. Boa parte da tripulação do navio dormia, mas vestida.

Estranhamente, a mensagem do almirante López Silva não era dura, ou lacônica. Tratava-se, na verdade, de palavras quase afetuosas, de um pai que manda seus filhos à escura caverna da incerteza.

Sem dizer uma palavra, Scheihing seguiu para o compartimento de manobra do barco. De lá, então, chamou seus homens pelo intercomunicador: "Fala o comandante. Recebeu-se a seguinte mensagem do almirante", e passou a lê-la. Dizia: "Creio que essa é a ordem que todo profissional que pertence a uma instituição armada de qualquer país sempre espera receber, para a qual se preparou durante sua carreira: impedir pelas armas qualquer tentativa de desembarque em terra chilena." E depois emendou: "Isto significa que estamos vivendo, a partir deste instante, uma situação de guerra com a Argentina. Como todos sabemos, é possível que nos afundem, mas me comprometo com vocês que antes que isso aconteça, levaremos, pelo menos, dois dos deles!"

Scheihing tinha, à época, 21 anos como oficial. Ele contaria mais tarde que, passado um instante de completo silêncio, ouviu um grito em uníssono: *Viva Chile, mierda!*[36]

Apenas para que o leitor possa entender o contexto em que esse brado ecoou: a ordem argentina 22.22:00.DIC.978 dispunha que, precisamente, às 20h do Dia D — 22 de dezembro —, uma ação conjunta da *Flomar* (*Flota de Mar*) e do BIM nº 5 (5º Batalhão de Infantaria de Marinha) tomasse de assalto as ilhas chilenas Freycinet, Hershell, Wollaston, Deceit e Hornos. Duas horas mais tarde, os navios argentinos deveriam respaldar o assalto dos fuzileiros dos batalhões nº 3 e nº 4 sobre as ilhas Picton, Nueva e Lennox — pivôs da crise entre Buenos Aires e Santiago.[37]

Às 19h19 da quinta-feira, 21 de dezembro, a Aviação Naval chilena detectou a frota do almirante argentino Barbuzzi rumo ao cabo de Hornos.

No raciocínio de López Silva aflorou, então, a imagem do "Simpson", único navio de sua esquadra que naquele momento se interpunha entre os barcos atacantes e as ilhas que os chilenos precisavam defender. O comandante em chefe da esquadra torceu para que, perante aquela aproximação, o submarino do capitão Scheihing estivesse completamente a postos: submerso, vigilante e com os torpedos prontos. Não parecia haver escapatória: seria um Natal de sangue, aquele.

Mas precisamente à 1h22 da madrugada de sexta a frota argentina começou a alterar seu rumo, o que foi claramente percebido pelos chilenos. *La Flota argentina está cambiando repentinamente su curso y retrocede, adoptando un curso nor-noreste*, informaram ao almirante López Silva.[38]

De Valparaíso chegou, então, a explicação: a Junta Militar de Buenos Aires aceitara uma arbitragem do Vaticano para a questão de Beagle.

Às 11h de 22 de dezembro, os navios de López Silva começaram a regressar a seus fundeadouros, na baía Cook. Treze dias mais tarde, esses vasos da Esquadra chilena entraram, lenta e silenciosamente, na baía de Valparaíso. Muitos ainda ostentavam sua pintura de camuflagem.

Em 2008, Scheihing, já na reserva, confessou que sua missão de guerra, que durou longos setenta dias, fora, simplesmente, extenuante. "Envelheci alguns anos", admitiu.[39]

No tocante ao papel efetivamente cumprido pelos submarinos de ambos os lados na crise, é possível afirmar que eles tiveram repetidas oportunidades de inflingir perdas importantes. A seguir, algumas dessas histórias:

Terceira semana de dezembro de 1978.

O *Guppy* "Santa Fe" patrulha a boca da baía Cook, navegando a 50 metros de profundidade. Subitamente, os operadores de sonar anunciam ruídos de hélices de navios de guerra que se aproximam.

O comandante do "S-21", capitão de corveta Alberto Manfrino, ordena que seja acionado o alarme de combate. Todos os tubos lança-torpedos são preparados. Os rumores dos alvos vão se adensando até denunciarem a presença de toda uma frota que parece rumar para mar aberto: três, quatro... seis... nove... Os operadores do sonar contaram treze barcos no total, alguns com "hélices pesadas" — de um cruzador, certamente — e outros com "hélices leves" — próprios dos destróieres.

A esquadra acima do "Santa Fe" navegava sem emitir por meio dos seus sonares — uma forma de não denunciar a sua presença. Mas isso também impedia que ela encontrasse o casco do submersível argentino. O capitão Manfrino considera que os chilenos não estão em atitude hostil, e os deixa seguir incólumes — uma vez que, até ali, não existe uma declaração de guerra formal.

Ele ordena que seu barco se afaste daquela posição, e quando julga estar em zona apropriada, leva-o à "cota periscópica". Manda, então, que seja erguida a antena de comunicações existente na torreta do navio, e rompe o silêncio por meio do rádio. Manfrino informa os seus superiores do deslocamento da força naval chilena, o número de unidades que a integra e seu rumo. Ato contínuo, retoma sua patrulha.

Por duas vezes, numa mesma semana, o "Simpson" foi descoberto por seus inimigos.

Na quinta-feira, 21 de dezembro, o IKL-209 "Salta", do *capitán de fragata* Moya Latrubesse, içou seu esnórquel para dar início à manobra de recarregar as baterias. Como de praxe, foram erguidos igualmente o periscópio e as antenas, inclusive as de contramedidas eletrônicas.

Enquanto Latrubesse tem sua atenção desviada para uma extensa mensagem cifrada recebida a bordo, um de seus oficiais, de olhos postos no visor do periscópio, dá o alarma de submarino inimigo na superfície. O comandante argentino corre para checar a informação. Sobre o convés do barco observa-

O CÓDIGO DAS PROFUNDEZAS

do, é possível ver tripulantes que caminham a vante (à frente) da torreta. O submersível não tem na proa o domo sonar que caracteriza a moderna classe *Oberon*; portanto, trata-se, sem dúvida, de um barco mais antigo, tipo *Balao*. *Finalizar snorkel en emergencia! Cubrir puestos de combate! Preparar tubos Mk-37!*, grita Latrubesse.[40] O ruído dos quatro motores diesel do "Salta" funcionando para recarregar as baterias, ainda que amenizado pelos silenciadores, impedira o suboficial operador do sonar de captar o hélice do barco chileno. O IKL argentino mergulha, mas logo depois disso o encarregado do radar anuncia o rumor dos tanques de lastro do "Simpson", o que indica que também ele buscará as profundezas. Teria o "Salta" sido detectado?

Falta pouco tempo para a hora "H" do início das hostilidades.

Enquanto o "S-31" segue para o fundo, a voz do imediato ecoa no intercomunicador de bordo: *Señor, estamos en solución* [com o alvo na mira], *sugiero lanzar* [os torpedos]. Moya Latrubesse não responde. E escuta de novo: *Estamos en solución, sugiero lanzar*. O comandante finalmente responde, mas para informar que não autoriza o disparo dos torpedos.[41]

Como os dois barcos se encontram em águas internacionais e não em águas jurisdicionais de seu país, o submarinista argentino preferiu adotar uma atitude mais prudente, e evitar o confronto.

O curioso é que, nesse momento, o suboficial sonarista do "Salta" deu o alarma de "torpedo na água". A tensão se eleva ao máximo dentro do "S-31". A embarcação adota manobras evasivas, e o nervosismo só diminui quando surge a informação de que o som dos hélices do torpedo em corrida enfraquece. Aos poucos a tripulação recobra a calma.

O encarregado do sonar do "Salta" — marujo de certa experiência — insistirá em sua percepção acerca de um torpedo chileno que cruza as profundezas nas vizinhanças do "S-31". Mas Scheihing, do "Simpson", mais tarde, negaria, peremptoriamente, ter ordenado tal disparo.[42]

No segundo episódio, o navio de Scheihing navegava lentamente na superfície, à luz do dia, no rumo sul, quando foi avistado pelo *Guppy* "Santiago del Estero".

O comandante do "S-22" argentino ordenou *cubrir puestos de combate* e dois torpedos Mk-37 foram aprontados para disparo. Mas como o inimigo se encontrava com as escotilhas das tubeiras abertas, os argentinos perceberam que ele, possivelmente, tentava solucionar algum tipo de avaria — não representando, naquele momento, ameaça.

Advertido por um operador de sonar do ruído de "hélices leves" que se aproximavam — possivelmente uma unidade de superfície chilena que ia ao encontro do barco em dificuldades —, o comandante do "Santiago" tirou algumas fotos do submersível chileno e retirou-se.

É certo que também o problemático "Simpson" teve a sua chance de glória.

Ele localizou e manteve sob mira o navio-aeródromo "25 de Mayo", que transportava oito jatos de combate incumbidos de garantir a supremacia aérea dos argentinos na região de Beagle.

Essa esquadrilha representava uma ameaça direta, inquestionável, às unidades do almirante López Silva. E essa vulnerabilidade preocupava tanto os adversários dos argentinos que, a cada quatro horas, a Aviação Naval do Chile produzia um boletim de informação com os melhores indicativos que conseguia obter — e alguns simples prognósticos — sobre a posição dos navios platinos.[43]

7. O remédio de Thule

Em 1980, Juan José Lombardo foi removido de Mar del Plata para a chefia do Setor de Operações do Estado-Maior Geral da Armada, e devolvido à rotina exclusiva dos assuntos marinheiros.

A presença de um submarinista nesse posto abria a perspectiva de uma maior atenção, por parte do estado-maior, para a situação da Força de Submarinos argentina, parcialmente renovada, em 1974, pelo recebimento de dois pequenos submersíveis modernos, de fabricação alemã.

O problema é que, decorridos seis anos de sua incorporação, nenhuma dessas máquinas, da classe IKL-209/1.100, se encontrava em condições plenas de emprego. Faltava aos argentinos a certeza de que, sendo necessário, eles conseguiriam fazer funcionar adequadamente os torpedos de 21 polegadas (calibre 533 milímetros) que os navios carregavam — armas contra alvos de superfície, guiadas por fio (filoguiadas) de um certo modelo germânico (AEG-Telefunken) conhecido pela sigla SST-4.

A alternativa aos SST-4 era o velho torpedo elétrico Honeywell Mk-37, de 480mm de diâmetro, desenhado nos Estados Unidos em fins dos anos 1940 para atingir alvos submarinos.

O "marca 37" tinha dois terços do tamanho do SST-4, a metade de seu peso, só uns 74% de sua velocidade e menos de 57% de seu alcance. Além disso, levava uma "carga útil" — explosiva — que mal correspondia a 57% da transportada pelo engenho alemão.

Mas pelo menos, havia mais esperança de que o Mk-37 saísse do tubo do submarino na direção que lhe fora comandada... E o mais importante: ele possuía uma pequena capacidade de buscar alvos na superfície.

Isso era o que se podia levar de melhor para 1981. Nesse ano, sem conseguir ver o assunto do torpedo da AEG-Telefunken devidamente resolvido, o vice-almirante Lombardo assumiu o comando da Flomar *(Flota de Mar).*

No Almirantado argentino, Juan José Lombardo comportou-se como um dínamo: gerando energia, de forma contínua, no sentido de deslocar a atenção dos seus superiores na direção sul — rumo ao arquipélago das Malvinas.

Em um país dividido pela política, a violência da guerrilha e a repressão, ele — que quinze anos antes acompanhara de perto o arroubo juvenil do sequestro do voo 648 da *Aerolíneas* — imaginava que a causa da soberania sobre o território malvinense pudesse servir como um aglutinador da Nação.

Em outubro de 1981, mês de aniversário de seu desembarque clandestino na Isla Soledad, o vice-almirante decidiu provocar seu chefe maior na corporação naval, almirante Jorge Anaya: "Por que não fazemos nas ilhas Geórgias o que fizemos em Thule, em 1976?"

Tratava-se de uma proposta ousada. E o comandante da *Flomar* não a lançava para obter a permissão de planejá-la. Cinco meses antes, por ordem direta sua para o Comando de Operações Navais (almirante Alberto Gabriel Vigo), um pequeno grupo das unidades de elite da Marinha já se adestrava em manobras que simulavam a operação de desembarque nas Geórgias.

Os exercícios vinham sendo feitos com toda a discrição possível em uma área de 900 quilômetros quadrados das ilhas do delta do rio Paraná, na zona de San Fernando, ao norte da Grande Buenos Aires. O treinamento era liderado pelo tenente Alfredo Ignácio Astiz, de 29 anos — sete no oficialato da esquadra —, que desde 1979 vinha sendo investigado por governos da Europa e dos Estados Unidos por causa de seu envolvimento no sequestro, tortura e morte de prisioneiras políticas de origem europeia na Argentina. O treinamento em San Fernando também servia, portanto, para esconder Astiz de seus perseguidores.

O segundo dele nos exercícios era o tenente mergulhador Julio Carrilaff, integrante do Agrupamento de Mergulhadores Táticos (*Agrupamiento de Buzos Tácticos*) da Base Naval de Mar del Plata. A tropa estava formada por um suboficial e cinco cabos mergulhadores, cinco cabos da Infantaria de Marinha (fuzileiros navais) com o curso de Comandos Anfíbios, e um suboficial enfermeiro. No total, catorze militares.

Segundo a descrição fornecida por Lombardo da conversa de outubro, o comandante Anaya reagiu sem entusiasmo à ideia de a Marinha recorrer, mais uma vez, ao "remédio" de Thule. Ele parecia admitir a viabilidade de se repetir nas Geórgias o que já se fizera em Thule: o estabelecimento de uma estação naval de pesquisas da Armada argentina no arquipélago, desconhecendo a soberania do Reino Unido sobre esse território. Mas a verdade é que aparentava duvidar que essa instigação gerasse resultados úteis. Em outras palavras: Anaya duvidava da eficácia da *medicina* proposta pelo oficial comandante da esquadra argentina.

O desafio lançado pelos argentinos em 1976, e sobretudo a reação pífia dos britânicos a ele, já levara um outro (famoso) chefe naval, o almirante Emilio Massera, a retomar, em 1977, os planos de invasão das ilhas Malvinas. Planejamento que, sem o apoio da diplomacia argentina, ou o entusiasmo das forças coirmãs, a Marinha logo abandonaria.

No extremo sul do inexpressivo e inóspito conjunto insular das Sandwich do Sul, Thule, formação rochosa de origem vulcânica encimada pela boca de um vulcão — aberta para o céu 1.075 metros acima do nível do mar —, era, à época do episódio lembrado pelo almirante Lombardo, um lugar acolhedor só para pinguins. Panorama que, por sinal, transcorridos cinco anos, não se modificara. A ilhota preservara, bravamente, o galardão de ponto mais desinteressante das Sandwich.

Na primeira semana de novembro de 1976, em uma manobra destinada a sentir o pulso dos britânicos, um navio argentino desembarcou em sua superfície rochosa sete militares especializados em hidrografia e clima antártico. Eles, obviamente, pregaram naquele lugar remoto uma bandeira de seu país — afinal, era preciso *reafirmar soberania* — e começaram a emitir boletins meteorológicos via rádio.

Mais de um ano depois — a 20 de dezembro de 1977 —, a tosca instalação argentina foi observada do alto por um helicóptero do navio inglês de patrulha no gelo "Endurance" — barco de projeto civil construído em meados dos anos 1950 que, desde 1967, se tornara um *habitué* do Cone Sul da América.

Imediatamente o governo de Londres solicitou ao de Buenos Aires explicações acerca daquela presença não combinada previamente, que considerava uma violação de sua soberania. As autoridades sul-americanas responderam que a *estación científica* se encontrava dentro "da área de soberania argentina", e funcionando com propósitos absolutamente pacíficos.

Após uma troca de notas diplomáticas, a Inglaterra apresentou um protesto formal, mas essas negociações se arrastaram até dezembro de 1978, quando representantes de ambos os países anunciaram que haviam alcançado um protocolo de cooperação científica para as áreas das Geórgias e das Sandwich do Sul. Todo esse processo de entendimento causou, tanto no almirante Massera como em outras autoridades militares argentinas, uma impressão bastante equivocada de que os britânicos se comportavam com tibieza.

Na verdade, para preservar seu relacionamento com Buenos Aires, o governo trabalhista do primeiro-ministro James Callaghan havia preterido a opinião dos 1.900 habitantes das Falklands. Até mesmo o chefe da diplomacia britânica, Anthony Crossland, um antigo secretário de Estado para o Meio Ambiente sem experiência diplomática anterior, podia adivinhar o que iria acontecer, caso a notícia do que fora combinado entre Londres e Buenos Aires vazasse de maneira não controlada. "Seríamos criticados por negociar pelas costas dos ilhéus", lavrou ele num memorando da época.[44]

A reação dos moradores das Falklands foi mesmo bem ruim. Inteirados dos termos do acordo, eles anunciaram que só admitiam a presença dos argentinos em Thule — forçando Londres, no caso específico das Geórgias (onde funcionava uma estação baleeira), a recuar sobre os próprios passos.

O medo dessa gente isolada no Atlântico Sul — eles próprios fizeram questão de esclarecer — era de que o consentimento discutido para as Geórgias representasse o início do fim da soberania britânica sobre as Falklands.

O mais interessante é que, apesar de receber com cautela — e até certa frieza — a ideia de repetir a provocação de Thule, Jorge Anaya não a desautorizou.

8. Torpedos erráticos

No início de dezembro de 1981, durante uma reunião do Almirantado, Juan José Lombardo externou claramente a sua preocupação com o que chamou de "a decomposição do país e a necessidade de encontrar uma solução política" para aquele estado de coisas.

Ele continuava a remoer o plano de unificar os argentinos por meio de uma causa — e essa causa o comandante Jorge Anaya bem sabia, era, na cabeça de seu mais vigoroso oficial-general, o controle das ilhas Malvinas.

Preocupado com o aparente estado de depressão do chefe da frota — que ameaçava pedir passagem para a reserva —, Anaya convocou sua mulher, Nélida, e ambos convidaram o casal Lombardo para um passeio de iate.

O líder da Marinha argentina tentou acalmar o subordinado e dissuadi-lo de desistir da carreira, mas não ficou convencido de ter sido bem-sucedido. O que pareceu restar-lhe foi a alternativa de manobrar nos bastidores da política militar argentina. Um jogo que, na realidade, não o desagradava — ao contrário.

Na quarta-feira, 9 de dezembro de 1981, durante um almoço com Nélida e o casal Leopoldo Galtieri — ele havia dois anos a figura máxima do Exército —, Anaya ofereceu-se para ajudar o ambicioso oficial a derrubar seu colega Viola e pôr a mão na faixa de *Presidente de la Nación*.

Isso, claro, com uma condição: a de que Galtieri autorizasse a ocupação das Ilhas Malvinas pela força.

Dois dias depois, a Junta Militar argentina destituiu um espantado Roberto Viola da primeira magistratura da Nação e indicou o general comandante em chefe do Exército para o seu lugar.

A Viola acusaram de — em seu breve período de menos de oito meses e meio no poder — não ter cumprido as *pautas* estabelecidas pelo Comitê

Militar — órgão que reunia os chefes do Exército, da Marinha e da Força Aérea, membros da Junta. Galtieri, ao contrário, decidiu demonstrar apreço pela liturgia do processo de renovação do "comando presidencial". Em um gesto por alguns interpretado até como de desambição (!), ele recusou-se a assumir a Presidência imediatamente. Pediu que, primeiro, fossem definidas as *pautas* para o início da sua gestão.

Jorge Anaya interpretou a decisão como uma espécie de senha para que a Marinha entrasse em ação.

No período de 11 a 22 de dezembro, em que Leopoldo Galtieri aguardou, pacientemente, o momento de receber a faixa presidencial, a Armada argentina nadou de braçadas na cúpula do governo. Literalmente.

A Presidência da República foi transmitida, em caráter provisório, ao militar mais antigo no gabinete Viola, o ministro do Bem-Estar Social, almirante Carlos Alberto Lacoste — amigo pessoal do vice-almirante Lombardo. A pasta das Relações Exteriores deixou de ser uma responsabilidade do embaixador Oscar Camilión — um diplomata competentíssimo —, para fazer parte, temporariamente, da rotina burocrática do então ministro da Defesa, contra-almirante Norberto M. Couto.

Camilión havia encaminhado negociações com Londres no sentido de os ingleses aceitarem uma reunião de agenda aberta, apta, ao menos em teoria, a abrigar o exame da questão da soberania das Malvinas. Aproveitando esse suposto clima de entendimento, Anaya, Lacoste e Couto fixaram as Malvinas como primeiro assunto na agenda da política externa de Galtieri. Só então o comandante da armada sentiu-se livre para assestar seu golpe de mestre.

Na terça-feira, dia 15 de dezembro, ele viajou à Base Naval de Puerto Belgrano e convocou para uma conversa, a sós, o vice-almirante Juan Lombardo. Brindou-o, nessa oportunidade, com duas novidades: sua nomeação para o cargo de comandante de Operações Navais e uma ordem secreta.

"Vamos ocupar as Malvinas", começou dizendo o chefe da Força Naval. Para logo acrescentar: "Você será o encarregado de planejar a operação. Não pode falar com ninguém sobre isso."

Anaya deixou claro para Lombardo que só compartilharia essa decisão com os quatro comandantes operacionais diretamente subordinados a ele: o da Frota de Mar, o da Aviação Naval, o da Infantaria de Marinha e o chefe do Estado-Maior Geral Naval.[45] E ficou intimamente gratificado com o efeito que essas notícias produziram em seu interlocutor. Após várias semanas se sentindo pressionado pelas ideias, observações e advertências de Juan Lombardo, ele não podia deixar de experimentar certa satisfação vendo-o agora, claramente... paralisado.

O ano de 1981 terminava para a Argentina com os mesmos grandes problemas dos últimos meses: a tensão com o Chile, o sentimento de revolta latente na sociedade por causa dos milhares de desaparecidos em consequência da "guerra suja", as pressões internacionais que cobravam o paradeiro desses desaparecidos e tentavam enquadrar o funcionamento do governo de Buenos Aires em parâmetros de maior respeito aos direitos humanos, e o fracasso iniludível do plano econômico do ministro Martinez de Hoz. Mas na cabeça do novo comandante de Operações Navais todos esses pensamentos, repentinamente, se dissiparam.

Lombardo só conseguia pensar nas Malvinas, e nos problemas que os militares argentinos enfrentariam para apossar-se delas. Havia que prevenir a possibilidade de vazamentos de informações, e a atuação invisível dos serviços de espionagem estrangeiros em território nacional. Havia sobretudo que considerar as várias — e graves — deficiências operacionais das Forças Armadas para levar a cabo, sem maiores contratempos, uma empreitada de repercussão internacional.

Desde a missão secreta do "Santiago del Estero" à Isla Soledad, em outubro de 1966, a Marinha argentina nunca perdera de vista a necessidade de atualizar seus levantamentos sobre as Malvinas, ou a utilidade de manter seu pessoal periodicamente engajado em considerações estratégicas e simulações nos mapas sobre a melhor forma de abordar os três arquipélagos em jogo: Malvinas, Geórgias do Sul e Sandwich do Sul.

Em 1981, um *Plan de Inteligencia Estratégica Nacional*, elaborado secretamente por militares na Secretaria do Planejamento argentina, havia elencado a possibilidade de uma guerra com a Grã-Bretanha, por causa das Malvinas, como de "Prioridade nº 2" — só superada em importância pela possibilidade de um conflito com os chilenos —, qualificando-a como *Hipótesis de Guerra en el corto plazo.*[46]

Agora, contudo, a decisão havia sido tomada. Era preciso que fosse transformada em ação da maneira mais segura e eficaz possível.

Em Mar del Plata, a "casa" dos submarinos argentinos, as dúvidas sobre o funcionamento do torpedo SST-4 — orgânico dos submarinos comprados à Alemanha —, por exemplo, só haviam aumentado. E isso devido às provas de mar que esses submersíveis IKL-209/1.100 haviam levado a cabo no período de agosto até o início de dezembro daquele ano (de 1981) com a arma alemã.

Com seis metros de comprimento, o SST-4 constituía a quinta geração de torpedos genuinamente germânicos, desenvolvida desde a derrocada do nazismo, em 1945. Ele derivava diretamente do SST-3, também filoguiado, que começara a ser testado pela AEG-Telefunken e pela Marinha da Alemanha Ocidental na virada dos anos 1960 para os anos 1970 e fora considerado plenamente operacional em 1972.

Torpedos guiados a fio não eram comparáveis, em poder de destruição, aos mais potentes equipamentos desse gênero, mas ofereciam certas vantagens importantes, relativas ao resguardo da segurança do navio que fizera o disparo. As armas filoguiadas deixavam o tubo lançador do submarino de forma mais silenciosa e cumpriam sua trajetória sem produzir a esteira de borbulhas que, em certos casos, podia denunciar a posição do navio atacante.

Na metade final da década de 1970, uma versão simplificada dos primeiros SST-4 começou a ser exportada. A Argentina foi um dos primeiros países a recebê-la, e os almirantes locais não recearam experimentar a novidade. A cooperação entre as duas Marinhas datava de mais de setenta anos, e a troca de informações entre oficiais argentinos e fabricantes alemães de submarinos havia se iniciado ainda nos anos 1920.[47]

Entretanto, na Argentina do início da década de 1980, apesar dos sucessivos contatos mantidos com a Howaldtswerke-Deutsche Werft, fabricante dos navios, e com a AEG-Telefunken, fornecedora dos SST-4, os submarinistas ainda alimentavam certos temores quanto à eficiência de seus torpedos. Eles haviam tomado conhecimento de uma boataria que circulava nos círculos navais do Ocidente e no sensível mercado internacional de armamentos, acerca de um possível mau funcionamento do modelo.

E a verdade é que o desconforto deles não se devia apenas à desconfiança gerada por esses rumores, ou a questionamentos técnicos. Contribuía deci-

O CÓDIGO DAS PROFUNDEZAS

sivamente para o sentimento de insegurança experimentado pelos militares argentinos o fato de que nos sucessivos testes por eles realizados no mar não fora possível empregar mais do que torpedos inertes, de exercício. Ou seja, petardos desprovidos de "cabeça de combate", que não permitiam uma observação confiável de seu comportamento na "corrida" até o alvo e, sobretudo, a verificação de sua capacidade de impacto — ou de produzir danos.

Tal prática, de disparo de torpedos de exercício, que tinha origem nas eternas *limitaciones presupuestarias* da Armada argentina, constituía uma dificuldade suplementar ao diálogo entre os especialistas em armamento dessa Força e a fornecedora dos torpedos. O argumento dos alemães era sempre o mesmo: sem os registros de uma prova feita com um torpedo dotado de carga explosiva real era impossível avaliar de forma mais precisa a situação do lote de engenhos SST-4 entregue aos sul-americanos.

Não obstante isso, diante das reclamações de outras Marinhas, a AEG-Telefunken propunha aos clientes um *kit* de melhorias nos filoguiados que vendera mundo afora, para serem usados nos IKL-209. O problema é que a aquisição desse pacote de aperfeiçoamentos pelos almirantes argentinos dependia de uma disponibilidade orçamentária que Buenos Aires demorava em viabilizar...

Na prolongada bateria de testes do último quadrimestre de 1981, até mesmo os torpedos de exercícios alemães haviam deixado a desejar... Entre todos os tiros com engenhos desse tipo, apenas um (!) fora bem-sucedido — isto é, seguira a trajetória que lhe fora traçada e concluíra a contento sua "corrida".

Precisamente à época em que o almirante Lombardo recebeu a missão de planificar o assalto às Malvinas, seus antigos subordinados da Frota de Mar (à qual a Força de Submarinos estava subordinada) preparavam um extenso relatório sobre as falhas nos torpedos inertes filoguiados da AEG-Telefunken.

O documento mostrava que uma impressionante porcentagem de lançamentos do SST-4 resultara em tiros erráticos, causados pelos mais diversos fatores: rompimento do cabo de guiagem, infiltração de água no interior do torpedo, ruptura de uma presilha cintada que abraçava o corpo da arma... Tudo isso sem que os técnicos pudessem esclarecer as razões desse mau funcionamento.[48]

Nos primeiros dias de 1982, ao buscar refúgio em Bahía Blanca, importante cidade portuária do sul da Argentina — sede da Base Aeronaval Comandante Espora —, para começar a pensar no planejamento de que tinha sido incumbido, o vice-almirante Juan José Lombardo conhecia o relatório da Flomar sobre a enrascada da Força de Submarinos com o SST-4. E nem por isso interrompeu, por um segundo, o estudo que lhe havia sido ordenado.

9. Embargo

O ano que ficara para trás trouxera outras duas más notícias para a Base de Mar del Plata, ambas referentes à situação operacional do "ARA Santa Fe".

O barco, que a 14 de janeiro (de 1981) tinha sido entregue ao comando do capitão de corveta Julio Eneas Grosso, havia se chocado violentamente com um banco de areia e danificado de forma irreparável o seu domo sonar — um bulbo localizado na parte inferior da proa. O equipamento foi substituído pelo sensor correspondente do "S-22 Santiago del Estero" — que em setembro precisou ser desincorporado da Flota de Mar.

Não foi esse, contudo, o único azar registrado pela tripulação do navio.

No mês de dezembro, apenas uns dias antes de passar o comando da nave, Grosso, de 40 anos, recebeu a bordo seu sucessor, o capitão de corveta Horacio Alberto Bicain, de 39. A ideia era demonstrar o estado funcional da unidade durante uma curta navegação em águas próximas a Mar del Plata.

Foi uma vergonha. O Guppy não conseguiu submergir de forma controlada. Criou-se até uma situação de risco, em que o chefe de Máquinas e Imersão do navio, tenente de fragata Juan Carlos Segura, precisou manejar uma subida de emergência do navio.

Em janeiro de 1982, em um dique seco de Puerto Belgrano, descobriu-se que a embarcação perdera o pino acionador de sua aleta (seção móvel semelhante a uma pequena asa) de imersão. O arsenal local providenciou uma peça que restabeleceu — ainda que de forma improvisada — a capacidade do barco de mergulhar.

De qualquer forma, Bicain concluiu facilmente que a situação operacional do "Santa Fe" era "muito precária".[49] As baterias, por exemplo, só acumulavam uma porcentagem bem baixa de carga. E o relatório secreto que o capitão Julio Grosso guardava com o rol completo de problemas do navio esse era assustador.

Horacio Bicain era um tipo baixo, magro, de profundos olhos azuis e testa com entradas que lhe prenunciavam a calvície. Tinha duas famílias: a Marinha, que o recebera aos 16 anos, e a que formara com a mulher: dois filhos menores, de 9 e 7 anos. Ele nunca sequer considerara que, um dia, sua dedicação à "família naval" pudesse, eventualmente, impedi-lo de rever a outra. Especialmente em razão de ter que ir à guerra com um navio naquele estado.

Assim, o oficial procurou não perder o sono com o novo comando — que, além de tudo, havia sido uma espécie de prêmio por seu bom desempenho na Escola de Guerra da Armada. E achou perfeitamente normal quando lhe contaram, algum tempo depois, que — a exemplo do que já acontecera com o "Santiago del Estero" — o "Santa Fe" daria baixa da frota no próximo mês de agosto (ou, no máximo, em setembro).

A desincorporação do "S-21" estava na previsão do comando da Força de Submarinos desde 1981; antes, portanto, de o almirante Jorge Anaya decidir pelo ataque às Malvinas.

A Marinha argentina tinha dois outros submarinos em construção na Alemanha: belonaves classe TR-1700 — muito mais poderosas que os pequenos IKL-209. Um com 70% ou 80% de sua fabricação completada; outro com 40% de seu programa de construção concluídos. (Mas nenhum deles, claro, apto a ser transferido para os argentinos ainda naquele ano.)

A montagem desses novos submersíveis era um alento para os submarinistas argentinos, mas, para os poucos oficiais informados da ação belicosa que se avizinhava, ela também representava (ou devia representar) um importante problema: o do agravamento da escassez de pessoal para submarinos. Cada TR-1700 levaria uma tripulação de oito oficiais e 29 subalternos — 37 tripulantes no total. No início de 1982, havia quase quarenta oficiais e suboficiais na cidade alemã de Emdem, acompanhando a fabricação desses navios — um deles o ex-comandante do IKL "San Luis", capitão de fragata Miguel Carlos Rela.

O comandante da Armada argentina estimou que a ofensiva sobre as Malvinas pudesse acontecer a qualquer momento depois de 15 de maio — com uma preparação de quinze dias para a chamada "Hora H". Inicialmente, ele e o almirante Lombardo haviam julgado que uma boa data — por sua densidade histórica — seria o dia 9 de julho (em 1982, uma sexta-feira), 66º aniversário da Independência Argentina. Mas, paulatinamente, foi se consolidando em Anaya a convicção de que o mais conveniente (e prudente) seria adiar a ação para o segundo semestre. Talvez para o quadrimestre final do ano.

Prova disso é a instrução que Anaya escreveu de próprio punho, em sua conhecida caligrafia miúda e de difícil leitura, na terça-feira, 22 de dezembro de 1981 – uma semana depois de ter ordenado a Lombardo o início do planejamento do ataque às ilhas –, para seu chefe de Estado-Maior, vice-almirante Alberto Gabriel Vigo.

O texto não parece o de uma ordem. Redigido como se fosse uma lista de providências que não devem ser esquecidas, reflete a preocupação íntima do comandante da Armada argentina com uma tarefa de responsabilidade assombrosa, jamais tentada antes por sua corporação. Dizia:

1. - MALVINAS
1.1. - O CON (Comandante de Operações Navais) apresentar-me um plano atualizado.
1.2. - Enviar pessoal selecionado para reconhecimento.
1.3 - Plano depois ocupação.
1.3.1. - Efetivos para permanecer em STANLEY.
1.3.2. - Apoio aos mencionados efetivos.
1.3.3. - Logística para STANLEY.
1.3.4. - Defesa de STANLEY.
2. - SUPER ETANDARD [*sic*]
Devem ser trazidos ao país com todo seu armamento à medida que estejam prontos. Antes de 01 JUN 82.
3. - P-3. ANTES 01 JUN 82.

A listinha recebida do comandante geral de sua corporação permitiu ao vice-almirante Gabriel Vigo encetar, logo no dia seguinte – quarta-feira, 23 –, uma manobra que não visava apenas dar cumprimento às providências elenca-das por Anaya, mas também a tentar enquadrar Lombardo sob sua autoridade.

Enciumado porque Anaya confidenciara o plano sigiloso de retomada das Malvinas primeiro ao seu colega comandante das Operações Navais – um dos vice-almirantes mais modernos da Força Naval –, Gabriel Vigo, ao pre-parar o ofício "secreto" nº 326/81, no qual transferia ao vice-almirante Juan Lombardo os encargos estipulados nos itens de 1.3.1. a 1.3.4., brindou-o com uma inequívoca advertência: "deverá elaborar pessoalmente e entregar-me em mãos o Plano atualizado para a recuperação das Malvinas".[50]

Os itens 2 e 3 do despacho manuscrito de Jorge Anaya foram ocupar os dias tradicionalmente reservados às festas e ao descanso de fim de ano de três contra-almirantes argentinos: Santiago Vignale, do Material Aeronaval, Victor José Nasini, do Material Naval, e Edgardo Aroldo Otero, chefe de Operações do Estado-Maior liderado por Gabriel Vigo. Cabia a eles providenciar, com a urgência possível, a chegada ao país dos nove caças-bombardeiros Super Étandart ainda não liberados pelo fabricante – a Dassault-Breguet – e pelo go-verno francês. Os cinco primeiros jatos desse tipo pousaram em solo argentino em novembro de 1981 e foram recolhidos às instalações da 2ª Escuadrilla Ae-ronaval de Caza y Ataque, de Bahía Blanca. Cada um deles foi entregue acom-panhado de um míssil AM-39 *Exocet* (para ser disparado do ar contra navios na superfície), arma ainda desprovida do *software* indispensável ao seu uso.

Antes de se aventurarem nas Malvinas, os chefes militares argentinos ha-viam planejado torrar, em quatro anos, 10,7 bilhões dos preciosos dólares de seu país — o equivalente a 29,72% da dívida externa nacional (de 36 bilhões de dólares) — nos investimentos que julgavam necessários à Defesa. Isso, claro, se houvesse uma razoável expansão da economia local. Dois desses programas diziam respeito aos submarinos do tipo TR-1700 e aos caças-bombardeiros Étandart.

Desde o governo Onganía, os gastos com as forças armadas vinham cres-cendo de forma significativa. No período de 1968 a 1974, os argentinos des-penderam, anualmente, 2,5% de seu PIB com o setor militar. Em 1976, ante o recrudescimento da "guerra suja", essa porcentagem subiu para 3,5%. Em 1978, o agravamento da crise de Beagle elevou o orçamento da Defesa argentino a 2,1 bilhões de dólares. No biênio 1980-81, essa verba subiu para 4,5 bilhões, mas foi acrescida de meio bilhão de dólares, definidos como *partidas especiales*, justificadas pela desvalorização do peso e pela necessidade de custear o serviço financeiro da dívida contraída pelas compras militares no exterior.

A Marinha, contudo, necessitava de mais. Bem mais.

Assim, Anaya também apressa a discreta negociação que sua Força mantém com o governo da Austrália, no sentido de adquirir os oito bimotores de reconhecimento marítimo P-3B Orion, que a Real Força Aérea australiana estava aposentando.

Uma tentativa de comprar esses aviões diretamente dos estoques americanos, ou do fabricante, a Lockheed, em 1977, fora bloqueada pelo embargo do governo Jimmy Carter à venda de armamentos para a ditadura argentina. Na verdade, fora esse mesmo impeditivo legal que anulara um projeto anterior dos almirantes argentinos de obter caças-bombardeiros americanos do tipo A-4 Skyhawk. Proibidos de adquirir o A-4, eles precisaram optar pelos caros Étandart franceses.

As dificuldades enfrentadas pelos oficiais-generais argentinos para reequipar suas forças diante do embargo de armas estabelecido pelos Estados Unidos não eram segredo para ninguém; tanto que, justo nessa época, a representação da empresa israelense Israeli Aircraft Industries (IAI) em São Paulo alertava a Marinha do Brasil para o problema enfrentado pela armada vizinha.

A 1º de fevereiro de 1982, no bojo de uma alentada correspondência dirigida ao então ministro Maximiano da Silva Fonseca, o representante da IAI no Brasil, Arie Halpern, chamou a atenção para o fato de que sua representada não dependia da tecnologia de nenhum outro país para oferecer aos almirantes brasileiros o míssil superfície-superfície *Gabriel III* — um engenho de 600 quilos (150 deles de alto explosivo) que voava à velocidade de 840 quilômetros por hora por uma distância até 60 quilômetros. Uma maravilha da ciência militar comparável à famosa família de mísseis *Exocet*, francesa.

Na documentação enviada para Maximiano, Halpern incluiu um memorando intitulado "Considerações sobre o míssil mar-mar para a Marinha brasileira", espécie de lenga-lenga institucional que prometia, entre outras maravilhas, a "total transferência de seu [*do míssil*] 'software'" e, logo no segundo parágrafo, aludia às dificuldades políticas que se apresentavam aos militares antidemocráticos do Terceiro Mundo:

2. A utilização do poder de embargo por parte das nações fabricantes de armamentos e de tecnologia tem ocorrido com frequência e com rigor. Disto são exemplos mais recentes o embargo a Argentina, Chile, Líbia, etc. por parte não só dos Estados Unidos como da Inglaterra, França, etc. No passado, Israel também sofreu embargo exercido por vários países europeus, o que resultou no desenvolvimento de sua indústria de material bélico de tal maneira que o emprego de componentes utilizados na fabricação dos diversos artefatos e sistemas segue a filosofia de empregar componentes comerciais de livre comércio sempre que possível.[51]

Ora, mas então, nessa virada de 1981 para 1982, a cúpula da Marinha argentina não tinha que se preocupar somente com navios desgastados, escassez de pessoal e armas que não funcionavam a contento? Havia também, para atazaná-los, a obstrução política aos seus planos de reaparelhamento, representada pelo embargo da administração Carter... Isso. Havia o embargo.

A esperança dos chefes militares argentinos era a mudança de comando nos Estados Unidos: saíam os democratas intrépidos defensores dos direitos humanos, e assumiam o poder os republicanos — aparentemente mais pragmáticos. Tal avaliação pareceu confirmar-se pelo andar da negociação em torno dos quadrimotores P-3 Orion.

No primeiro trimestre de 1982, tudo indicava que o novo governo Ronald Reagan daria o seu *nihil obstat* ("nada impede") à operação — relativa a aeronaves de um modelo já antigo — a versão B —, cujo desenho datava de meados da década de 1960.

PARTE II   O calvário do "Santa Fe"

PARTE II   O cativeiro da "saudade"

10. Punta del Este, manhã de 19 de março de 1982

O cenário é o balneário mais famoso da República Oriental do Uruguai.

Na manhã ensolarada da sexta-feira 19 de março de 1982 — data de seu 55º aniversário —, o comandante de Operações Navais da Armada argentina, vice-almirante Juan Lombardo, levou sua mulher à praia. No caminho, entrou numa loja de revistas e pediu o jornal portenho La Nación. *E tomou um susto quando leu, na primeira página, a notícia de que, no dia anterior, uma equipe de operários argentinos havia desembarcado no arquipélago das Geórgias do Sul para desmontar uma estação baleeira abandonada.*[52]

Várias coisas passaram, ao mesmo tempo, pela cabeça do militar. A primeira delas: por que não o cientificaram dessa ação para as Geórgias, que envolveu o uso de um cargueiro da armada (o "ARA Bahía Buen Suceso"). Afinal, ainda na terça-feira daquela semana ele mantivera uma reunião com o Comitê Militar (Anaya presente) para examinar a documentação técnica que devia preparar e respaldar, convenientemente, a Operação Azul — como se convencionara chamar, à época, o assalto às Malvinas.

O aniversariante também se entregou a outras considerações derivadas do evento nas Geórgias — questionamentos para os quais não tinha, por ora, resposta.

O almirante aventou, por exemplo, a possibilidade de Anaya e Galtieri terem decidido reeditar o episódio de Thule — um desembarque não autorizado em território britânico para testar a reação de Londres —, conforme ele próprio sugerira a seu comandante meses antes; também supôs, acertadamente, que haveria militares argentinos na equipe de "trabalhadores" encarregados de demolir a estação abandonada; imaginou a reclamação que os britânicos apresentariam em resposta àquele fait accompli; *e sobretudo a repercussão desse incidente sobre o planejamento que ele vinha conduzindo, com tanta discrição, para a ofensiva das Armas argentinas no Atlântico Sul.*

No dia seguinte, já em Buenos Aires, o comandante de Operações Navais procura seu chefe, Anaya.

— O que está acontecendo? — pergunta Lombardo.

— Nada — é a resposta, seca, do Comandante da Marinha.[53]

Juan Lombardo percebe que há um planejamento em marcha no mais alto escalão político-militar do país — uma espécie de mecanismo acerca do qual não está informado.

No domingo, 21, ele é chamado à presença do Comitê Militar. Perguntam-lhe sobre a primeira data possível de se empreender a Operação Azul. O planejador hesita. É necessário fazer certas adaptações no detalhamento original, especialmente porque os navios que precisam levar ou proteger a força de assalto em sua viagem até as ilhas não estão prontos. Ordenam-lhe, então, que atualize essa planificação, no sentido de que ela possa ser executada o mais rápido possível. O oficial promete responder logo sobre a melhor antecipação capaz de ser empreendida com a margem de segurança operacional adequada. Quarenta e oito horas e muitas checagens mais tarde, ele comunica ao comitê: sim, é possível adiantar a ação, na melhor das hipóteses fazendo os navios zarparem para o sul, rumo ao alvo, já no domingo, dia 28.[54]

Na quarta-feira, 24, o comandante da Força de Submarinos argentina — e oficial veterano da crise de Beagle —, capitão de navio Moya Latrubesse, chamou o capitão de corveta Bicain por meio de sua linha telefônica criptografada.

Ele comunicou que o "Santa Fe" deveria partir em poucos dias para uma missão real nas Malvinas, e informou que instruções detalhadas lhe seriam entregues em um envelope lacrado dali a algumas horas.

A *Orden de Operaciones* para Horacio Bicain era clara: transportar à Isla Soledad a Unidade de Tarefas 40.1.4 (*Unidad de Tareas 40.1.4*), uma seção de mergulhadores de combate sob o comando do capitão de corveta Alfredo Raúl Cufré, comandante do Agrupamento de Mergulhadores Táticos (*Agrupación de Buzos Tácticos*) — da Armada argentina. Ela participaria, a 1º de abril, da operação de assalto e tomada de Port Stanley, a capital do arquipélago malvinense.

A instrução esclarecia que para essa missão o "S-21" embarcaria apenas três torpedos — que deveriam garantir ao barco alguma capacidade de defesa perante um eventual (mas improvável) oponente no mar. E mais: caso o

Arquivo Roberto Lopes

O começo de tudo. Em 1932, ao largo de Taranto, no mar Jônico, integrantes da Armada argentina são treinados pela Marinha da Itália na condução de submarinos. As fotos mostram alguns desses sul-americanos a bordo de um submersível de adestramento italiano tipo F.

Os três submarinos da classe *Cavallini* vendidos pela Itália ao governo de Buenos Aires no início da década de 1930. O então tenente Juan Lombardo serviu no "S-3 Salta" (unidade mais à direita na foto), por duas vezes, durante os anos 1950. Mantido na ativa até 1960, no fim de sua vida "útil", o navio já não tinha valor militar, e até para o simples treinamento das tripulações importantes restrições deviam ser obedecidas.

Entre agosto de 1976 e abril de 1977, a Força de Submarinos chilena foi renovada pela chegada de dois submersíveis de ataque da classe inglesa *Oberon* – os dois da esquerda na imagem. O barco visto na extrema direita é o "Simpson", uma velha unidade comprada de segunda mão pelo governo de Santiago aos Estados Unidos. Curiosamente, na crise de dezembro de 1978, os dois *Oberons* estavam inoperantes... Apenas o antiquado "Simpson" pôde se fazer ao mar, repleto de limitações.

Pequeno submarino classe IKL-206 construído pela fábrica alemã HDW para a Marinha da República Federal da Alemanha, na época da chamada "Guerra Fria". Foi do projeto desse barco que se originou, na década de 1970, o modelo IKL-209 adquirido pela Marinha da Argentina, três vezes mais pesado e amplamente automatizado.

Kiel, norte da Alemanha. Durante a década de 1970, a empresa HDW deixa de fornecer os pequenos submersíveis Tipo 206 (foto do alto), para concentrar-se na produção dos modelos IKL-209, submarinos de ataque de propulsão diesel-elétrica para clientes dos quatro continentes. Os argentinos foram, na América Latina, os primeiros a acreditar na "novidade" alemã.

Rara foto do empresário Arie Halpern – representante da Israel Aircraft Industry (IAI) em São Paulo –, em 1982. Nos meses que precederam a crise das Malvinas, ele alertou o comando da Marinha de Guerra do Brasil, por escrito, sobre os possíveis efeitos negativos do embargo americano na eficiência operativa da Armada argentina. Depois foi a Buenos Aires tentar (sem sucesso) vender jatos israelenses.

Míssil superfície-superfície *Gabriel*, que, em 1982, os israelenses, por intermédio de Halpern, ofereceram insistentemente à Marinha do Brasil, se aproveitando do clima de tensão no Atlântico Sul.

Os artífices da invasão. Em fins de março de 1982, o comandante-geral da Armada argentina, almirante Jorge Isaac Anaya (à esquerda), e o chefe de Operações Navais, vice-almirante (submarinista) Juan José Lombardo, ignoraram todos os relatórios sobre as deficiências de sua corporação, para ordenar o ataque às Malvinas. Inclusive um documento confidencial, de dezembro de 1981, acerca do mau desempenho, em testes, do torpedo alemão SST-4, integrante dos dois modernos submarinos de ataque argentinos, classe IKL-209.

Armada argentina/Divulgação

Em 2 de abril de 1982, veículos blindados de combate pertencentes à Infantaria de Marinha da Argentina se espremem nas ruas de Port Stanley, capital das Malvinas. Os almirantes argentinos confiavam tanto nas negociações diplomáticas que se seguiriam à ocupação, que nem sequer se preocuparam em organizar planos defensivos, indispensáveis à manutenção do território conquistado.

Marinha do Reino Unido/Divulgação

À época da invasão das Malvinas, o submarino "HMS Spartan" era o mais moderno navio do gênero na Marinha Real. Por isso mesmo foi o primeiro a ser despachado para o cenário da crise. Ainda na segunda-feira, 29 de março de 1982 – quatro dias antes de os argentinos desembarcarem em três pontos próximos a Port Stanley (a capital malvinense) –, o "Spartan" foi instruído a interromper seus treinamentos na região do mar Mediterrâneo, dirigir-se à base naval de Gibraltar, embarcar suprimentos e armamentos, e seguir com a celeridade possível para o Atlântico Sul.

Comando da Força de Submarinos/Armada argentina

Primeira semana de abril de 1982. O "IKL San Luis", um dos dois melhores submarinos argentinos, é submetido a uma revisão de urgência. Antes de voltar ao mar, será necessária a limpeza do casco, coberto por cracas, crustáceos que prejudicam a navegação e a refrigeração dos motores.

Vista do setor de vante (dianteiro) do submarino argentino "Santa Fe", um barco americano fabricado durante a Segunda Guerra Mundial e modernizado na década de 1970 para o padrão *Guppy*. Em fins de abril, durante a travessia para o arquipélago das Geórgias do Sul, sua torreta – "vela", no jargão dos submarinistas – apresentou problemas estruturais importantes.

Ministério da Defesa do Reino Unido/Divulgação

    Domingo, 25 de abril. Atacado por vários helicópteros inimigos – e alvejado por mísseis e centenas de disparos de metralhadora –, o "Santa Fe" é posto fora de combate. Aqui ele aparece adernado em um atracadouro secundário do fundo da Caleta Capitán Vago, nas Ilhas Geórgias do Sul, próximo a Grytviken – onde fora desembarcar uma tropa de fuzileiros navais e marinheiros argentinos.

A aventura inglória do "Santa Fe" nas ilhas Geórgias representou o "batismo de fogo" do helicóptero de ataque britânico Lynx. De participação efetiva na destruição do submarino argentino, essa aeronave de projeto e desempenho revolucionários para a época se tornaria uma das mais vendidas no mundo.

Arquivo Roberto Lopes

Improvisação. Apesar de não constituírem unidades propriamente de combate, navios de reabastecimento e apoio logístico, como o "A76 Tidepool", visto na foto, pertencentes à Frota Auxiliar da Marinha do Reino Unido, foram mobilizados para o esforço de guerra britânico. Eles dispunham, à ré (atrás), de um pequeno convés de voo para helicópteros. Essas aeronaves eram vitais para estender o alcance da vigilância inglesa nos mares austrais. O "Tidespring", irmão gêmeo do "Tidepool", chegou a participar do cerco ao submarino argentino "Santa Fe", nas Geórgias.

Duas imagens do submarino de ataque "Riachuelo", da classe *Oberon* inglesa. Durante a guerra das Malvinas, três navios desse tipo ("Humaitá", "Riachuelo" e "Tonelero") constituíam o principal núcleo de combate da Força de Submarinos do Brasil. Mas todos estavam inoperantes – o "Humaitá" havia mais de um ano, à espera da reposição de uma peça.

A Força Aérea Brasileira cedeu por empréstimo ao Comando de Aviação Naval da Argentina duas aeronaves P-95A *Bandeirante*, de patrulha marítima – modelo mais conhecido como "Bandeirulha" –, iguais à da foto. Mas os argentinos não aprovaram o funcionamento do principal equipamento da aeronave: o radar de busca Eaton AN/APS-128.

objetivo não pudesse ser alcançado, caberia aos mergulhadores realizar um levantamento fotográfico de diferentes praias — possivelmente em preparação para uma próxima tentativa.[55]

Cufré e seu colega capitão de corveta infante de marinha Guillermo Sánchez Sabarots, o comandante do Agrupamento de Comandos Anfíbios (*Agrupación de Comandos Anfíbios*), souberam da empreitada que aguardava os seus homens no arquipélago malvinense na quinta-feira 25, durante uma reunião na Base Naval de Puerto Belgrano. No dia seguinte eles já estavam em Mar del Plata, aprontando suas equipes para a ação.

Desde que o "Santa Fe" deixara o dique seco, em Puerto Belgrano, o comandante Bicain vinha submetendo a velha unidade e seus tripulantes a uma série de provas marinheiras. Primeiro isoladamente, durante os primeiros dias de março; depois em conjunto com unidades da Armada uruguaia, no âmbito de uma simulação de guerra denominada *Cimarrón IV*.

Seu antecessor, capitão Grosso, havia deixado uma última recomendação ao comando da Força: empregar o "S-21" de forma limitada e só por curtos espaços de tempo. Mas a verdade é que, ignorando a tempestade que se avizinhava, Horacio Bicain mostrara-se disposto a fazer daquele um comando de verdade — com o aproveitamento que pudesse arrancar de tripulantes e sistemas a bordo.

À convocação de Mar del Plata, o novo comandante do IKL "San Luis", Fernando Maria Azcueta — filho de um mergulhador bastante conhecido nos círculos navais marplatenses —, precisou interromper os exercícios navais que realizava defronte à cidade em companhia das modernas corvetas tipo A-69 da Flomar, "ARA Drummond" e "ARA Granville".

Ao desembarcar em seu atracadouro naquele final de março, ainda intrigado pela ordem incomum que recebera, ele notou que havia uma movimentação de aprovisionamento e preparação do "Santa Fe".

Não precisou esperar muito para saber o que acontecia. Um tripulante do "S-21" amigo do oficial de Comunicações do seu navio, tenente Alejandro Guillermo Maegli, cruzara com ele na base e segredara: *Flaco, me voy a Malvinas.*[56]

Maegli, de 27 anos, assustou-se. Havia apenas algumas horas, ainda no mar, ficara sabendo que se tornara pai pela primeira vez, do bebezinho Maria Inés. Ele também se lembrou de que, poucas semanas antes — na manhã da quinta-feira 4 de fevereiro —, confraternizara com os oficiais do navio polar "HMS Endurance", da Marinha de Sua Majestade, que aportara brevemente em Mar del Plata. Então, correu para ir ver a mulher e conhecer a filha.

Alfredo Cufré teve, na verdade, bem pouco tempo para fazer seus preparativos. Às 11 da noite do sábado, 27 de março de 1982, o comandante Bicain ordenou a partida de seu navio. Tudo de maneira muito profissional, silenciosa — e, aparentemente, despojada de emoção. Secundava-o na tarefa o imediato, capitão de corveta Horacio Carlos Michelis, portenho alto e de agudo senso de humor, egresso da 94ª Promoção da Escola Naval, em 1966, que cursara com distinção a Escola de Submarinos.

Nessas horas de completo segredo ocorreram, entretanto, alguns vazamentos de informações.

Em meados de 1981, o general de divisão da reserva do Exército argentino, Juan Enrique Guglialmelli — ex-comandante do V Corpo de Exército e da Escola Superior de Guerra, que agora presidia o Instituto de Estudos Estratégicos Argentino —, fundador e diretor da respeitada revista *Estratégia*, procurou o então ministro das Relações Exteriores, Oscar Camilión.

Fora da ativa desde 1978, Guglialmelli retivera a reputação de estrategista, e, mais do que isso, de especialista em geopolítica. Ele levou a Camilión o original de um artigo que escrevera para o próximo número de sua revista.

O texto concluía que os ingleses não estavam mesmo dispostos a negociar seriamente sobre a soberania das Malvinas, e que, nessa situação, restava aos argentinos apenas uma saída: a militar.

O diplomata tirou uma cópia do artigo e viajou para Londres. Lá ele diria ao chanceler inglês, *Lord* Carrington, que o pensamento expresso pelo general representava a opinião de parcela considerável da oficialidade do Exército de seu país, e que a opção pela via das armas, propalada naqueles parágrafos, não devia ser subestimada.

Foi, portanto, com surpresa e decepção que o chefe da diplomacia argentina percebeu que as Malvinas não despertavam em seu interlocutor — dono apenas de uma vaga ideia sobre a localização das ilhas — o menor interesse.

De resto, era preciso que Camilión tivesse um *background* completo sobre o incômodo que o assunto Falklands/ameaça dos argentinos despertava no íntimo do governo britânico. Bagagem que ele, a rigor, não possuía.

Alertas sobre as intenções hostis de Buenos Aires em relação às Falklands circulavam na capital britânica havia quase 30 anos. Ainda em 1954 — quando o pequeno Oscar, de 14 anos, ainda andava de calças curtas —, o então primeiro-ministro inglês, Winston Churchill, foi lembrado de que as Falklands estavam à mercê das Forças Armadas argentinas.

De acordo com uma avaliação do Foreign Office à época, um assalto argentino a Port Stanley era possibilidade que não devia ser descartada. O problema é que, estimulado a planejar um dispositivo capaz de prevenir mais essa hipótese de ameaça militar (a Grã-Bretanha já estava envolvida em várias outras, nas regiões do Oriente Médio e do Oceano Índico), o Almirantado reagia de má vontade. "A manutenção permanente de uma fragata nessas águas remotas [das Malvinas] constitui um peso desproporcional para nossas forças navais", concluiu, efetivamente, a Royal Navy naqueles dias.[57]

Churchill, contudo, mostrou-se mais sensível ao alerta de seus diplomatas, e do alto de seu prestígio manobrou no sentido de que o Ministério da Defesa inglês propusesse alguma resposta à possibilidade levantada pelo Foreign Office. Ainda na década de 1950 a Marinha de Sua Majestade criou uma pequena guarnição de *marines* (seis homens) para Port Stanley, e designou um navio de guerra que passou algum tempo navegando pelo Atlântico Sul, cumprindo visitas de cortesia que só excluíram os portos argentinos.

Em 1981, quando Oscar Camilión levou seu alerta a Londres, esse destacamento de Port Stanley não tinha mais do que uns quarenta e poucos homens. A eles cabia proteger os 1.812 moradores das Falklands.

No domingo, 28 de março de 1982, o general Juan Guglialmelli foi discretamente informado de que a saída militar que ele previra no ano anterior para o arquipélago malvinense ia, finalmente, ser explorada. E apesar disso, apesar de toda a sua experiência e temperamento firme, mal pôde acreditar.

No dispositivo montado pela Marinha argentina para fazer valer o descortínio do general Guglialmelli, os treze *buzos* selecionados pelo capitão Cufré para a viagem no "ARA Santa Fe" constituíam o Grupo de Tareas Especiales — uma das três Unidades de Tareas de comandos anfíbios e mergulhadores de combate às ordens do contra-almirante Gualter Oscar Allara, o comandante da Força-Tarefa 40, incumbida da missão nas ilhas.

O pessoal de Cufré logo perceberia: os quase quarenta anos de aventuras do "Santa Fe" lhe cobravam um preço importante. Suas baterias estavam tão gastas que necessitavam de 24 horas de carga para garantir ao barco algumas horas de imersão. A câmara frigorífica não funcionava, e por isso se havia embarcado pouca carne para aquela travessia, e quase nenhum produto congelado. Nem todos os tubos lançadores de torpedos eram operacionais, e um problema nos destiladores de água potável teimava em desafiar a engenhosidade da tripulação.

Mas o tempo, a princípio, ajudou.

No domingo, apesar dos fortes ventos, o navio pôde singrar o Atlântico Sul sem problemas. Na manhã da segunda-feira, com uma condição climática de menor ventania — velocidade entre 8,5 nós (15,7 quilômetros) e 13,5 nós (25 quilômetros) —, Cufré comandou um exercício para a sua equipe: eles treinaram o desembarque dos botes infláveis pelo costado do submarino e a tomada de posições dentro dessas pequenas embarcações. Tudo com o mar ainda relativamente agitado, na condição "2 para 3" — ondas entre 30 centímetros e 90 centímetros de altura.

À tarde, porém, o cenário marinho voltou a piorar. Especialmente os ventos, que, soprando do oeste para o sudoeste, ganharam uma velocidade de 25 a 30 nós — o que faz os mergulhadores argentinos preverem dificuldades para se manterem unidos até chegarem ao ponto da costa que lhes fora designado.

Nesse ponto é preciso que desviemos o olhar, por alguns minutos, para o que acontecia umas 7.900 milhas (14.220 quilômetros) ao norte da rota singrada a duras penas pelo "Santa Fe", nas águas revoltas do Atlântico Sul.

11. No ataque!
(A bordo de um submarino com pouca bateria, sem todos os tubos lança-torpedos disponíveis, sem radar e sem poder receber pelo rádio...)

Em Londres, nessa segunda-feira 29, também houve movimentação secreta em torno das Falklands — como as Malvinas são conhecidas entre os britânicos.

O comandante em chefe da Marinha Real, almirante John David Elliot Fieldhouse, de 54 anos — 23 deles passados como oficial de submarinos —, despacha uma mensagem urgente para o comandante Jim (James) B. Taylor, do "HMS Spartan", o mais novo e sofisticado dos submersíveis nucleares de Sua Majestade. O texto continha um punhado de instruções: desligar-se do exercício naval no qual estava engajado; seguir o mais rapidamente possível para a base naval de Gibraltar; aprovisionar-se de víveres, suprimentos e armas; navegar para as Falklands.

No dia seguinte, Fieldhouse acionou mais um de seus subordinados responsável por outra daquelas "joias da Coroa": Roger C. Lane-Nott, oficial qualificado em submarinos desde 1966, naquele momento exercendo o comando do "HMS Splendid". O navio, da mesma classe do "Spartan", que se encontrava atracado na Base Naval de Clydeem, na baía escocesa de Faslane. A ordem que chegou a bordo era singela: aprovisionar para uma campanha longa e suspender o mais rápido possível para as Falklands.[58]

Às 22h dessa terça-feira, 30 de março, o "Santa Fe" recebe uma mensagem do comando da Força-Tarefa encarregada da Operación Rosario, o assalto anfíbio sobre as Malvinas: adiar a ofensiva por 24 horas, devido às condições climáticas adversas.

Os ingleses não podiam saber, mas sua mobilização havia ganhado um dia.

Ao anoitecer da quarta-feira, 31 de março, o "S-21" se aproxima do litoral malvinense com o propósito de realizar um reconhecimento prévio, verificar a força das correntes marítimas e localizar com precisão o ponto de desembarque da equipe de Cufré.

Os mergulhadores precisam atingir uma praia ao sul do istmo que une Port Stanley ao campo de pouso local — a chamada "Praia Amarela" — e dali partir para um conjunto de três ações: (1) capturar o farol San Felipe, situado no cabo Pembroke; (2) tomar o pequeno aeroporto que serve à capital, Port Stanley (o denominado *Objetivo Zulú*); e (3) marcar a praia onde os veículos anfíbios dos infantes de Marinha argentinos deveriam abicar (*Playa Roja*).

Contudo, a visão pelo periscópio surpreende o comandante Bicain: há movimentação em terra, precisamente na zona selecionada para o desembarque dos mergulhadores. O oficial é informado de que os sensores do seu navio captam "ruídos de hélice". Ele volta ao periscópio. Há luzes na costa, e veículos em deslocamento (os argentinos não sabem, mas os ilhéus possuem mais de 450 jipes com tração nas quatro rodas — o maior número desses utilitários *per capita* no mundo).[59]

Os ruídos que se propagam no meio subaquático correspondem, possivelmente, a alguma embarcação que deixa a capital do arquipélago. A "frota" de prontidão em Port Stanley nesse dia — um transporte de 26 metros de comprimento e casco pintado de vermelho, que desloca 250 toneladas, duas embarcações de serviço e um pequeno rebocador portuário — é a responsável pelos serviços costeiros e as ligações de curta distância da velha Falkland Islands Company.

A empresa tem suas origens no século XIX e faz de tudo um pouco, sem fazer nada de muito importante, a não ser atuar como entreposto para o modesto comércio do arquipélago com a República Argentina ou a distante Grã-Bretanha. As Malvinas produzem 2 mil toneladas de lã por ano, mas sua economia está praticamente estagnada — motivo pelo qual sua população também vem decrescendo.[60]

Nessa noite de quarta para quinta o rádio do "Santa Fe" recebe uma nova mensagem da força-tarefa: estão cancelados tanto a captura do farol como a tomada do aeroporto. Apenas a demarcação da Playa Roja parece estar mantida.

Curiosamente, a partir daí sobrevém para a tripulação do "S-21" um pequeno rosário de más notícias.

Ao meio-dia e meia da quinta-feira, 1º de abril, o rádio de bordo sofre uma pane elétrica que lhe impede de transmitir. Aparentemente, o equipamento mantém a sua capacidade de funcionar como receptor.

Nessas circunstâncias, por volta das 17h30, reunidos no compartimento de manobra, Bicain, Cufré e o imediato Michelis decidem mudar a zona de desembarque dos mergulhadores para uma pequena praia chamada Helis Kitchen, em Punta Celebroña, ao norte da península, defronte a uma ilhota marcada como Isla Riñon.

O problema é que essa opção, aparentemente a mais segura para os mergulhadores, impunha ao submarino cruzar a zona de operações da força-tarefa, *sem poder comunicar a novidade pela deficiência do rádio de bordo.*

Às 23h50, novo problema com o "Santa Fe": seu radar fica fora de serviço. O monitoramento da costa pelo periscópio mostra uma última novidade: no cabo Pembroke, o ponto mais oriental das Malvinas, a 7 quilômetros da capital, Port Stanley, o farol San Felipe é desligado. A torre de mais de 21 metros de altura pintada de preto, com uma larga faixa branca no meio, e luz intermitente — visível, com tempo claro, a 16 milhas (28,8 quilômetros) de distância —, simplesmente desapareceu no breu. Uma evidente medida de defesa tomada pela guarnição local. Perdeu-se, claro, o elemento surpresa para a ação.

Como os ingleses terão sabido da movimentação da Armada argentina com tanta precisão? Baseados em quê terão decidido fortificar — com três ninhos de metralhadoras —[61] a "Praia Amarela"?

A resposta a estas perguntas estava, desde cedo, naquele dia, nas mãos do governador-geral britânico das Malvinas, Rex Masterman Hunt — um antigo piloto de caça da famosa RAF (Royal Air Force), de 55 anos.

Às 15h30 ele convocara os dois oficiais dos Reais Fuzileiros naquele momento em Port Stanley — dois majores — para mostrar-lhes um comunicado de Londres. O curto texto dizia: "Uma frota de invasão argentina se encontrará amanhã à altura do cabo Pembroke. É muito provável que a força desembarque. Aos senhores corresponde tomar as decisões oportunas."[62]

A antiga sede do império britânico não lhes exigia sacrifícios inúteis, resistência até o último homem, nada disso. Mas entre as "decisões oportunas" estaria, claro, a de oferecer algum tipo de resistência — até para testar o real propósito dos argentinos em desembarcar.

Curiosamente, aquele era o momento em que o contingente militar de Stanley — o *Naval Party* (Destacamento Naval) nº 8.901 — estava mais reforçado: 43 soldados do grupamento que assumia por um ano o serviço nas ilhas, mais 25 da tropa que se preparava para ser retirada dali. De qualquer forma, a esses 68 fuzileiros — e aos voluntários da comunidade local que a eles haviam se juntado — cabia uma tarefa praticamente impossível de ser cumprida, caso seus adversários sul-americanos estivessem mesmo decididos: defender East Falkland (Falkland Ocidental), maior ilha do arquipélago, que os argentinos chamavam de Isla Soledad.

No dia 2 de abril, sexta-feira, à 1h53, o "S-21" recebe nova instrução da força-tarefa: a Operação Rosário está confirmada. Quase uma hora depois, às 2h50, Cufré e seus mergulhadores começam os procedimentos para deixar o navio.

Conforme Bicain previra, sua unidade precisou enfrentar um momento crítico: o da subida à superfície, para permitir a saída dos *buzos*. Ao romper a camada de ondas, o "S-21" apareceu na tela do radar do destróier pesado "Hércules", de 4.100 toneladas, um dos navios mais novos e poderosos da Flomar.

Essa detecção surpreendeu, claro, o oficial comandante da belonave, capitão de fragata Molina Pico, que desconhecia a presença de algum submarino argentino em sua zona de operações. Por desencargo de consciência, o oficial ordenou preparar o canhão de proa da sua embarcação.

Na verdade, o "S-21" não apareceu só nas telas do centro de informações de combate do "ARA Hércules". Um dado pouco conhecido durante muitos anos depois da guerra é que, ao assomar à superfície, a esguia silhueta do submarino argentino também foi captada pelo radar de navegação do barco inglês "Forrest", de 8 nós de velocidade — o maior e mais veloz da pobre flotilha pertencente à Falkland Islands Company.

Seu comandante, Jack Sollis, um marítimo veterano daquelas paragens — que vigiara as costas das ilhas durante a Segunda Guerra Mundial —, fora incumbido pelos fuzileiros britânicos de patrulhar as águas próximas a Port Stanley, em um vagaroso deslocamento dentro da escuridão. A lua em quarto crescente — com só a metade esquerda do disco iluminada — aparecia apenas uma vez ou outra, entre as nuvens. Naquela madrugada, a unidade da Royal Navy mais próxima dali, o quebra-gelos "Endurance", ainda se encontrava a 430 milhas (774 quilômetros) de distância, retornando das Geórgias do Sul.[63]

A partida dos mergulhadores pareceu ao comandante do "Santa Fe" demorar uma eternidade. Só às 3h35 da madrugada é que eles se desprenderam apressadamente de seu "ônibus" aquático e, remando com vigor, rumaram ainda mais para o interior da noite, na direção de Helis Kitchen.

Tão logo os dois botes infláveis dos mergulhadores se afastaram do casco de seu navio, Bicain comandou uma imersão de emergência. Salvou-o a prudência do colega Molina Pico, que, mesmo desinformado acerca da companhia de algum submersível de sua Armada, considerou ainda menos provável que houvesse por ali algum navio inglês, e evitou abrir fogo. Em poucos minutos ele recebeu um aviso do "S-21", que tão logo submergiu os primeiros metros, alcançou transmitir seu código de identificação — "N-E-R-O-N" — para o destróier por meio de seu telefone subaquático...

Às 4h50, em demanda da área de patrulha que lhe havia sido designada para a fase posterior à do desembarque da equipe de Cufré, o submarino de Bicain cruza a proa de um navio de guerra de bom porte: o "ARA Hércules", de Molina Pico.

Na nova "Praia Amarela" tudo transcorreu sem problemas. Os "passageiros" do "Santa Fe" cruzaram a franja da beira-mar sem serem notados, e desapareceram na vegetação oculta pelo breu.

Aproximadamente uma hora depois de o "S-21" ter se retirado da área de desembarque, aproximou-se da Praia Amarela, invisível por causa da escuridão, uma silhueta de 135 metros de comprimento e perfil um tanto esquisito: o navio de desembarque de tanques "ARA Cabo San Antonio" — barco relativamente novo (menos de quatro anos de incorporação à Frota de Mar), construído na Argentina por meio de um projeto copiado dos navios de sua classe fabricados nos Estados Unidos à época da Segunda Guerra.

O livro de navegação do "San Antonio" guardou:

> Navegando com obscurecimento total. Às 05,30 hs se ordenou cobrir postos de combate... Às 05,35 hs se autoriza a entrada na baía Groussac... Às 05,45 se ordenou ao pessoal da IM [*Infantaria de Marinha*] ocupar estações de transbordo e em seguida embarcar nos Veículos Anfíbios de Lagartas [*LVTP-7, pesados (29 toneladas, vazios), importados dos Estados Unidos*], dirigindo-se os mesmos para baía York. Às 07,05 se fundeou e foram iniciadas as operações de arriar os Veículos Anfíbios a Roda [*LARC-V, leves (5 toneladas, vazios), também de fabricação americana*], a artilharia e o combustível.[64]

Orientando-se na penumbra do alvorecer por meio das marcações feitas pelos mergulhadores transportados pelo "Santa Fe", os ruidosos e fumacentos LVTP-7 da Companhia "E" do 2º Batalhão de Infantaria da Marinha argentina logo começaram a cruzar a estreita franja de areia, e a se embrenhar pelo terreno inóspito das vizinhanças de Port Stanley, na direção do aeroporto.

A bordo de um deles estava o contra-almirante infante de marinha Carlos Alberto César Busser, comandante daquela força de desembarque. Ex-secretário pessoal do almirante Massera — e ex-funcionário da Secretaria de Informação Pública durante a ditadura Jorge Videla —, Busser era um homem apaixonado, emotivo. Ele anotaria a cena que assistiu quando seu blindado abicou na "Praia Amarela":

> Desde o meu veículo anfíbio, lançado a partir do BDT ARA Cabo San Antonio, pouco a pouco começamos a distinguir a praia e uma luz nela. Os Buzos Táticos nos estavam marcando o lugar correto. Meu veículo passou muito perto do homem que, estendido na praia, sustentava o sinal luminoso. Podia-se apenas distingui-lo, pois havia muito pouca claridade. Senti muito orgulho e uma profunda ternura ao vê-lo. Enquanto o ultrapassávamos continuei a olhá-lo enquanto outros veículos se aproximavam.[65]

A essa altura, o "Santa Fe" se afastava cada vez mais de Isla Soledad. Isso porque, ainda antes de o dia amanhecer, ele fora instruído a retornar a Mar del Plata. Bicain e seus companheiros não sabem, mas uma nova e bem mais difícil missão os aguarda.

12. Cracas

Em Mar del Plata, o comandante do "ARA San Luis", Fernando Azcueta, ouviu as notícias da manhã de 2 de abril e inteirou-se dos rumores que circulavam na base naval — onde predominava o entusiasmo pela vitória que se alcançara —, mas a guerra só tocou-lhe o ombro no dia seguinte ao da invasão, quando ele foi procurado pelo comandante da Força de Submarinos.

A seca instrução que ouviu do capitão Eulogio Moya Latrubesse foi a mais óbvia que poderia esperar: "Preparar-se no menor tempo possível para suspender."[66]

Ex-diretor da Escola de Submarinos da Armada argentina — onde também lecionara Tática —, Azcueta, de 40 anos, possuía certa experiência em submersíveis, mas há algum tempo estava afastado das principais novidades desse setor. Ele trabalhara em ações de Inteligência destinadas a combater os inimigos da ditadura argentina, e vinha do comando de uma das mais antigas e obsoletas unidades da armada de seu país: o patrulheiro fluvial "ARA Murature", um navio mineiro (semeador de minas navais) construído em estaleiros argentinos durante a Segunda Guerra, em obediência a um projeto que só poderia ser considerado moderno em fins dos anos 1930...

Nem Azcueta nem o seu imediato, capitão de corveta Alfredo Macías, haviam tripulado antes um submarino diesel-elétrico de ataque com as características próprias de um barco desse tipo na metade final do século XX — portanto, com as reações sensíveis do IKL-209 alemão.

A Moya Latrubesse o comandante do "S-32" ponderou a inexperiência da nova tripulação do barco, que assumira suas funções praticamente com ele, três meses e pouco antes. Aduziu ainda que precisaria revisar as condições do navio, mas garantiu: faria isso rapidamente, para poder informar Moya da primeira data possível para a partida. Então, se despediram.

O comandante do submersível argentino reuniu seus oficiais — Macías, o segundo em comando; o tenente de navio Ricardo Luis Alessandrini, chefe do Armamento; o tenente de navio José Somonte, chefe de Máquinas e Imersão; o tenente de fragata Alejandro Maegli, chefe das Comunicações; o tenente de fragata Jorge Fernando Dacharry, chefe de Eletricidade; e o tenente de corveta Luis Victor Seghezzi, chefe de Navegação — e os inteirou, da forma mais crua, acerca da urgência da situação.

Não é errado dizer: mais do que o entusiasmo pela chance de participar da sonhada retomada das ilhas Malvinas, o que ele sentiu de parte dos jovens encarregados dos diferentes departamentos do submarino foi uma preocupação com as condições do navio — ou, melhor dizendo, com os seus vários defeitos e restrições.

Dois anos antes, passada a crise de Beagle, o comando da força de submarinos concordara que, por motivo de segurança, o problemático motor nº 1 do "San Luis" fosse desligado em definitivo. Isso, claro, afetava diretamente algumas rotinas de bordo: velocidade máxima reduzida em 25%, tempo para a recarga das baterias aumentado, TIS também multiplicada...

Além do mais, durante o ano o navio saíra para exercícios — permitindo o trabalho integrado de sua equipe de tripulantes — apenas uma vez, em meados de março, durante os rápidos jogos de guerra com as corvetas do tipo A-69. Faltava, portanto, um período maior de adestramento.

Durante a navegação em mar aberto, a água entrara de forma indesejada pela boca do esnórquel do submarino e algumas bombas secundárias da embarcação funcionaram mal. Mas as dificuldades não paravam por aí.

Ainda nessa fase de manobras, realizada a leste de Mar del Plata, foi descoberto que a marcha do IKL estava submetida a uma limitação que nada tinha a ver com a falta do motor nº 1. O barco não desenvolvia velocidades, em imersão, superiores a 14,5 nós.

Uma inspeção detalhada no "San Luis" revelou que o casco e o hélice de cinco pás estavam cobertos pelas incrustações de pequenos crustáceos conhecidos como cracas, ou "dentes-de-cachorro". Infelizmente, o contratempo não grudara só aí. Os tubos de refrigeração dos motores diesel também haviam sido atingidos. E isso, sim, causava um prejuízo enorme.

A cobertura indesejável impedia que os tubos admitissem a água necessária à refrigeração dos três propulsores restantes. Sem esse refresco, eles acabavam parando de funcionar por causa do superaquecimento.

No geral, os "dentes-de-cachorro" deixam qualquer embarcação mais pesada e com maior arrasto hidrodinâmico, perdendo, consequentemente, performance e consumindo muito mais combustível.

O assunto "cracas" surgira oito anos antes, depois da construção do paredão que separava o cais dos submarinos do cais civil de Mar del Plata. A obra fora considerada necessária, porque havia o temor de que em dias de mau tempo o mar agitado — "grosso", no jargão marinheiro — atirasse os IKL que estivessem amarrados à terra contra os seus próprios atracadouros — uma má experiência que já havia sido provada pelos velhos submersíveis da classe *Fleet*, na década de 1960, e pelos *Guppies* sucessores deles, no início dos anos 1970.

Antes do paredão, o jeito encontrado fora calçar os longos cascos dos submarinos de segunda mão americanos, de forma a impedir que eles ficassem à mercê dos vagalhões. A imobilização era feita por meio de duas *estachas* — cada uma delas consistindo em dois cabos que prendiam o navio a uma boia atada a uma poita de bom tamanho no leito submarino do porto.

O paredão conteve o furor das marés, mas a falta de circulação de água salgada criou uma brutal alteração ecológica no ambiente subaquático. Formaram-se então, sob a superfície de um mar relativamente pacificado, grandes colônias de cracas, que migravam constantemente para o casco dos submersíveis de origem alemã.

Mas é preciso dizer que cracas não aparecem da noite para o dia. Primeiro, a parte submersa do casco é coberta por um limo. Depois, surgem algas. Só então aparecem as primeiras cracas, pequenas ainda — fáceis de ser removidas. Apenas se não forem raspadas logo é que elas crescem — aí, sim — rapidamente.

No caso específico do "S-32", seus oficiais logo perceberam: para fazer a limpeza que se impunha, e livrar o aço do submarino dos crustáceos, o certo seria docar o navio no seco. Azcueta rejeitou a ideia.

Pressionado pela emergência militar, e talvez por um desejo de foro íntimo de demonstrar que era capaz de desempenhar aquele difícil comando, ele decidiu: não havia tempo, naquele início de abril, para um reparo tão demorado

Tanto mais que o outro IKL também enfrentava avarias importantes (ruídos e vibrações de origem desconhecida), e estava, naquele momento, indisponível.

A solução que se ofereceu à tripulação do "San Luis" foi apelar para os alunos de uma escola de mergulho vizinha à base. Equipados com respiradores de mergulho simples, esses jovens realizaram a raspagem do casco do submersível à mão, em extenuantes turnos rotativos de oito horas — tarefa que se estendeu por quase uma semana, 24 horas por dia, e produziu resultados apenas aceitáveis, um tanto longe do ideal desejável.

Dominado pela ânsia de zarpar, Fernando Azcueta comunicou a Moya que seria capaz de suspender já no domingo, 11 de abril.

Na data prevista, o "S-32" afastou-se de seu atracadouro, mansamente, em uma noite em que a luz da lua rebrilhava no cais dos submarinos. O barco cortou a superfície das ondas até a altura de cabo Corrientes, embicou 15 graus para baixo e então submergiu.

Naquela manhã, em Puerto Belgrano, o chefe do serviço religioso do comando da Infantaria de Marinha, capelão capitão de fragata Angel V. Mafezzini, celebrou a liturgia vestido com o uniforme camuflado dos fuzileiros argentinos.

"Em nossa pátria, hoje, o gozo não pode ser completo, porque muitos homens nossos caíram derramando seu sangue [*referência aos infantes mortos na retomada dos arquipélagos*] para resgatar um velho pedaço de terra que sempre nos pertenceu", disse o religioso em sua homilia. "Esses homens que caíram eram companheiros nossos, estiveram conosco e nós estivemos com eles neste mesmo lugar, e por isso temos uma grave responsabilidade, a de conservar esse território que eles reconquistaram regando-o com seu sangue."[67]

No dia anterior, sábado, o governo americano aconselhara os navios mercantes que arvoravam seu pavilhão a sustar, até novo aviso, qualquer plano de travessia pela zona de 200 milhas náuticas em torno do arquipélago malvinense — que os diplomatas de Washington, atenta e polidamente, passaram a chamar de Malvinas e de Falkland.

Em Varsóvia, o diretor-geral do Ministério da Economia Marítima polonês, Marian Fila, anunciou que ordenara a dezoito barcos pesqueiros que se encontravam precisamente nessas águas — a distâncias que variavam entre 100 e 110 milhas das ilhas — a saírem dali o mais rápido possível.

O cargueiro dinamarquês "Aes", que transportava 1.400 toneladas de mantimentos adquiridos pela Falkland Islands Company, foi instruído por seus armadores a abandonar a rota para Port Stanley e aproar para o Rio de Janeiro.

Para o capitão Azcueta esse não poderia deixar de ser um momento de grande emoção. Afinal, ainda em novembro ele se encontrava na ponte de comando de um vagaroso barco de vigilância fluvial, que só cortava as corredeiras amarronzadas e barrentas de rios. Sua preocupação eram os bancos de areia, os troncos à deriva e o movimento das embarcações de pequeno porte — algumas desatentas, quase todas com problemas de documentação. Uma rotina que justificava o fato de o *patrullero* "Murature" ser olhado por seus colegas oficiais com um mal disfarçado ar de desdém.

Ao velho "P-20" já não se encomendava mais do que umas visitas a comunidades ribeirinhas, onde a tripulação entregava suprimentos médicos e odontológicos e ciceroneava a criançada. Havia também as comissões festivas a Assunção e, vez por outra, uns simulacros de guerra fluvial, em que o barco servia de transporte para umas frações de fuzileiros navais.

Azcueta assistia a esses homens com treinamento especial se agruparem no convés principal de sua embarcação, conferenciarem por uns minutos e se transferirem para botes de borracha motorizados, que seguiam, rápida e ruidosamente, para as margens dos rios. Essa era toda a emoção.

No interior do "S-32", naquela noite de domingo, tudo era muito diferente. Porque tudo era real: a missão, os inimigos, os problemas a bordo, a insegurança sobre a volta e sobretudo a certeza de que havia um difícil trabalho a fazer.

Antes de mais nada, havia a garantia, dada a Moya Latrubesse, de que o "San Luis" podia se fazer ao mar para cumprir uma jornada de combate. Isso, a rigor, não era verdade. O barco não estava pronto para uma campanha submarina de longa duração, e era impossível que o capitão Moya, ele próprio um submarinista veterano da Operação *Soberanía*, não intuísse a real dimensão do sacrifício que aquela tripulação se impunha.

Na verdade, o IKL "San Luis" nem sequer fora testado adequadamente para uma navegação prolongada. Assim, antes de aproar para seu destino inicial — uma área marítima de espera denominada "Enriqueta", a leste do golfo San Jorge, no litoral sudeste da Patagônia —, o comandante Azcueta decidiu averiguar quanto seu navio podia obter de seu grupo propulsor. Ele planejara realizar algumas manobras ao largo de Mar del Plata, e até ordenar a máxima velocidade possível.

Longe da costa o barco correu a 20 nós (37 quilômetros) horários — aproximadamente 10% ou 15% a menos do que seus motores alcançariam em condições normais. O problema é que, apesar da raspagem das cracas feita com tanta dedicação pelos mergulhadores, os três propulsores do IKL continuavam superaquecendo.

Diante dessa constatação, Fernando Azcueta elaborou um raciocínio generoso: o de que a baixa temperatura das águas do Atlântico Sul faria uma espécie de resfriamento natural dos motores... e mandou que o submarino embicasse para o sul, rumo à posição em alto-mar que lhe fora designada.

13. A volta para casa, cheio de problemas...

Haviam se passado os primeiros 30 minutos da quarta-feira, 7 de abril de 1982, quando o Secretário de Informação Pública da Presidência da Argentina, Rodolfo Baltiérrez — homem da confiança do general Galtieri —, distribuiu aos plantonistas da Casa Rosada, sede do Executivo, um comunicado relevante sobre a coordenação do esforço militar nacional. Dizia:

> *A criação do Teatro de Operações Atlântico Sul constitui um instrumento importante para a defesa da soberania nacional no extenso âmbito em que exercerá sua jurisdição: duzentas milhas marítimas desde as costas do território continental e ao redor das ilhas reconquistadas, Malvinas, Geórgias, Sandwich do Sul.*
>
> *Constituído o teatro, a qualquer momento o Comitê Militar poderia ordenar a realização de 'atos de autodefesa' frente a situações que pudessem comprometer a segurança nacional. Foi designado comandante do Teatro de Operações do Atlântico Sul o senhor comandante de operações navais vice-almirante Don Juan José Lombardo.*[68]

A nota refletia o bom desempenho do ex-comandante da Base Naval de Mar del Plata na reunião que ele mantivera, na véspera, com o Comitê Militar argentino — integrado pelos Comandantes Anaya, Galtieri e Basílio Lami Dozo (da Força Aérea). Encontro que aconteceu na presença de outras autoridades militares especialmente convidadas, como o oficial indicado para ser o governador militar das Malvinas, general Mario Benjamin Menéndez.

O almirante Juan Lombardo expusera um *plan esquemático* de enfrentamento com os ingleses. Planejamento que não previa engajar a *Flota de Mar* contra a Força-Tarefa 317, dos britânicos, em rota para o Atlântico — estratégia considerada muito arriscada, e que recomendava: esse "risco só se deveria correr ante a presença de alvos rentáveis".

Lombardo defendeu a ideia geral de que os ingleses fossem maciçamente atacados pelos argentinos durante sua tentativa de desembarque na Isla Soledad — manobra certamente complexa e que exibiria as vulnerabilidades dos atacantes, especialmente no tocante à cobertura aérea.

Mas o antigo comandante do submarino "Santa Fe" também aventou a possibilidade de uma ação ousada mais imediata. Ele imaginara que, antecipando-se à chegada da frota da Marinha Real à área marítima das Malvinas, a Armada argentina poderia deslocar seus submarinos para posições ao norte das ilhas. Nessa situação, e valendo-se do fator surpresa, as unidades de Moya Latrubesse tentariam infligir algum dano significativo aos navios de Sua Majestade, especialmente aos porta-aviões — os tais "alvos rentáveis" a que se referira.

Com esses argumentos, Juan José Lombardo fazia lembrar passagens exemplares da história militar. Por exemplo: a tese de que o mais acertado é enfrentar uma força de desembarque britânica ainda na praia dormitava havia décadas nas principais bibliotecas argentinas — especialmente nas dos quartéis. Ela fora enunciada no último dia de 1943 pelo então chefe das defesas alemãs na França, o célebre general Erwin Rommel, no corpo de um relatório que preparara para o Comando Supremo das Forças Armadas do III Reich, sobre as medidas necessárias ao enfrentamento do desembarque dos Aliados na Europa Ocidental, que se avizinhava. "Sabemos por experiência que o soldado inglês consegue consolidar o terreno ganho e sustentar-se tenazmente nele", advertiu Rommel em seu documento para Berlim, "graças ao apoio de suas formações aéreas e dos canhões de seus barcos, cujo fogo é dirigido por observadores desde a primeira linha".[69]

Já o plano de adiantar os submarinos argentinos para a rota da força-tarefa britânica e, dessa forma, golpeá-la *sorpresivamente*, remetia a um episódio muito mais recente, que precisamente aquele dia celebrava o seu décimo quinto aniversário: o ataque da Força Aérea israelense a nove bases aéreas do Egito.

A operação — batizada de *Moked* (Foco) — fora ensaiada exaustivamente no deserto do Neguev. Os pilotos israelenses praticaram voo rasante, bombardeio de precisão e mandaram pelos ares modelos de alvos terrestres semelhantes aos aeródromos egípcios. Na ação real — que deu início à famosa Guerra dos Seis Dias — eles destruíram, ainda no chão, cerca de trezentas aeronaves de combate — praticamente a metade da aviação militar do líder Gamal Abdel Nasser.

Só que o plano do ataque por antecipação dos submarinos não foi aprovado pelo Comitê Militar.

Sua concepção parecia tentadora aos comandantes das forças singulares, mas proibitivo a estas mesmas pessoas em sua condição de integrantes da Junta Militar de Governo. Como dirigentes nacionais, eles entenderam que precisavam dar mais tempo às negociações diplomáticas, que tentavam, desesperadamente, evitar um conflito armado. Um ataque surpresa como o imaginado pelo almirante Lombardo eliminava em definitivo essa fraca chance.

Fosse como fosse, o chefe argentino das operações no Atlântico Sul estava, naquele 7 de abril, no lugar que, afinal, lhe parecia o mais apropriado: o comando do teatro Malvinas — à frente da empreitada que, ao menos em tese, deveria unificar a sociedade argentina em torno de uma causa de valor inquestionável para a Pátria.

Nessa quarta-feira o "ARA Santa Fe" regressou de sua primeira missão naquela crise. Esforçados, os jornalistas tentavam acompanhar a movimentação de navios em Mar del Plata — o que não era fácil.

"O submarino 'Santa Fe' teria chegado ontem à rada [*área portuária protegida por elevação ou outra forma de isolamento*] militar do porto marplatense, mas isso não pôde ser confirmado oficialmente", publicou o diário *La Nación*, na quinta-feira, 8. O telegrama informativo, preparado pela agência de notícias *Saporiti*, acrescentava:

> O navio de transporte transladou um pessoal do Agrupamento de Comandos Anfíbios e do Agrupamento de Mergulhadores Táticos da Armada, que participou da recuperação das Ilhas Malvinas.
>
> Não se pode estabelecer se a nave teria regressado para se reabastecer ou efetuar operações de manutenção.
>
> Como na rada local se encontram fundeados os submersíveis "Santiago del Estero" e "San Luis", o único que se encontraria cumprindo missões de reconhecimento seria o "Salta".[70]

A verdade é que nesse dia, muito longe de estar pronto para uma saída de patrulha, o "ARA Salta" se encontrava amarrado ao cais da Base Naval de Puerto Belgrano, sendo inspecionado por causa do alto nível de ruídos e de vibrações que produzia ao navegar.

Quanto ao "ARA Santa Fe"... bem, naquela quarta, ao voltar para Mar del Plata, ele se encontrava somente um pouco mais perto do fim.

"As baterias estavam com muito baixo rendimento", recordaria o comandante Horacio Bicain vários anos mais tarde, "o rádio com o serviço reduzido, o RATT [radioteletipo] fora de serviço, as bombas de lastro [que permitiam ao navio submergir ou voltar à superfície] funcionavam somente à profundidade de periscópio e os motores apresentavam uma sensível perda de óleo. Isto dentro do quadro generalizado de uma nave velha e desgastada".[71]

Na verdade, não apenas o "S-21" havia sofrido para levar a bom termo aquele limitado esforço nas Malvinas.

Finalizada a Operação Rosário, as unidades da Força-Tarefa 20 da *Flota de Mar* regressaram a Puerto Belgrano para reabastecer, conforme estava previsto — mas também para reparar as suas muitas avarias. Especialmente os velhos destróieres de origem americana e o navio-tanque "B-18 Punta Médanos" — um barco de 20 mil toneladas com mais de trinta anos de uso — haviam apresentado vários problemas. O caso desse petroleiro era mais grave, porque, em mar alto, ele era o único da Flomar em condições de abastecer de combustível a duas embarcações de uma só vez.

Em Stanley — ou Puerto Argentino, como os invasores haviam redenominado a capital malvinense — ficara apenas a novíssima corveta porta-mísseis "ARA Granville", de 1.250 toneladas — incorporada havia menos de dez meses —, designada para apoiar a instalação de equipamentos de comunicação no recém-implantado Apostadero Naval Malvinas. Mas, curiosamente — como se na cidade grassasse algum tipo de peste —, tão logo foi possível, também ela foi instruída a zarpar dali — o que fez na segunda-feira, dia 5 de abril.[72]

Havia três explicações para isso: uma de caráter estratégico, outra de motivação puramente militar e, por fim, uma consideração de cunho político.

Comecemos pela última: esvaziar a sede do arquipélago de navios de guerra poderia colaborar para amenizar a impressão difundida pela mídia internacional de que o território conquistado — ou reconquistado — caíra sob rigorosa ocupação das Forças Armadas argentinas.

A motivação de caráter militar: recambiar a "Granville" ao continente evitava que essa unidade pudesse ser interceptada em alto-mar, ou mesmo atacada em Port Stanley, por algum submarino britânico ou por aeronaves.

Acima dessas duas havia, contudo, uma explicação bem simples e fácil de entender para a decisão de chamar a corveta de volta ao continente: a de que não havia uma previsão de seu emprego nessa fase imediatamente posterior ao ataque às ilhas.

Por mais incrível que possa parecer, os chefes militares responsáveis pelo assalto anfíbio não tinham recebido qualquer instrução sobre o que fazer após o desembarque em solo malvinense, tamanha era a confiança da liderança político-militar de Buenos Aires na tese de que diante do fato consumado as autoridades inglesas concordariam em conversar sobre a soberania das ilhas. O planejamento pós-desembarque precisou ser completamente improvisado, e às pressas.

No caso da Força de Submarinos, o mais razoável era esperar que ao "Santa Fe" não fossem atribuídas mais do que algumas breves patrulhas costeiras — mas foi exatamente o contrário que aconteceu.

Limitado por sua dramática escassez de meios, e encorajado pela capacidade formal do navio de cumprir longas jornadas — 11.800 milhas náuticas (quase 22.000 quilômetros) navegando a 10 nós horários na superfície —, o Capitão Moya Latrubesse escolheu o *Guppy de Bicain* para uma empreitada que deveria durar sessenta dias.

A ordem para partir chegou a 12 de abril; e a nova missão enquadrava não um, mas dois objetivos: servir, novamente, de transporte para um destacamento de fuzileiros e de marujos que precisava alcançar Port Grytviken, no arquipélago das Geórgias do Sul — a mais de 1.800 milhas de Mar del Plata —; e, em seguida, buscar a área de patrulha "Carlota", na face Norte das Geórgias.

O perímetro denominado Carlota guarnecia o acesso à baía Cumberland, e quase certamente estaria na rota de algum grupo-tarefa inglês em deslocamento pelo Atlântico Sul.

Uma viagem extraordinariamente exigente para uma embarcação tão antiga e com tantos problemas técnicos.

14. A nova missão
(com o sistema elétrico da propulsão funcionando
mal e o revestimento da torreta se desmanchando)

*A função primordial de um oficial é exercer de forma absoluta sua
responsabilidade, em particular quando esta repercute sobre seus
subordinados.*

Juan José Lombardo, almirante da reserva
novembro de 2000

*Horacio Bicain logo foi apresentado ao capitão de corveta infante Luis Carlos
Lagos, líder do chamado Grupo Golf — seis infantes de Marinha e 11 elementos da Armada. Os novos passageiros do "Santa Fe".*

*Na verdade, esse corveta fuzileiro era, naquele contexto, muito mais do
que uma peça a serviço da engrenagem militar. O papel que lhe haviam atribuído podia ser muito mais bem definido como protagónico.*

*De início, contudo, tudo o que o comandante do "S-21" sabia era que ele
fora indicado pelo comando da Infantaria de Marinha argentina para assumir
a chefia da guarnição argentina nas Geórgias.*

*O submarinista ignorava que a missão daquele oficial fuzileiro fora discutida nos estratos mais altos da corporação naval e do comando do Teatro de
Operações do Atlântico Sul — até mesmo da Junta Militar. Para o comandante
do "Santa Fe, tratava-se de transportar uma pequena fração de tropa destinada
a reforçar as Geórgias — e o novo chefe militar daquele arquipélago.*

A viagem começou às 23h30 da sexta-feira, 16 de abril. E de forma constrangedora para a Arma Submarina argentina.

Nos primeiros minutos do sábado, enquanto aguardava no anteporto de Mar
del Plata a entrada de uma embarcação, o "ARA Santa Fe" experimentou um

colapso no sistema elétrico de seu grupo propulsor. O navio possuía, acoplado ao conjunto de motores General Motors, dois motores elétricos General Electric. Devido à pane, o "S-21" permaneceu a uma distância de 5 milhas (9 quilômetros) da costa, praticamente à deriva. O problema só pôde ser sanado às 5h30 do dia 17.[73]

Desde a terceira semana de março, algumas dezenas de outros militares argentinos — mergulhadores de combate, comandos anfíbios e infantes de marinha — vinham ocupando diferentes posições na Isla San Pedro — a maior das Geórgias. Entre os primeiros a desembarcar no arquipélago, misturados a operários de um empresário do ramo da sucata, estiveram os soldados da força de elite Alfa, que haviam se exercitado no delta do rio Paraná sob o comando do tenente Alfredo Astiz, prevendo aplicar o "remédio" de Thule nas Geórgias. Conforme vimos, em certo momento de 1981 esse plano chegara a entusiasmar o agora chefe do Teatro de Operações do Atlântico Sul, almirante Juan Lombardo.

No momento em que Lagos e seus dezessete homens subiram a bordo do "Santa Fe", havia mais de cem militares da Marinha argentina na Isla San Pedro. Eles integravam destacamentos que se distribuíam principalmente no eixo Leith-Grytviken — duas estações baleeiras separadas entre si por uns 40 quilômetros.

Em fins de março, a reação enérgica de Londres à presença dos operários no arquipélago — muito diferente do comportamento hesitante da administração Callaghan em 1977, no episódio de Thule — surpreendeu e irritou os integrantes da Junta Militar argentina.

A tríade liderada por Galtieri se declarou "agredida" pelos ingleses, e, por influência da Marinha, decidiu aproveitar o "gancho" para retomar as Malvinas — o sonho de Juan José Lombardo.

Mas a verdade é que o incidente das Geórgias precipitara tudo: a finalização dos planos, a preparação da documentação técnica e dos meios navais, a mobilização do pessoal. A cautela com que Jorge Anaya vislumbrava o momento certo de os argentinos avançarem sobre as ilhas, no último quadrimestre do ano, toda essa ponderação pareceu, subitamente, desvanecer-se sem sentido no ar — e não se vai à guerra dessa forma.

As cúpulas da Marinha e do Exército bateram o martelo pelas Malvinas (os brigadeiros da Força Aérea foram a reboque desse entusiasmo): seria naquele momento ou nunca! E não se cria uma crise internacional com base num arroubo.

Buenos Aires confiava que, com o pavilhão argentino tremulando em Port Stanley, o governo da primeira-ministra Margaret Thatcher, que procedia a uma série de cortes em suas forças armadas, rosnaria por algumas semanas, mas terminaria por sentar-se à mesa para negociar a soberania das ilhas.

Em segundo lugar, Buenos Aires confiava nos Estados Unidos, que, a seu ver, certamente fariam de tudo para impedir o derramamento de sangue entre dois de seus aliados.

Finalmente, o Governo Militar de Buenos Aires confiava em um agrupamento de instituições e países que exerciam influência zero sobre as decisões da primeira-ministra: a Organização das Nações Unidas, os governos europeus com razoáveis interesses econômicos na Argentina, a Organização dos Estados Americanos, o Brasil, o Peru...

Integrado à equipe que a TV Globo despachara para cobrir a crise na capital argentina, assisti estupefato, no fim da tarde da segunda-feira, dia 19 de abril, pela tevê do meu apartamento no Hotel Panamericano, à breve cerimônia de despedida do secretário de Estado Alexander Haig no Aeroporto Internacional de Ezeiza. Ele chegara à cidade três dias antes, e já partia — pela segunda vez nessa crise — de mãos rigorosamente vazias.

O próprio Haig — um militar veterano do Vietnã, de 58 anos e pouco tato diplomático —, em um curto pronunciamento, fez questão de admitir isso. Até mesmo os repórteres argentinos — todos "chapa-branca" — proclamavam o fracasso da visita do enviado do presidente Ronald Reagan à Argentina. Como se isso os enaltecesse.

Eu não conseguia acreditar no que ouvia.

Pedi uma ligação para o Brasil, e alertei os encarregados do noticiário internacional da Globo: a volta de Haig para Washington podia ter deixado a porta aberta para a guerra. Mas nunca soube se alguém, no Rio, acreditou em mim — ou se continuaram a acreditar que os americanos posicionariam os seus navios entre os dois contendores, de forma a evitar os combates.

Apenas quando essa nova tentativa americana de apaziguamento fracassou é que os militares argentinos — e seus colegas civis da administração Galtieri — perceberam que a torcida por um milagre de undécima hora (como a mediação anunciada pelo Vaticano em dezembro de 1978, no último instante da crise de Beagle) seria, muito provavelmente, inútil.

Nessa terrível confusão, apenas aos militares argentinos deslocados para o *front* das Malvinas — em terra, no mar e nos céus — não era permitido sonhar. Ou torcer. Eles precisavam cumprir com o dever profissional e patriótico, ainda que sequer tivessem meios para fazê-lo.

Nesse cenário onde todas as variáveis pareciam representar obstáculos, Bicain ainda precisou conscientizar seu imediato, Michelis, e o chefe do Armamento do "Santa Fe", tenente de fragata Daniel Martín, acerca do teor de uma instrução que, como qualquer outra naquelas circunstâncias, precisava ser cumprida à risca: a proibição absoluta de usar qualquer um dos 23 torpedos que o navio transportava, salvo em defesa própria.

A explicação: o comando argentino temia que uma ação ofensiva do "Santa Fe" pudesse ser interpretada, nessa fase da crise — quando Buenos Aires ainda esperava o milagre — como um óbice irreparável às negociações de paz.

Ao "S-21" cabia, portanto, permanecer indetectado — e explorar ao máximo o elemento surpresa. Bicain e seus oficiais admitiam: com perícia e muita sorte, eles, possivelmente, poderiam mesmo escapar por uns dias às armas do inimigo; e assim permanecer, talvez, por uma ou duas semanas.

Mas nenhum dos sete oficiais do navio conseguia imaginar como se poderia estender por oito semanas o cumprimento dessas instruções.

Olhando para os homens que, espremidos em seu submarino, integravam o reforço destinado a Grytviken, o capitão Bicain pensou, por um momento, em que aquele punhado de fuzileiros e marinheiros poderia ajudar. Mesmo sabendo que eles carregavam um pequeno canhão S/R (sem recuo) de 75 milímetros, aliás de tecnologia antiquada, e um lançador de mísseis antitanque Bantam.

O disparador de mísseis, de fabricação sueca, fora um grande sucesso durante a década de 1960, e ainda devia ser considerado bastante efetivo. O equipamento podia ser armado em 30 segundos (ou um pouco mais) e usado contra alvos a partir de 300 metros de distância. Na faixa dos 800 a 2.000 metros, seu nível de sucesso era — dizia o fabricante — elevadíssimo: no patamar dos 95% ou 98%. O míssil partia guiado a fio e impulsionado por um motor que o impelia à velocidade de 85 metros por segundo. Quatro pequenas aletas que se desdobravam de seu corpo principal forneciam a estabilidade para o voo. Após os primeiros 30 metros, um giroscópio entrava em funcionamento, permitindo que ele fosse controlado pelo operador de um *joystick*. Na marca de 230 metros de corrida sua cabeça de guerra era armada, e uma espoleta elétrica garantia o impacto com o alvo, com capacidade para perfurar blindagens até 500 milímetros.

O submarinista Bicain entendia que o comando das operações houvesse julgado um risco grande demais embarcar uma tropa maior em um navio de superfície, bem como tentar fazer essa unidade atravessar uma zona marítima sob a ameaça direta de submarinos inimigos. As perdas poderiam ser proibitivas.

Ele aceitava esse raciocínio, perfeitamente. Mas continuou achando que os dezessete do "Santa Fe" e suas cinco toneladas de apetrechos eram também um desperdício de tempo e de combustível para o seu cansado navio. Talvez até — quisesse Deus que não — de vidas.

O mau tempo da terceira semana de abril de 1982 nos mares austrais sacrificou e atrasou o deslocamento do "S-21".

Por volta da terça-feira, dia 20, um forte temporal vindo de sudoeste forçou o navio a mergulhar — ocasião em que a tripulação enfrentou sérias dificuldades para erguer o esnórquel, alojado na torreta.

Quando a tempestade amainou e o barco voltou à superfície, seus tripulantes puderam constatar, abismados, que o revestimento da torreta se desmanchava: várias pranchas da estrutura de boreste da vela (lateral direita) haviam se desprendido, e isso acarretara o afrouxamento de telas da estrutura interna, menos resistentes. Essas avarias acentuavam a assinatura acústica (ruído) do submarino — o que, evidentemente, aumentava o risco de ele ser detectado pelo inimigo.[74]

15. Medidas desesperadas

Na quarta-feira, 21 de abril de 1982, enquanto o "Santa Fe" enfrentava as borrascas das latitudes austrais, o comando da Marinha argentina ordenou ao líder da força submarina, capitão de navio Eulogio Moya Latrubesse, que planejasse com urgência o deslocamento do Guppy *"ARA Santiago del Estero", em uma missão de contrainteligência.*

A ideia era fazer o "Santiago" viajar de um ponto a outro do litoral, de forma a convencer as autoridades britânicas — que recebiam imagens de satélites espiões operados pelos Estados Unidos — de que o navio estava operativo. Dessa forma, os almirantes argentinos esperavam criar um outro motivo de preocupação para a Marinha de Sua Majestade, e forçá-la a desviar parte de suas unidades para a busca a uma unidade de guerra que, na verdade, mal podia afastar-se algumas dezenas de milhas de seu atracadouro.

Primeiro colocado em sua turma de 73 oficiais da Escola Naval, Moya Latrubesse começou a pensar de que modo poderia cumprir a missão que lhe fora confiada. O desafio não estava somente na total incapacidade do "S-22" para operar como um submersível. Ele também precisaria recrutar um grupo mínimo de tripulantes — entre vinte e trinta profissionais —, "artigo" em falta naqueles tempos, e, sobretudo, arranjar um "comandante" que não se sentisse apequenado por essa breve aventura.

O "Santiago" cumprira uma trajetória de quase onze anos na *Flota de Mar*, vivera algumas peripécias e era, por tudo isso, uma unidade bastante querida em Mar del Plata.

Na segunda-feira, 9 de outubro de 1972, durante exercícios ao largo da costa argentina, tendo seu (primeiro) comandante, Juan Carlos Malugani, ordenado que ele subisse à cota periscópica, o submersível foi abalroado pelo destróier "Almirante Domecq García" — um velho barco americano dos tempos da Segunda Guerra, com 30% a mais de seu tamanho —, que por pouco não arrancou-lhe a torreta.

Entretanto, seis anos depois, o veterano submersível estava pronto para participar da *Operación Soberanía*, que mobilizaria a Armada argentina contra os chilenos. Sua missão: patrulhar uma zona marítima próxima à baía Cook.

Em abril de 1982, contudo, o que restava do bravo navio, desativado há sete meses, era um casco com problemas até para se mover.

O antigo "USS Chivo" era uma embarcação da classe americana *Balao*, como o "Santa Fe" modificado para a categoria *Guppy*. Mas não para o padrão *Guppy II*, do "S-21".

Tendo sido modernizado pela Marinha americana em 1951, época posterior à reforma do ex-"Catfish" — rebatizado pelos argentinos como "Santa Fe" —, ele fora contemplado com obras estruturais e equipamentos menos caros: uma remodelação de tipo *Guppy IA*.

Além disso, no início do segundo semestre de 1981, durante uma docagem em Puerto Belgrano, ele perdera o sonar de busca passiva BQR2 — equipamento de quase 5m de comprimento —, removido da parte inferior de sua proa. O aparelho foi inspecionado e, mais tarde, reinstalado sob o bico "S-21" — que danificara seu domo sonar ao chocar-se contra um banco de areia.

Para se encarregar do "Santiago", Moya Latrubesse escalou, ainda no dia 21, alguém que o assessorava de perto na Base de Mar del Plata: o então subdiretor da Escola de Submarinos, capitão de fragata Duílio Isola — oficial enérgico e entusiasta do mergulho desportivo. O novo comandante relacionou 24 tripulantes para a sua missão de mentira, incluindo um recruta do serviço naval.

Na manhã da quinta-feira 22, já desciam a costa na direção do complexo militar marplatense, procedentes da Base Naval de Puerto Belgrano, os pequenos rebocadores "R-2 Querandí" e "R-3 Tehuelche", sob o comando do *tenente de navio* Hector Araújo, então Imediato do navio-patrulha "Comandante General Irigoyen".

Esses barcos auxiliares estavam entre os que impulsionavam a vida marinheira de Puerto Belgrano. Eles moviam as embarcações para a docagem, tiravam os barcos reparados dos diques e realizavam boa parte do serviço de controle do porto militar. Aprontados em regime de emergência, foram despachados para o sul a fim de escoltar o "ARA Santiago del Estero", que julgavam já desincorporado e inoperante. Alguns tripulantes dos rebocadores conseguiam imaginar o real motivo daquela missão: confundir o inimigo inglês sobre o estado operacional do submarino.

Para assegurar o sigilo da operação, o comando da Armada decidiu que os rebocadores deveriam entrar no porto de Mar del Plata após as 19h dessa quinta. A previsão era de que zarpassem novamente em 72 horas. Mas o velho "Santiago" não os fez esperar tanto. Como se fosse um marujo idoso mas acostumado aos chamados intempestivos, ele ficou pronto para se fazer ao mar bem antes do esperado.

Passavam 20 minutos da zero hora de sexta-feira, 23 de abril, quando, de forma um tanto ruidosa, os motores do "S-22" fizeram seu casco estremecer.

Então, bem devagar, ele se afastou do molhe e aproou para o anteporto de Mar del Plata, vigiado de perto pelas embarcações escaladas para assisti-lo. Mergulhar era impossível. Mas, naquela missão, também dispensável. Na verdade, o que os almirantes argentinos desejavam é que o "Santiago" fosse detectado e inequivocamente identificado.

A viagem para Puerto Belgrano — uma singradura de pouco mais de 230 milhas (426 quilômetros) — durou cerca de vinte horas, aproveitando condições meteorológicas favoráveis. Fingindo estar em um deslocamento rigorosamente secreto, em Puerto Belgrano ele foi enfiado entre dois grandes navios mercantes que reabasteciam — como se desejasse esconder-se das câmeras indiscretas de satélites e aviões. Então, na manhã do sábado, o barco foi amarrado em um dique seco do porto militar.

O ardil, soube-se mais tarde, funcionou bem.

Ele não era suficiente para mudar o rumo da guerra no Atlântico Sul — ou para livrar o solitário "Santa Fe" do destino que o aguardava —, mas o fato é que os britânicos passaram várias semanas preocupados em descobrir o paradeiro do segundo *Guppy* da Armada inimiga.[75]

Precisamente nesses dias um punhado de oficiais e subalternos da Marinha argentina — nesse caso, da Escuadrilla de Exploración Aeronaval — estava empenhado em uma outra operação de emergência, considerada útil à resposta que Buenos Aires precisava dar a Londres no mar.

A missão desses aviadores navais tinha lugar nas instalações da indústria aeronáutica brasileira Embraer — em São José dos Campos, perto da cidade de São Paulo —, e consistia em familiarizar-se com o EMB-111 *Bandeirulha*, a versão "navalizada" — de patrulha costeira — do conhecido cargueiro bimotor Bandeirante.

Brasília havia cedido duas dessas aeronaves (células 7058 e 7060), registradas como P-95A no inventário da Força Aérea Brasileira, por empréstimo, ao Coan — o Comando da Aviação Naval argentino.

Dotado de um radar de busca marítima Eaton AN/APS-128, com alcance de 180 quilômetros — e *display* do tipo televisão para exibir sua imagem —, esse avião era considerado apto para localizar alvos navais de médio porte. Seus outros equipamentos eletrônicos de fabricação americana — como o sistema de navegação inercial Litton LN-33 e o piloto automático Bendix M-4 — integravam uma tecnologia, por motivos políticos, fora do alcance dos militares de Buenos Aires naquele momento. Por tudo isso, a aeronave pareceu aos almirantes platinos de certa valia.

Na quarta-feira, 12 de maio de 1982, os patrulheiros brasileiros aterrissaram na pista da Base Naval de Punta Índio, sede da 1ª Escuadrilla Aeronaval de Ataque, junto à desembocadura do rio da Prata.

A pequena força de reconhecimento aéreo da Marinha argentina estava em seu limite. Ainda nesse dia, um velho bimotor de esclarecimento e ataque SP-2H Neptune — modelo americano fabricado na década de 1960 — precisou ser desativado, por defeitos mecânicos e eletrônicos incontornáveis. Restara aos argentinos, desse tipo de aeronave, apenas mais um exemplar, que também apresentava vários problemas, mas ainda conseguia voar.[76]

Em Punta Índio os *Bandeirulhas* receberam as matrículas 2-P-201 e 2-P-202. Na sexta já decolaram para uma curta travessia até Bahía Blanca, ocasião em que aproveitaram para realizar um deslocamento, a título de experiência, sobre as águas próximas ao litoral argentino, escoltados por um pequeno jato de transporte Fokker F-28.

A remoção dos aparelhos para a Base Aeronaval Comandante Espora, de Bahía Blanca, obedecia a uma avaliação técnica e operacional: a de que eles necessitavam de um equipamento analisador de espectro eletromagnético, que poderia ser utilizado sobre a imensidão do Atlântico Sul como um sistema de alerta-radar.

Tendo recebido esse aparelho, o P-201 e o P-202 realizaram quatro voos de testes, em que os destróieres pesados "ARA Hércules" e "ARA Santíssima Trinidad" — ambos construídos na Inglaterra — figuraram como alvos. A 22 de maio eles foram, finalmente, despachados para Rio Gallegos, 2.081 quilômetros ao Sul de Buenos Aires, onde iniciaram suas operações para valer.

Cortando os céus a 420 quilômetros por hora, o 111 se deslocava mais rápido que os antiquados Neptunes argentinos, cuja velocidade máxima de cruzeiro era da ordem de 286 quilômetros por hora. Em compensação, o último Neptune ainda na ativa podia — ao menos em teoria — cobrir 6.400 quilômetros sem reabastecimento, enquanto a autonomia dos pequenos "Bandeirulhas" não lhes permitia uma varredura de mais de 2.700 quilômetros — ou seis horas — por vez.

Nada disso, contudo, representou uma decepção tão importante quanto a limitadíssima capacidade do radar americano 128 para identificar seus alvos. Muitas vezes sua telazinha exibia um contato que não passava de um chuvisco, ou então de uma zona de forte temporal.[77]

A cessão por empréstimo dos dois P-95A *Bandeirulhas* ao Coan representou a parte visível do apoio brasileiro à mobilização de meios realizada, a toque de caixa, pelos argentinos. Obtive informações, entretanto, de que, no referente às operações navais, este não foi o único auxílio.

Ainda na primeira metade de abril, oficiais da Marinha argentina procuraram seus colegas do Brasil — e também os uruguaios — para pedir-lhes ajuda no monitoramento da navegação realizada pela frota britânica incumbida de retomar as Malvinas.

A solicitação aconteceu no âmbito de um organismo militar sul-americano pouco conhecido, denominado Área Marítima do Atlântico Sul — Amas —, que possuía uma coordenação rotativa — o Camas. À época, a função Camas era exercida por um militar brasileiro.

Desde a longínqua década de 1940, as Marinhas do Brasil, da Argentina e do Uruguai já haviam sentido a necessidade de controlar o tráfego marítimo no Atlântico Sul. Em 1959, os países-membros do Tratado Interamericano de Assistência Recíproca (Tiar) criaram um Plano para a Defesa do Tráfego Marítimo Interamericano, que, sete anos mais tarde, transformaram em Plano para a Coordenação da Defesa do Tráfego Marítimo Interamericano.

A zona de segurança do Tiar, uma herança da mobilização pan-americana (ou interamericana) contra o nazifascimo durante o último conflito mundial, foi dividida em quatro Áreas Marítimas de Coordenação: uma para o Atlântico Norte — que deveria associar os esforços de Estados Unidos, México, Venezuela e Colômbia —, outra para o Atlântico Sul — a cargo de Brasil, Uruguai, Argentina e Paraguai —, uma terceira para o Pacífico Sul — sob a responsabilidade de Chile, Equador e Peru — e uma última para o Pacífico Norte — que os Estados Unidos deveriam tornar realidade com a ajuda das forças navais do México, de Honduras e de El Salvador. Entre todas, apenas a Amas foi posta em funcionamento.

A 18 de agosto de 1967 assumiu o primeiro Camas, um oficial da Armada argentina. A partir desse momento ficou estabelecido um sistema de coordenação por meio de rodízio bianual, do qual participariam apenas os chefes navais do Brasil, da Argentina e do Uruguai (a Marinha paraguaia concordou em desempenhar um papel secundário nesse órgão diretivo).

Durante catorze anos e meio, o Camas identificou as principais rotas marítimas do Atlântico Sul, acompanhou os deslocamentos de navios mercantes, calculou o tempo que eles gastavam em cada travessia, assinalou os principais pontos de auxílio à navegação nessa parte do hemisfério sul, e ainda prestou ajuda à realização de exercícios navais. Muito desse seu aprendizado foi comunicado, regularmente, às Marinhas amigas dos Estados Unidos e da Inglaterra.

A partir de abril de 1982, valendo-se dos dados colhidos por sua rede de vigilância fixa em terra, e dos relatórios feitos por unidades da esquadra destacadas ao longo do litoral, a Marinha do Brasil transmitiu à Armada argentina certo número de informes, com estimativas de marcações do posicionamento da Força-Tarefa de Sua Majestade, bem como alguns indícios e projeções obtidos a partir de fragmentos das comunicações trocadas pelos navios e aeronaves que a integravam.

Alguns oficiais brasileiros admitiam essa cooperação, mas enfatizavam que seus resultados eram bem pequenos, quase irrelevantes. "Os ingleses conversam de um navio para outro por meio do satélite, não temos como interceptar essas mensagens", explicou-me, certa manhã do primeiro semestre de 1982, em seu gabinete de Brasília, o almirante Murillo Souza Lima, chefe de gabinete do ministro da Marinha.

Souza Lima, um oficial queixudo e muito sério — com cara mesmo de poucos amigos —, era, na época, um dos expoentes da chamada "comunidade de informações" brasileira. Dizia-se em Brasília que seu verdadeiro líder era o ministro-chefe do Serviço Nacional de Informações, general Octávio Aguiar de Medeiros — oficial que mantinha as melhores relações com o general Menéndez, seu correspondente na ditadura liderada pelo general Galtieri.

Mas a verdade é que também o almirante Maximiano da Silva Fonseca mantinha canais próprios com os militares argentinos. No caso, com dois bons amigos que fizera na região do Prata: o ex-comandante da armada, almirante Lambruschini — responsável pela entronização de Jorge Anaya na chefia da Força —, e o então diretor-geral de Pessoal Naval, almirante Rubén Oscar Franco, seu ex-colega na Junta Interamericana de Defesa, em Washington. Só que nem essa proximidade permitiu-lhe ser mais solidário com os colegas em apuros.

Vinte e três anos de reuniões e providências dos almirantes latino-americanos acerca do controle do tráfego no Atlântico Sul haviam sido praticamente anulados por um estratagema relativamente simples da Marinha Real: o de mandar seu sinal de comunicação para um satélite em órbita da Terra, que se encarregava de retransmiti-lo ao destino — enquanto os parceiros interamericanos ficavam, literalmente, a não ver navios...

Acerca desse desespero dos argentinos por informações atinentes à posição do inimigo no oceano, tanto Maximiano da Fonseca como Souza Lima tomaram conhecimento de um informe produzido pelo Cenimar — o serviço secreto da Marinha — a 19 de abril, que recebeu o número 0350. Seu texto dizia haver indícios de que militares soviéticos se encontravam em Buenos Aires "auxiliando a Marinha argentina a levantar dados sobre a Força-Tarefa inglesa, que foi deslocada para a área das Malvinas".[78]

O presidente brasileiro da época, general João Baptista de Oliveira Figueiredo, não nutria especial simpatia pelos militares de turno no poder em Buenos Aires. Mas o fato é que a República Argentina era o segundo maior parceiro comercial do Brasil, atrás apenas dos Estados Unidos.

As vendas brasileiras para os argentinos haviam saltado dos 340 milhões de dólares de 1978 para um bilhão de dólares em 1981. Assim, em 1980, o próprio Figueiredo se dera ao trabalho de fazer uma visita oficial à capital portenha — a primeira desde que, em 1935, o presidente Getúlio Vargas chegou de navio ao grande vizinho do sul.

Fiel à tradição de pesquisa histórica com que, na virada do século XIX para o século XX, o barão do Rio Branco — José Maria da Silva Paranhos — enriquecera a história diplomática brasileira, o Itamaraty foi buscar um posicionamento da Corte do Rio datado de 1833 — ano da ocupação das Malvinas pelos britânicos, e do primeiro enérgico protesto de Buenos Aires a esse respeito —, para justificar uma discreta postura de benevolência em relação aos argentinos.

Atento, contudo, ao potencial de estrago político que o conflito encerrava, o então ministro das Relações Exteriores brasileiro, Ramiro Saraiva Guerreiro, fez em maio daquele ano, durante sessão do Senado brasileiro, um curto, polido, mas profético — e devastador —, comentário: o de que, em função dos acontecimentos no Atlântico Sul, o sistema interamericano "nunca mais seria o mesmo".[79] Estava destruído, foi o que o diplomata quis dizer.

16. A mensagem da sexta, dia 23

Sexta-feira, 23 de abril de 1982.

Uma patrulha aérea de longo alcance — quadrimotor de carga C-130 Hércules — disponibilizada pela Força Aérea argentina, informa o Guppy *"Santa Fe" sobre a presença de unidades de superfície britânicas operando a umas 40 milhas ao norte das Geórgias.*

O pessoal do "S-21" não se surpreendeu. Durante a fase final da viagem, os operadores de sonar puderam, vez por outra, captar ruídos hidrofônicos de hélices.

Mas a observação feita do alto deixara uma outra impressão, mais grave: a de que os barcos integravam um grupo-tarefa que se preparava para atacar o eixo Leith-Grytviken, precisamente a linha de resistência principal da Marinha argentina em terra.

"Em que pese a proximidade dos britânicos, o Capitão Bicain ainda teria restringido o uso de seus torpedos para o caso de ser atacado", explica o capitão-tenente submarinista da Marinha do Brasil, Frederick Wanderson Varella. "Dificilmente [Bicain] teria possibilidade de manobrar para poder disparar eficazmente seu armamento sem ser detectado."[80]

Mas a verdade é que a simples comunicação avião-submarino já destruíra a capa de indetectabilidade recomendada ao comandante do "Santa Fe" por seus superiores.

Isso porque ela fora ouvida pelos rádio-operadores do navio polar britânico "Endurance", que navegava entre as Geórgias e as ilhas Malvinas. Traduzida para o idioma inglês, diga-se, a mensagem não chegou, exatamente, a causar um choque.

A tripulação do quebra-gelos imaginava que o inimigo já houvesse rastreado a presença dos navios de Sua Majestade naqueles mares — a começar pela barulheira que faziam os possantes motores diesel do seu próprio barco. Essas máquinas podiam ser facilmente escutadas pelo sonar do submarino argentino — mesmo sendo ele um navio antigo, do tempo dos combates à Marinha japonesa, na década de 1940.

O "Endurance", em contrapartida, não dispunha de um sonar para detectar o submersível inimigo. Sua melhor eletrônica militar estava embarcada nas duas aeronaves com a aparência de duas abelhas presas ao heliponto que existia a ré do navio: dois helicópteros Wasp HAS.1, pertencentes ao Esquadrão Aéreo Naval 829, da Marinha Real. Ambos haviam sido, preventivamente, equipados com mísseis ar-mar (de ataque a embarcações na superfície) AS-12 — cada um deles portador de uma "cabeça explosiva" de 28 quilos.

Na noite dessa sexta, dia 23, a notícia da ameaça que pairava sobre o "ARA Santa Fe" chegou de duas maneiras aos almirantes argentinos, no conforto clássico dos seus gabinetes da capital e de Puerto Belgrano — todos finamente decorados, e abastecidos dos melhores rótulos produzidos pela indústria vinícola local.

Ela apareceu primeiro no relato da aeronave Hércules que fazia os seus sobrevoos a partir da pista da IX Brigada Aérea, na cidade de Comodoro Rivadavia, 1.800 quilômetros ao sul de Buenos Aires. E pareceu aflorar de forma ainda mais dramática em uma comunicação recebida pelo Palácio San Martín — sede do Ministério das Relações Exteriores e Culto —, no bairro Retiro, um pouco mais cedo naquele dia (às 17h20 no horário de Buenos Aires).

A mensagem, transmitida pela embaixada argentina em Berna, reproduzia os termos de uma curta nota confidencial passada por Londres ao governo da Suíça: qualquer barco de guerra, incluindo submarinos e unidades auxiliares, e qualquer aeronave civil ou militar que se dispusessem a interferir — ou pudessem constituir simples ameaça — na missão das Forças Armadas britânicas no Atlântico Sul encontrariam a resposta apropriada.

Era evidente que se tratava de aviso acerca de alguma operação já em andamento.

Como a retomada das Malvinas demandaria, de parte do inimigo, a presença de tropas que ainda não se encontravam naquelas latitudes, o mais provável é que os ingleses estivessem se referindo a uma ação de resgate do controle sobre as Geórgias do Sul.

Curiosamente, a única reação que isso provocou nos chefes navais argentinos foi a sensação de que o ataque inglês era iminente — e que, portanto, tornava-se imperioso que o "Santa Fe" se apressasse. Eles tinham razão.

Desde a noite da quinta (22) para a sexta-feira (23), pequenos botes de borracha *Gemini*, a motor, e helicópteros britânicos serviam a um discreto vaivém de diminutas frações do Special Boat Service — a unidade de forças especiais da Marinha de Sua Majestade. Esses soldados de elite cruzavam diferentes pontos da costa da Isla San Pedro — a baía Cumberland inclusive —, no eixo Leith-Grytviken, experimentando locais de desembarque e escalando pontos elevados, de forma a não apenas preparar a chegada dos contingentes embarcados que se mantinham ao largo, mas também testar a vigilância dos argentinos.

Não há indicativos de que, conhecendo a magnitude do dispositivo montado pela Marinha Real — e a determinação dos britânicos —, os almirantes argentinos tenham considerado chamar o "S-21" de volta e, dessa forma, abortar a missão.

Assim, o que se ordenou ao comando da Força de Submarinos transmitir para o navio foi uma única e claríssima mensagem: a de que era necessário completar a tarefa nas Geórgias *lo antes posible*.[81]

Suspensos várias centenas de metros acima da superfície das ondas — que nesse início de fim de semana variavam entre o azul-escuro e o verde luminoso —, pelos quatro poderosos turbopropulsores Allison T-56A-15 de seu C-130, os tripulantes da Fuerza Aérea Argentina tinham, portanto, acertado na mosca.

Eles haviam descoberto a movimentação do Grupo-Tarefa 317.9, ativado pela Royal Navy duas semanas antes — a 7 de abril — e posto sob a chefia do veterano capitão Brian Young, um antigo piloto naval agora no comando do destróier pesado "Antrim". A missão desses navios era mesmo apoiar a retomada das Geórgias do Sul pelos britânicos — a chamada *Paraquat Operation*.

Na primeira semana de abril, assustados com a notícia da invasão argentina das Malvinas e das Geórgias, e pressionados a organizar, rapidamente, uma resposta militar, os chefes navais britânicos perceberam que enfrentariam um problema para o qual, naqueles anos de Guerra Fria, não haviam se preparado.

Os treinamentos de sua esquadra no âmbito da Organização do Tratado do Atlântico Norte (Otan) haviam priorizado quase que exclusivamente os cenários de uma ameaça constituída por pesados submarinos nucleares de ataque soviéticos, se movimentando pelas grandes profundezas do Atlântico Norte. Contra esse inimigo, a Marinha de Sua Majestade desenvolvera um sem-número de teorias, estratagemas e equipamentos, de forma a aperfeiçoar sua capacidade de detecção por meio de sistemas acústicos passivos.

No Atlântico Sul, a ameaça — real — era outra: os pequenos e silenciosos submersíveis diesel-elétricos de ataque, modelo IKL-209, sob condições meteorológicas e de um meio subaquático que não eram familiares aos seus *ASW teams* — equipes de guerra antissubmarina. Diante desse oponente seriam os sonares dos navios britânicos suficientemente confiáveis?

É interessante notar que o planejamento da Marinha Real não levava em consideração o potencial de perigo representado pelos dois *Guppies* que os americanos haviam cedido à Armada argentina em 1971. Londres estava certamente informada de que ao menos um deles havia dado baixa. E devia estar ciente também das condições precárias do segundo, o "S-21 Santa Fe".

Curiosamente, seria precisamente esse navio que, na terceira semana daquele mês abril, assombraria os pensamentos de Brian Young. Informado sobre a possível presença de um submersível inimigo em sua área de operações — e temeroso de que ele buscasse alvos em torno das ilhas —, às 3h da manhã do sábado, dia 24, o capitão Young, de 52 anos (os últimos 38 passados na Marinha), mandou espalhar as unidades de sua formação — integrada ainda pelo destróier "Plymouth" e pelo petroleiro de esquadra (empregado como navio de apoio logístico) "Tidespring" —, no sentido de executar uma ampla "varredura" daqueles mares.

Sua atitude receberia, mais tarde, algumas críticas.[82] Ao desconcentrar seus navios para multiplicar a capacidade de busca do grupo-tarefa, Young teria perdido a chance de organizar uma força de combate antissubmarino para, já nesse dia, dar caça ao inimigo.

17. Grytviken

A quase 2.000 milhas de Puerto Belgrano, nas vizinhanças das ilhas Geórgias, a quarta e a quinta-feira foram de mau tempo. Péssimo tempo.

Apesar de a navegação submersa servir para evitar os problemas de uma progressão açoitada pelas ondas na superfície, a pouca carga nas duas baterias principais — modelo Exide, de 126 elementos cada uma — limitava extraordinariamente a marcha do "S-21". Seu deslocamento acontecia, portanto, em um ritmo lentíssimo.

O grupo propulsor do "Santa Fe" também apresentou sérias dificuldades. Durante uma etapa de quinze horas, o navio precisou valer-se da força de apenas um de seus três motores. Em outra ocasião, navegou por sessenta horas movido por só dois deles.[83]

Martín, o chefe do Armamento — oficial com sete anos de carreira —, tinha as suas preocupações. Em função da antiguidade do sistema de controle de tiro do barco, modelo TDC (Torpedo Data Computer) — uma espécie de avô dos computadores de tiro usados pelos modernos submarinos do Reino Unido —, ele considerava que seus torpedos só se revelariam eficientes para atingir alvos a menos de 2.000 jardas (1.828,8 metros).

Àquela altura, o computador de tiro do *Guppy II* argentino, fabricado nos Estados Unidos, era mesmo uma verdadeira peça de museu. Ele só era superior aos equipamentos de controle automatizado de tiro dos submarinos ingleses, alemães e japoneses do final da Segunda Guerra Mundial. Em comparação com eles, o TDC introduziu algumas importantes novidades: a) capacidade de monitorar automaticamente os alvos; b) habilitação para realizar os cálculos trigonométricos necessários ao estabelecimento do curso de um torpedo para a interceptação do alvo; c) interface eletromecânica para a definição automática do curso dos torpedos enquanto eles ainda se encontram nos tubos, prontos para serem lançados.

De qualquer forma, a aptidão do TDC para o rastreamento de alvos permitiria ao tenente Martín, ao menos segundo os manuais, atualizar continuamente a "solução de controle de fogo" (momento certo para o disparo dos torpedos), mesmo quando o submarino estava manobrando. Além disso, em tese, esse recurso também possibilitaria o lançamento preciso dos torpedos, ainda que o alvo estivesse temporariamente obscurecido por fumaça ou pela neblina.

O "ARA Santa Fe" navegou na superfície por toda a noite de 23 para 24 de abril. Às 5 horas da manhã do sábado sua discreta silhueta escura desapareceu sob as ondas — tão silenciosamente quanto possível.

Finalmente, às 14h, o submarino avistou Buller Cape, braço de terra situado nas coordenadas 53°59'S/37°22'W, que se projetava diretamente do litoral nordeste de Isla San Pedro, a maior e mais importante das Geórgias. A viagem, desde Mar del Plata, fora completada com 36 horas de atraso.

Tudo parecia calmo, sem movimentação de barcos na superfície, mas a bordo do *Guppy* todos podiam intuir: isso era enganoso.

Apesar de alertado bem cedo no sábado, por Mar del Plata, de que deveria completar rapidamente sua missão, o "ARA Santa Fe" não abandonou a postura cautelosa. Ao contrário. Após identificar Buller Cape, no início da tarde, o navio aproou para sudeste e gastou o resto do dia em uma lenta aproximação sob a água, rumo à Isla San Pedro.

Então, quando já não havia mais luz natural, ele emergiu à altura de Punta Robertson, em Fortuna Bay.

"À noite saímos à superfície e decido realizar uma navegação até a baía Guarda Nacional [*Cumberland, para os ingleses*] bordeando a costa para nos confundirmos com os recifes e não sermos detectados pelos radares ingleses", lembraria Bicain anos mais tarde. "De qualquer maneira, nesses momentos, o principal risco não era o inimigo e sim as rochas em um lugar no qual nunca havíamos navegado."[84] Palavras que ilustram a autoconfiança de um profissional do mar, mas não condizem muito com a·ansiedade do comandante do "Santa Fe" naquela noite de sábado, pois é sabido que ele temia a possibilidade de aquela zona estar sob a vigilância de um submarino inimigo.

Às 23h30, ante a impossibilidade de emitir com o radar por causa da proximidade com a costa, e também de enxergar o suficiente — mesmo com o visor noturno disponível na vela do barco —, Horacio Bicain julgou imprudente continuar avançando com o navio.

Exatamente a uma milha de Punta Carcelles, bem na boca da *caleta* (enseada) Capitán Vago, o "S-21" emudeceu os motores. Grytviken estava no fundo da *caleta*.

O comandante do barco conferenciou rapidamente com seus oficiais. Por volta das 23h45 ele solicitou ao capitão Lagos que organizasse o desembarque de sua gente, requisitando à tropa argentina em terra — 39 homens sob o comando do tenente de navio Guillermo Jorge Luna, do 4º Batalhão de Infantaria de Marinha — o envio de uma embarcação da instituição de pesquisa British Antartic Survey (Pesquisa Antártica Britânica), sediada no povoado.

Como a missão não previra um estratagema para as comunicações, o contato foi feito por meio de um canal de rádio internacional — plenamente monitorável pelo inimigo —, sendo, para isso, utilizado um código improvisado. Houve dificuldades para que esse *link* via rádio funcionasse a contento. Tudo era feito em um ambiente de muita cautela e desconfiança. Mas, enfim, o contato foi estabelecido. Anunciada por um murmúrio metálico, a ansiada lancha vinda de terra apareceu.

Um a um, os sete infantes do Grupo *Golf* desfilaram diante do comandante do "S-21": Lagos, o novo comandante de Grytviken; os tenentes de fragata Gustavo Richardson (subchefe de Lagos), Miguel Angel Campos e Eduardo Manuel Alvarez; o guarda-marinha Alfredo Enjuto, operador do lançador de mísseis Bantam; o cabo de 1ª classe Felipe Sebastian Spinatto, também operador do Bantam, e o conscrito Roberto Ochonga, operador do canhão sem recuo de 75 milímetros. Também se despediram o tenente médico Arturo Mario Gatica, da Força de Apoio Anfíbio, três sargentos (um deles enfermeiro) e sete cabos da Armada.

Foram necessárias três viagens da lancha a motor entre o grande navio escuro boiando na entrada da enseada e o molhe de Grytviken para que homens e carga — víveres, suprimentos médicos, munição, armas e sobressalentes de diferentes usos — pudessem deixar seu transporte submarino. Esses militares e suas provisões vão juntar-se a uma tropa ali acantonada desde a manhã de 3 de abril, e equipada só com duas metralhadoras pesadas MAG e alguns morteiros leves, de 60 milímetros.

Perto das 5 horas da manhã do domingo, 25 de abril, o "Santa Fe" estava, finalmente, liberado para sair dali. Bicain e Michelis, os dois Horacios no comando do "S-21", não planejavam seguir de imediato para "Carlota", a área de patrulha que lhes fora designada, ao norte das Geórgias.

Devido ao mau funcionamento de diferentes sistemas do navio, eles combinaram procurar alguma discreta reentrância da costa — uma enseada escondida —, e dedicar algumas horas aos reparos mais urgentes e à indispensável recarga das baterias. Só depois tentariam cumprir o segundo objetivo de sua missão.

Lembrando dos tempos em que fora chefe de Máquinas de um navio americano de segunda mão como aquele, Horacio Bicain ordenou a seu chefe de Navegação, o guarda-marinha Juan José Iglesias, um rapaz magro, de rosto ossudo e 24 anos incompletos, que tirasse o "S-21" de Capitán Vago com os motores diesel em máxima velocidade e o barco pronto para submergir.

Era a primeira vez, na história da Arma Submarina argentina, que a um guarda-marinha era atribuída função tão importante, mas lembremos que aos almirantes argentinos não pareceu determinante — ou impeditivo — para a ação nas Malvinas o fato de a Força de Submarinos viver uma crise de pessoal qualificado.

Juan Iglesias completara o curso da Escola de Submarinos em dezembro de 1981, classificando-se em primeiro lugar. Curiosamente, todo o seu adestramento acontecera nos comandos do barco alemão IKL-209. Assim, no "Santa Fe" ele precisou recomeçar o aprendizado quase do zero. O imediato Michelis foi seu professor.

Quando comandou sozinho a sua primeira imersão, Iglesias ganhou não só muitos cumprimentos, mas também uma garrafa de Johnnie Walker, presente do comandante.[85]

Esses tempos felizes haviam, contudo, ficado no passado.

18. A escolha de Bicain

Naquela manhã de domingo, 25 de abril de 1982, a ordem para máquinas a toda a força que ecoou dentro do "Santa Fe" foi devidamente anotada não só por Iglesias, mas também pelo chefe de Máquinas e Imersão, Segura — ex-chefe de sistemas elétricos do navio e profundo conhecedor da aparelhagem de bordo —, e por seu companheiro de turma (na verdade, o 2º colocado na sua turma) da Escola Naval, Martín, o chefe do Armamento.

Como o barco dependia de navegar na superfície para obter a marcha de evasão que seu comandante imaginava ser necessária, ele não mergulhou imediatamente.

Horacio Bicain manteve o "S-21" por 50 minutos à flor da água, cortando as ondas da baía Cumberland no rumo nordeste, com os dois vigias da Guarda de Navegação em atenção permanente na torreta.

O argentino imaginava poder escapar, cumprindo aproximadamente a mesma rota que lhe permitira levar o Grupo Golf em segurança a Grytviken. Seus temores acerca da possível presença de submarinos inimigos em torno das ilhas eram, contudo, fundados.

Os britânicos haviam designado o "HMS Conqueror" do capitão Christopher Wreford-Brown, chegado à zona do conflito no dia 16 de abril, para o patrulhamento dos trechos norte e nordeste do litoral das Geórgias até a boca da baía Cumberland; e o novíssimo "HMS Spartan", de Jim Taylor, na área das Malvinas desde 12 de abril, para cobrir os litorais oeste e sul da Isla de San Pedro. Dois modernos submersíveis de propulsão nuclear contra um velho e desgastado Guppy.

Cada uma dessas naves inglesas tinha o seu custo de construção avaliado em 177 milhões de libras — 311,5 milhões de dólares —, aproximadamente 7,8% de todo o orçamento militar argentino para aquele ano (estimado em quatro bilhões de dólares).[86]

Bicain precisaria mesmo de muita sorte para furar esse dispositivo e ainda fazer seu navio escoar por entre os dedos do capitão Young, chefe do Grupo-Tarefa 317.9.

A sorte, contudo, já o abandonara.

¡Helicóptero a popaaa! ¡Helicóptero a popaaa!

Faltavam cinco minutos para as 6 horas do domingo — o dia já quase clareara —, quando os berros do cabo submarinista Héctor Oscar Feldman, vigia de ré na torreta do "Santa Fe", percorreram o sistema de som a bordo.

Como se fosse um autômato, o oficial de guarda no compartimento de controle, tenente de fragata Benjamin Jorge Argañaras, acionou o alarma de colisão do navio. Feldman nem atinou com o que isso significava. Atônito, ele assistira a um grande helicóptero escuro despencar das nuvens, a menos 600 metros de distância de seu barco — que continuava na superfície —, e avançar velozmente por bombordo, para o que sentiu claramente ser um ataque e não um simples sobrevoo de reconhecimento.

A explicação para aquilo é que no fim do sábado — sem notícia de qualquer ameaça contra algum de seus barcos — o capitão Young se convencera de que o submarino inimigo poderia estar não à caça, como ele imaginara inicialmente, mas simplesmente em viagem para a Isla San Pedro.

O comandante do grupo-tarefa das Geórgias ordenara então às suas unidades reagrupar, para uma aproximação até a distância de 50 milhas náuticas — 90 quilômetros — de Grytviken. A manobra devia interditar o acesso à baía *Cumberland* e encurralar o navio argentino, caso ele tivesse se metido naquelas águas.

A sorte sorriu para o ex-piloto naval Young quando a varredura do radar do helicóptero Wessex HAS.Mk.3, matrícula XP142 — orgânico do "Antrim" —, acusou uma frágil marca no rumo três-cinco-zero graus, a partir da ponta Barff, bem na boca da baía. O sinal era tão fraco que o observador do Wessex antissubmarino, tenente Chris Parry, julgou ter localizado o periscópio de um submarino.

No comando da aeronave, o tenente-comandante Ian Stanley, de 36 anos (19 de Marinha), empurrou o manche e avançou meia milha perdendo altitude, decidido a identificar o contato. Ele e Parry se surpreenderam ao ver o "ARA Santa Fe" na superfície, sob a luminosidade acinzentada da manhã, largando pelas laterais duas largas fitas de espuma branca.

Stanley não enxergou tripulantes na torreta da embarcação, apesar de haver dois ali — da Guarda de Navegação —, e concluiu que o barco se preparava para a imersão. Em função disso, e de ter feito a identificação positiva do alvo como sendo um submarino americano da época da Segunda Guerra — precisamente do tipo existente na frota argentina —, decidiu atacar imediatamente.

Sua aeronave cruzou a esteira da embarcação, de bombordo para boreste, e se posicionou a apenas 180m de distância. Então ela balançou como se estivesse se ajeitando em pleno ar, e soltou dois pequenos cilindros. Feldman gritou: *Torpedo!!!* Mas ninguém dentro do barco o escutou.

Bicain estava no compartimento de manobra do "S-21", preparado para ordenar o mergulho de seu navio, quando foi surpreendido pelo alarma de colisão. Assustado, ele ouviu o que lhe pareceu ser uma carga de profundidade lançada dentro da água, e quase como num reflexo gritou: *¡Todo timón a estribor!* (Todo o timão a estibordo!)

Praticamente em seguida, não uma, mas duas fortes explosões produziram uma convulsão no meio subaquático, por baixo do velho barco. O "Santa Fe" ergueu a proa e chocou-se de volta contra as ondas, adernando violentamente para a direita. A iluminação foi cortada por um momento. Juan Segura, o chefe das Máquinas, olhou instintivamente para cima. Bicain teve a impressão de que também os motores haviam deixado de funcionar.

Na torreta, Feldman e seu companheiro, o cabo de 1ª classe Enrique Julio Muraciole, assistiam a tudo horrorizados. Eles haviam tentado escapulir para dentro do casco resistente da embarcação, metendo-se pela escotilha da vela, mas com o alarma de colisão ela havia sido trancada por dentro. Só lhes restou voltar à ponte e se agachar no momento das detonações.

Nos céus — enquanto Horacio Bicain disparava instruções no sentido de levar seu navio de volta à costa —, um enxame de helicópteros ingleses se aproximava para engajar o submarino. Os Wasps HAS.1, de matrículas XS527 e XS539, ambos da dotação do navio polar "Endurance", puseram-se a disparar seus mísseis AS-12, de fabricação francesa. Vindo do destróier "Plymouth", apareceu o Wasp XT429, e procedentes do "Brilliant" — nave designada para reforçar a frota de superfície do Capitão Young — chegaram dois moderníssimos Lynx HAS.2: o XZ725 e o XZ729. Seis helicópteros, no total, contra um submarino velho, que agora quase se arrastava — e, por algum motivo, não se mostrava em condições de mergulhar.

Sim, as cargas de profundidade pareciam ter provocado algum sério dano no sistema de manobra do navio. A energia voltara, pois a equipe de Segura, das Máquinas, conseguira restabelecer a propulsão a diesel. Agora o "S-21" precisaria se safar, fugindo das vistas de seus atacantes. E isso, decididamente, não era um pedido razoável.

Ainda perturbado pelas explosões, Horacio Bicain escalou os dez degraus da escada que dá acesso à torreta, a fim de avaliar os danos e a própria situação tática de seu navio. E com a cabeça para fora da escotilha ele já pergunta, entre assustado e irritado, aos vigias, o que está acontecendo. Ao ouvir a resposta, ordena à Guarda de Navegação que ocupe seus postos de combate no interior da nave. Feldman grita que vai buscar fuzis.

Bicain concorda com a ideia sem se deter sobre ela — que lhe parece um tanto inútil —, e então percebe: o lento "Santa Fe" ainda cumpria a última ordem que dera antes de sair para o ar gelado da manhã: uma longa e elegante curva para a direita, na direção da *caleta* Capitán Vago.

O comandante começou por inspecionar, rapidamente, o lado esquerdo da embarcação. Ele subira à ponte imaginando que as bombas de profundidade houvessem explodido a meia-nau, perto da vela do "S-21", em um setor onde o casco tinha uma polegada de espessura — mas agora tendia a achar que, apesar dessa couraça, os tanques de lastro (que garantiam as manobras de imersão e retorno à superfície) haviam sido danificados.

Na verdade, as deflagrações aconteceram perto de um tanque de segurança localizado na parte inferior do casco, diretamente sob a vela do navio. O *Guppy* desprendia uma rala fumaça escura, e Bicain concluiu que a magnitude desses problemas o impediria, claro, de submergir.

A outra visão que teve, o oficial argentino também jamais esqueceria: o grande Wessex escuro do tenente Stanley em voo estacionado, a umas 400 jardas — pouco menos de 360 metros — do submarino, por boreste, arriando

O CÓDIGO DAS PROFUNDEZAS

o bulbo do sonar — um aviso de que a aeronave se preparava para mergulhar aquele sensor, e por meio dele perseguir o submersível, caso ele tentasse desaparecer nas profundezas.

Em junho de 1983, pouco mais de um ano depois de esses fatos terem ocorrido, ao menos um analista neutro (e bem qualificado) do conflito no Atlântico Sul, o capitão da reserva da Marinha americana David J. Kenney veio a público admitir: com essa providência, a tripulação do helicóptero inglês possivelmente estivesse querendo intimar o navio inimigo à rendição.

De acordo com esse raciocínio, a capitulação do "ARA Santa Fe" — e não sua destruição — seria, para as forças britânicas, o melhor dos cenários: a apreensão do livro de códigos da Marinha argentina, prisioneiros vivos e armamento capturado. Conforme observa Kenney em seu conhecido *paper* "A fascinante campanha das Falklands", isso seria "mais valioso do que corpos e metal no fundo do mar".[87]

Infelizmente para os atacantes, a bravura de Horacio Bicain impedia-o, naquele momento, de considerar qualquer outra atitude que não a fuga a toda velocidade para o interior da enseada, a fim de recompor sua embarcação e seus homens, com o objetivo de mantê-los lutando e resistindo.

O capitão do *Guppy* argentino estava na torreta, dominado pela obsessão de uma escapada a qualquer preço, quando uma violenta e certeira chuva de projetis de metralhadora impactou os mastros das antenas e dos periscópios de sua embarcação. Colado no chão, Bicain escapou de ser atingido.

Nesse momento reapareceu na vela o cabo Feldman, que obtivera de seu chefe, Segura, autorização para revidar o fogo com um fuzil automático FAL. Seu exemplo prosperou. Em poucos instantes formou-se um pequeno grupo de atiradores voluntários: além de Feldman e Muraciole, José Vicente Mareco — com seu avental de cozinheiro —, Alberto Macías — camareiro de bordo —, o cabo José Salvador Silva — eletricista — e os cabos de segunda classe Jorge Omar Ignácio Ghiglione — operador de armas submarinas — e Norberto Arnaldo Bustamante — operador de sonar.

O mais surpreendente: a princípio eles pareceram bem-sucedidos em manter as aeronaves atacantes a distância. Paralelamente, foi estabelecida uma cadeia de tripulantes desde o compartimento dos torpedos da popa (o "Santa Fe" podia disparar pela frente e por trás) até a torreta, para a rápida transferência de armas e munição.

Nesse momento, um Lynx do Esquadrão 829 — o mesmo das aeronaves do "Endurance" —, procedente do destróier "Brilliant", desceu até bem perto da última seção, à ré, do "S-21" — na "cauda" do submarino. Seus dois motores Gem 2 o sustentavam com facilidade, e ele deixou cair na água um dos novos torpedos Mk.46 mod.5, concebidos no fim da década de 1970 pela Alliant Techsystems para buscar e atingir alvos em águas de pouca profundidade.

Petrificados, os argentinos alojados na torreta percebem a trajetória do MK-46 que deve atingi-los em cheio — mas nem à própria morte eles podem assistir. Outra chuva de balas vinda do alto, de um outro helicóptero, força-os a procurar abrigo no espaço exíguo da torreta. Alguns tripulantes revidam a metralha, e só então todos percebem que a arma lançada do alto não explodiu. Mais tarde eles concluirão: ou a pouca profundidade do lugar impediu o torpedo de ativar seu sistema de busca ao alvo ou se tratava de um engenho defeituoso. (A primeira hipótese era a correta, conforme veremos no Capítulo 30.)

As informações iniciais sobre danos que chegaram a Bicain davam conta de avarias em vários comandos e mostradores da aparelhagem do barco, no manômetro da profundidade, no sistema de comunicação interna e em diferentes alarmes. Além, claro, da aparente incapacidade do navio de submergir de forma controlada.

O comandante argentino ordena uma mudança no curso do navio para o trecho de costa mais próximo — Punta Larsen —, que está a apenas 5 milhas (9 quilômetros) de distância, mas, pouco depois, revê essa decisão e determina uma retirada diretamente a Grytviken, onde o barco poderá receber a cobertura da tropa argentina em terra. O problema é que, para isso, será preciso, primeiro, alcançar a "segurança" da *caleta* Capitán Vago.

Enquanto Feldman e seus companheiros da barragem de fogo com fuzis automáticos tentam manter os helicópteros a distância — impedindo-lhes um posicionamento vertical sobre o navio —, o sacrificado *Guppy* força as máquinas pelas águas gélidas da baía Cumberland.

O bombardeio contra ele, entretanto, não para.

É dada a ordem para evacuar a vela. Um a um, os argentinos do *tren de amunicionamiento* ("trem de remuniciamento", o grupo de atiradores da torreta e de tripulantes que os abasteciam de munição) saltam para dentro da escotilha, a fim de alcançar o refúgio do compartimento de controle. Mareco é o penúltimo a fazê-lo. Resta o cabo de segunda classe Alberto Esteban Macías, menos acostumado do que os outros aos ambientes estreitos dos submersíveis. Ele estica o pé esquerdo para dentro da abertura e, precisamente nesse momento, acontece...

Um míssil AS-12, vindo de bombordo, transpassa sem explodir a estrutura da torreta e decepa a perna direita do camareiro — logo abaixo do joelho —, desaparecendo por boreste. Horacio Bicain ouve o estrondo e imagina o que pode ter acontecido. *"Pensé que habían matado a todo mi personal allí destacado"*, diria o oficial mais tarde, *"pero cuando pregunté las novedades me informan que sólo había resultado herido Macías, quien perdió una pierna"* ("Pensei que haviam matado todo o meu pessoal ali destacado, mas quando perguntei as novidades me informam que só Macias, que perdeu uma perna, havia ficado ferido").[88]

A arma perfurou o revestimento da vela do submersível — tela plástica reforçada por fibra de vidro, de alta resistência à água do mar — como se ela fosse feita de papel-cartão. Macías é atirado para dentro do navio, e há um princípio de incêndio que precisa ser controlado. O cabo se ergue sem perceber que perdeu uma das pernas, e então cai de novo, sangrando muito e sem forças.

O segundo suboficial enfermeiro Arnaldo Funes — que atende pelo carinhoso apelido de *El Brujo* — é chamado para atender o ferido. O jovem Macías é um tripulante querido por todos. Em quase todas as frias noites de navegação à superfície ele subia até a torreta, levando café ou água quente para o mate que aquecia os tripulantes de serviço na ponte. Agora, a preocupação é que o socorrista consiga prevenir a ocorrência de uma hemorragia, que poderia ser fatal para o camareiro. Funes aplica um torniquete na perna amputada e prepara uma dose de morfina para o companheiro.

Então, por volta das 7h30, o "ARA Santa Fe" diminui abruptamente sua velocidade, até encostar no atracadouro de Grytviken. Bicain conseguiu levá-lo ao molhe em uma manobra temerária, fazendo uso somente do periscópio — e, apesar das circunstâncias, fê-lo com insuspeita suavidade. A essa altura, dezenas de fuzileiros navais argentinos e marinheiros despejam sua pobre artilharia contra os helicópteros ingleses. Até mísseis antitanque foram lançados contra as aeronaves — sem proveito algum, é evidente.

O submarino recebeu aproximadamente 1.600 projetis de metralhadora L-7, calibre 7,62 milímetros, além de ter sido alcançado por quatro dos nove mísseis AS-12 apontados contra ele. Um desses engenhos avariou o mastro do esnórquel. Outros quatro AS-12 falharam em alcançar o alvo, e um simplesmente não funcionou.

Bicain precisa comandar a evacuação do barco, mas toma o cuidado de fazê-lo sem usar a palavra "abandono". Para deixar clara sua determinação de fazer a retirada da tripulação em boa ordem — evitando demonstrações de pânico ou qualquer outro comportamento desonroso para a Arma Submarina argentina —, ele, por meio do intercomunicador de bordo, ordena "desembarcar pelos lugares habituais". E só recomenda cuidado especial com o ferido Macías, que será levado ao hospital — instalado em um edifício batizado pelos ingleses de Shackleton House — e entregue aos cuidados do tenente médico Gatica.

Com os motores desligados, o navio pende para a esquerda enquanto assenta no fundo, que estava só uns poucos metros abaixo de sua quilha. O casco do *Guppy* acaba escorado no molhe, com a popa submersa.

Ao descer para terra firme, Bicain percebe que a luz da manhã se reflete sobre o azul e o branco da protetora bandeira argentina, hasteada em um mastro daquele lugar perdido da civilização.

Michelis, o imediato, sugere ao comandante um último esforço: levar o submarino para longe da costa e afundá-lo. Horacio Bicain rejeita a ideia: "Ante a possibilidade de que a nave ainda pudesse de navegar, ordeno esperar até a noite para avaliar os danos e, no caso de ser possível, nos retirarmos sob a proteção da escuridão."[89]

A opção de Horacio Bicain de retirar-se da Isla Soledad navegando à superfície seria, com o passar do tempo, bastante criticada — especialmente fora da Argentina.

O simples relato feito pelos tripulantes do Wessex antissubmarino de sua missão ao amanhecer de domingo — um voo de patrulha sem arriar o sonar para a busca submarina, e em condições atmosféricas ruins (visibilidade inferior a meia milha, vento de 15 nós no rumo três-um-zero graus e céu coberto por forte nebulosidade a meros 120 metros de altitude) — faz presumir que se Bicain houvesse mergulhado para tentar se evadir sob a proteção das ondas teria maior chance de alcançar mar aberto.

O assunto é polêmico, e provoca reações apaixonadas.

Em um artigo intitulado "O batismo de fogo do ARA *Santa Fe*", o advogado pesquisador da história naval argentina, Jorge Rafael Bóveda, argumenta: "Para compensar o tempo perdido o comandante argentino [*Horacio Bicain*] não tinha outro recurso que assumir um risco calculado: afastar-se da embocadura da baía Cumberland à máxima velocidade navegando na superfície, pois só assim conseguiria alcançar a segurança que proporcionam para um submarino as águas abertas."[90]

A simples concepção da missão nas Geórgias, confiada a um navio obsoleto e repleto de problemas e limitações, sem cobertura aérea para enfrentar a eventualidade de ser surpreendido por um ataque, parece, contudo, sem muito sentido para diversos analistas das principais potências militares. Aliás, o próprio Bicain se encarregaria de reforçar essa impressão ao admitir, anos depois dos acontecimentos, que *"la operación Geórgias fué un verdadero absurdo en el que se perdió material y personal en un objetivo imposible de sostener ante la magnitud de los medios comprometidos por el enemigo"* ("a operação Geórgias foi um verdadeiro absurdo em que se perdeu material e pessoal em um objetivo impossível de sustentar ante a magnitude dos meios comprometidos pelo inimigo").[91]

O capitão da reserva da Marinha americana David J. Kenney avaliaria que ao comandante do "S-21" não restava quase nada a fazer.

> Submarinos são identificados com muita precisão; em zonas de guerra eles navegam sob a água, onde camadas de diferentes salinidades e temperatura os protegem da observação direta e do sonar hostil. Como Bicain não tirou vantagem das centenas de braças de água fria sob sua quilha, a fim de iludir os atacantes britânicos, isso significava que ele não podia mergulhar, porque seu barco apresentou alguma esmagadora falha mecânica. Nem a sua velocidade limitada permitia-lhe tomar a iniciativa da ação. Bicain não podia lutar, esconder-se ou correr, ele era um pato sentado.[92]

ROBERTO LOPES

Nos Estados Unidos, a opção inicial de Horacio Bicain, de buscar águas abertas navegando à superfície, viraria até assunto dos estudos de tática naval.

Exemplo do assombro que se apoderou dos observadores neutros da Guerra das Malvinas é a análise da missão do "Santa Fe" feita, em junho de 1994 — doze anos depois dos fatos —, pelo tenente-comandante da Marinha americana Steven R. Harper, aluno do Colégio de Guerra Naval de Newport, em Rhode Island, costa leste dos Estados Unidos.

Orientado pelo então chefe do Departamento de Operações Militares da instituição, capitão Hiram Ward Clark, Jr., e por Alberto R. Coll, um *expert* em relações internacionais especializado nas ligações de Washington com a América Latina, à época professor do Departamento de Estratégia do Naval War College, Harper — um oficial executivo de submarinos nucleares — elaborou um estudo de 29 páginas intitulado "Operações submarinas durante a Guerra das Falklands". Entre as páginas 22 e 23, sob o título "Alternativas Operacionais Argentinas", o oficial aluno escreveu:

Outra grande falha nas operações de submarino foi quando o Santa Fe foi apanhado na superfície. Usando o rádio e deixando de sair [*das Geórgias*] antes do amanhecer, o submarino argentino exibiu pobre segurança operacional e entregou-se à segurança inerente ao mar. O emprego de um submarino como transportador de carga e de passageiros, a menos que essas entregas fossem feitas de forma camuflada (...), não constitui uso efetivo desta plataforma. O emprego do Santa Fe neste papel juntamente com os erros táticos cometidos durante a realização da transferência [*de pessoal e carga*] custou aos argentinos a metade da sua frota submarina operacional.

A área de patrulha atribuída ao Santa Fe também pode ser questionada. Ele seguiu para patrulhar entre as Geórgias do Sul e as ilhas Malvinas. Uma vez que os alvos ideais para submarinos estariam ao redor das ilhas Falkland, ele poderia nem ter conseguido contacto a menos que a Força-Tarefa britânica viesse às Geórgias do Sul. Uma melhor área de patrulha teria sido perto das ilhas Falkland. Uma área perto do [*submarino argentino*] San Luis poderia ter quase duplicado

O CÓDIGO DAS PROFUNDEZAS

as chances de encontrar os navios britânicos. Quando os ingleses tivessem começado o seu desembarque em San Carlos, os dois submarinos poderiam ter sido notificados e enviados para encontrar os transportes [*de tropas*] britânicos.

A polêmica decisão do comandante argentino Bicain foi levada até mesmo às salas de aula do primeiro ano da Academia Naval de Annapolis, no estado americano de Maryland.

Em um trabalho de abril de 1998 intitulado "Para além do *General Belgrano* e *Sheffield*: Lições na Guerra Submarina e de Superfície do Conflito das Ilhas Falkland", orientado pela comandante Lesa Alexandra McComas — uma das primeiras mulheres a obter destaque como oficial especialista em guerra de superfície na Marinha americana —, o cadete Swartz escreveu: "Embora fosse um encontro casual [*o dos helicópteros ingleses com o submarino "Santa Fe"*], ele destaca a vulnerabilidade de um submarino, quando na superfície. Como o submarino é uma arma de furtividade, uma vez que a discrição é removida, ele se torna um alvo fácil tanto para ataques do ar quanto do mar."

Outro que criticou o exclusivo emprego do "Santa Fe" em "operações especiais, transportando tropas e atuando como reabastecedor logístico, até ser colocado fora de ação", foi o então capitão de corveta (mais tarde almirante) Luiz Antônio Monclaro de Malafaia, da Marinha do Brasil.

Em um longo artigo para a *Revista do Clube Naval*, intitulado "Falklands/Malvinas: retrospectiva", o então comandante Malafaia observa: "O emprego do Santa Fé [sic] nesta tarefa veio a caracterizar a *perda do controle de área marítima por parte da Marinha Argentina*. Tivesse o submarino escapado do ataque britânico, seria ele utilizado contra a linha de abastecimento Ascensão-Falklands, onde os NM transitavam sem escolta."[93]

19. Sabotagens. E morte

Nas horas seguintes à da turbulenta chegada do "ARA Santa Fe" ao molhe de Grytviken, a íntima esperança do comandante Bicain de ainda escapulir da enseada aquela noite com o seu navio desvaneceu-se rapidamente.

Apesar do empenho do capitão de corveta Lagos de estabelecer um cinturão defensivo em torno do atracadouro — com a semeadura de umas poucas minas antipessoal, organização de ninhos de metralhadoras, o entrincheiramento das equipes de morteiros, de mísseis antitanque e do canhão sem recuo —, foi se tornando evidente que a defesa daquela posição fortificada pelos argentinos não duraria muito.

A partir das 10h, primeiro a fragata "Yarmouth" — que se juntara ao GT 317.9 para aumentar o poderio da sua artilharia — e depois o destróier "Antrim" começaram a bater com os seus fogos o terreno ao redor dos argentinos, aproximando-os, paulatinamente, das trincheiras. A intenção era, claramente, intimidar.

Também era lícito supor que os ingleses já tivessem ocupado os pontos mais elevados próximos dali, que dominavam os acessos a Grytviken: Monte Brown — 330 metros acima do nível do mar — e Bore Valley Pass, a três quilômetros do molhe.

Uma após outra, três ondas de atacantes — Royal Marines e soldados do Special Air Service (SAS, a tropa de elite do Exército britânico) — seguiram dos barcos que os haviam transportado, pelo ar, para a Isla Soledad. A eles caberia o enfrentamento final com os sul-americanos.

Em terra essa força de assalto foi dividida em três colunas, duas formadas pelos Fuzileiros Reais e uma pelo pessoal do SAS. O canhoneio naval foi intensificado. A ideia parecia ser a de criar em torno dos argentinos uma cortina de fogos que deveria amedrontá-los e paralisá-los.

Então, finalmente, o avanço dos ingleses por terra começou.

Por volta das 15h, o capitão Lagos concluiu que estavam presentes as condições estabelecidas por seus superiores para que ele apresentasse sua capitulação: *"una manifiesta inferioridad numérica frente al enemigo y si este usaba la fuerza para obtener la rendición"* ("uma manifesta inferioridade numérica frente ao inimigo e se este usava a força para obter a rendição").

O gesto havia sido previamente calculado, em Buenos Aires, como forma de deixar aos britânicos o papel de agressores.[94] Assim, ainda na manhã do domingo, foram se sucedendo, de parte da Junta liderada pelo general Galtieri, as más notícias:

COMUNICADO DE LA JUNTA MILITAR N° 27:
Se comunica al pueblo de la Nación Argentina que en la madrugada de hoy, 2 helicópteros británicos ametrallaron el puerto Grytviken, en las islas Geórgias del Sur, siendo rechazados por los efectivos argentinos asentados en la misma.

Se destaca que la actitud asumida por las unidades navales británicas configura una flagrante violación a la Resolución 502 del Consejo de Seguridad de las Naciones Unidas, colocando al Reino Unido en la situación de país agresor.

COMUNICADO DE LA JUNTA MILITAR N° 28:
La Junta Militar comunica al pueblo de la Nación que un submarino argentino fue atacado en la madrugada de hoy por helicópteros británicos mientras se encontraba en superficie, desembarcando víveres, medicinas y correspondencia destinados a la dotación que se encuentra en las islas Geórgias del Sur, y a la treintena de operarios civiles que continúan en las tareas de desmantelamiento de la ex factoría pesquera adquirida por una firma comercial argentina.

COMUNICADO DE LA JUNTA MILITAR N° 29:
La Junta Militar comunica al pueblo de la Nación Argentina que:

Continúan las acciones militares iniciadas esta mañana con el ataque al destacamento argentino en Geórgias y al submarino que se encontraba fondeado en la zona, abasteciendo la isla.

Los efectivos argentinos resisten el intenso cañoneo de las unidades navales británicas y el fuego de ametralladoras que le infringen desde el aire los atacantes, observando la más elevada moral y capacidad combativa, lo que torna muy dificultosa la operación desplegada por las fuerzas de ataque.

La agresión británica ya juzgada internacionalmente como una flagrante violación a la resolución 502 del Consejo de Seguridad de las Naciones Unidas, no logrará quebrar la alta moral de combate de los efectivos que defienden las islas, duramente reconquistadas por nuestras fuerzas, por lo cual la ciudadanía puede confiar que tanto en la faz militar, como en la diplomática, la situación continúa siendo favorable para nuestro país.

COMUNICADO DE LA JUNTA MILITAR N° 32:

La Junta Militar comunica al pueblo de la Nación Argentina que por razones tácticas se han cortado las comunicaciones con las fuerzas navales que defienden las Islas Geórgias.

Que el aparente triunfo inicial de las fuerzas británicas se debió a la notable superioridad numérica de sus tropas, pero que no significa que ejerzan el control irrestricto de las Islas.

Que nuestras fuerzas se replegaron de sus posiciones iniciales, y continúan combatiendo en zonas interiores, con un inquebrantable espíritu de combate, basado en la superioridad moral de quien defiende el territorio de la patria.

Que independientemente del resultado final de esta dura lucha, se mantendrán vigentes los objetivos básicos fijados por la Junta Militar en relación con la recuperación de las Islas, quedando expresamente sentado que la soberanía no será negociada ni vulnerada la dignidad nacional bajo ningún concepto.[95]

Ignorante dessa manobra diplomática e um tanto surpreso pela rendição sem resistência, o capitão de corveta Horacio Bicain ordenou a imediata destruição dos códigos e das instruções de comunicação em poder de seus oficiais.

Às 17h, Grytviken já aguardava — com bandeiras brancas pregadas em seus prédios de madeira — a presença dos vencedores daquela curta batalha. Os maiores prejuízos tinham se abatido sobre o submarino "Santa Fe" e seus tripulantes — e esse calvário ainda não terminara.

A chegada dos destacamentos ingleses ao atracadouro da *caleta* Capitán Vago, monitorada do ar pelos helicópteros da Royal Navy, não acarretou, para os argentinos, mais sofrimento do que a frustração pela derrota — e, no caso dos submarinistas, pela humilhante perda do seu navio. Assim, os tripulantes do "S-21" continuaram a pensar em um jeito de negar ao inimigo a possibilidade de exibir o velho *Guppy* como um troféu de guerra.

A primeira tentativa de sabotagem foi criada pelo próprio capitão Horacio Bicain, ainda no domingo, quando ele solicitou a seus captores permissão para que alguns de seus homens fossem ao submarino, a fim de recolher os pertences pessoais da tripulação, além de alimentos e medicamentos. A autorização foi concedida, mas para a manhã do dia seguinte.

Bem cedo na segunda-feira, um grupo de seis suboficiais, custodiado por fuzileiros britânicos, voltou ao "Santa Fe" — desaparecendo no labirinto de seus corredores e compartimentos. Eles haviam recebido uma instrução especial: abrir todas as torneiras de água dos banheiros e da cozinha, de forma a facilitar a inundação do barco. O expediente não serviria, claro, para fazê-lo naufragar, mas àquela altura qualquer recurso que contribuísse para o objetivo maior — de impedir que o navio fosse parar em algum museu de guerra britânico — era válido.

A segunda oportunidade para uma ação clandestina apareceu ainda nessa segunda-feira, quando o capitão Horacio Bicain foi levado à presença do comandante do GT-317.9, Brian Young.

A essa altura, o mesmo Wessex que atacara o "S-21" já transportara para Grytviken o oficial-médico do destróier "Antrim", convocado para apresentar-se em Shackleton House e assumir o caso do camareiro argentino Alberto Macías — tratado até ali, com poucos recursos, por seu colega tenente Gatica. Os ingleses esperavam que sua demonstração de interesse pela saúde do submarinista argentino ajudasse, dali por diante, na convivência entre as partes.

Horacio Bicain foi cientificado por Brian Young de que seu submarino precisaria ser transferido do molhe onde se encontrava — literalmente recostado — para um outro, menor, situado uns dois quilômetros mais ao fundo da enseada. O britânico invocou a Convenção de Genebra para argumentar: os danos no velho barco poderiam gerar gases explosivos — emanações de hidrogênio provenientes do ácido das baterias — que, a uma simples faísca, seriam capazes de detonar todo o armamento do navio: vinte torpedos Mk.14 e três Mk.37. Em resumo: para Brian Young, o "ARA Santa Fe" se transformara em um verdadeiro navio-bomba, que devia ser mantido longe para a segurança de todos — tropa e prisioneiros.

Para supervisionar a tarefa de remoção da unidade argentina, Young designara o comandante do destróier "Brilliant", John Francis Coward, um antigo submarinista de 45 anos.

Bicain e seu imediato, Michelis, logo concluíram que aquela era, possivelmente, a última chance que se abria à tripulação para praticar um ato de sabotagem — e concordaram em transformá-la na derradeira demonstração de seu empenho no cumprimento do dever.

A ideia era arriscada, mas relativamente simples: abrir as válvulas que proporcionariam a lenta inundação do barco, permitindo que ele afundasse — com todos os seus 23 torpedos — naquela área de pouca profundidade. O naufrágio representaria um risco à navegação e, possivelmente, uma (pequena) preocupação adicional para o inimigo.

Bicain e Michelis, então, selecionaram o grupo de tripulantes que faria o traslado do navio sob a supervisão — armada — dos britânicos: os cabos Delmiro Ibalo (timoneiro), Leonel Reinaldo Recalde (especialista na manobra de proa) e Juan Carlos Salto (operador da manobra de popa), o suboficial maquinista Felix Oscar Artuso (*manifold*) e os suboficiais Manuel Sabel Ontiveros e Raul Alberto Ruiz (ambos de manobras elétricas). Bicain, claro, os acompanharia.

A manobra foi iniciada com vagar.

Impulsionado somente por seus motores elétricos, o *Guppy* afastou-se do molhe de Grytviken; e mesmo durante essa lenta navegação adernou mais um pouco para bombordo, dando, por instantes, a impressão de que não se manteria à flor da água.

"Indico que se ponha em funcionamento o rotocompressor a fim de injetar ar nos tanques inundados em consequência dos danos e melhorar a flutuabilidade [*do navio*]", lembraria Bicain anos mais tarde. "Escuta-se claramente o rotocompressor que foi posto em marcha." A tecnologia dos compressores de uso a bordo de submarinos representa, desde a época dos submersíveis *Cavallini*, um recurso vital à capacidade de flutuação desse tipo de embarcação.

Um compressor potente força mais ar para dentro dos tanques de lastro, expelindo o restante de água que por ali tenha restado. Compressores de ar de alta pressão também operam no recarregamento dos bancos (garrafas) de ar do mecanismo do lastro — sistema que se inclui entre os mais preciosos de um submarino. Mas o fato é que, a bordo do "Santa Fe", o ruído do compressor produz a pronta reação de um fuzileiro integrante da guarda britânica embarcada. Ele assoma pela escotilha da bateria de popa do submarino, dispara sua submetralhadora Sterling e grita que o navio está afundando!

O inglês recebera a ordem de não permitir que os tripulantes argentinos sob sua vigilância se afastassem de seus postos de trabalho. O problema é que o suboficial maquinista de primeira classe Félix Artuso não falava inglês — estava, portanto, impossibilitado de comunicar-se de forma rápida com o militar que vigiava —, e o marine, por sua vez, nada entendia de submarinos. Tendo deixado o painel onde controlava 24 válvulas pneumáticas a boreste para acionar as alavancas do compressor na banda oposta do navio, e as válvulas do sistema de ar no teto do compartimento, o argentino, de 36 anos (20 de Marinha), foi imediatamente alvejado.

Informado pelo suboficial Ibalo que Artuso havia sido ferido, Bicain, que se encontrava na torreta em companhia de John Coward, lançou-se furioso contra o oficial britânico e comunicou: dali por diante, ele próprio comandaria a transferência do "Santa Fe".

Na confusão, vários marinheiros argentinos abriram as válvulas de inundação do barco. O comandante do "Brilliant" pareceu impotente ante a sabotagem dos sul-americanos.

O *Guppy* alcançou seu novo atracadouro, uma instalação fabril abandonada, mas com sua grande estrutura cilíndrica cada vez mais submersa e comprometida. Apesar de ter apressado a manobra de atracação, Bicain não pôde impedir o falecimento do maquinista do navio. Coube a Coward comunicar-lhe que Félix Artuso expirara. "Minha indignação foi tal que o insultei com uma grande variedade de adjetivos em castelhano e em inglês", lembraria o comandante argentino, "[ele] não me respondeu uma palavra".[96]

Suas maiores cicatrizes o "Santa Fe" carregava do lado esquerdo, ou a bombordo: o eixo do hélice desse lado se partira, e o deslocamento de água causado pelas explosões das cargas de profundidade golpeara tão violentamente o casco, que um motor alojado nessa banda do navio simplesmente saltara de sua bancada. Além disso, internamente, vários condutos de ar, de lubrificação e de *fuel oil* (óleo combustível) haviam estourado.

Em poucas horas a quilha do "S-21" assentou mansamente — só com um rangido — no fundo da enseada. Apenas a torreta se manteve à superfície, claramente danificada pelas armas dos helicópteros e inclinada para terra firme.

No cemitério de Grytviken, o corpo de Félix Artuso recebeu as honras militares de uma guarnição de seis marujos britânicos. Mas o fato de a urna, um caixão de madeira clara — que pareceu aos argentinos muito alto e estreito —, ter baixado à sepultura sem estar envolvido na bandeira celeste e branca aumentou a indignação dos prisioneiros.

O comandante do "ARA Santa Fe" lembrou que Artuso servia em seu barco desde 1980. Estava lá, portanto, no último dezembro, quando Bicain embarcou a convite do comandante Grosso, para conhecer o funcionamento do navio, e o "S-21" — irascível — recusou-se a mergulhar como deveria.

A partir da última semana de abril de 1982, a gradual mas contínua inundação do "Santa Fe" transformou essa embarcação — de tantas tradições em duas Marinhas — numa gigantesca poita: um casco enorme preenchido, em cada centímetro de seu interior, pela água gelada da *caleta* Capitán Vago e por um resto (importante) de óleo diesel.

O submarino desceu por 21 metros, até chafurdar no fundo de lama de seu último ancoradouro. Ao afundar, adquiriu uma inclinação de 25 graus para boreste. Pesava, inundado, 1.800 toneladas. Por isso sua popa ficou enterrada cinco metros nesse lodo.

Nessa sepultura marinha ele deixou de ver a neve que, em novembro, começou a despencar fortemente sobre as colinas em torno da enseada. Depois, uma camada de gelo cobriu as pradarias, como se quisesse esterilizar aquele cenário de morte.

PARTE III   IKL-209 e SST-4: pesadelo debaixo d'água

20. O drama do "ARA Salta"

Sexta-feira, 2 de abril de 1982.

Entre as várias unidades da Marinha argentina que amanheceram nesse dia em perfeita ignorância acerca da invasão das Malvinas estava o IKL-209 "Salta", do capitão Manuel O. Rivero. O barco se encontrava no isolamento de Puerto Madryn — Patagônia argentina —, 1.150 quilômetros ao sul de sua base marplatense.

A tripulação realizava provas de calibração do telêmetro acústico passivo do navio, um Sintra DUUX 2C, assistida por técnicos da empresa francesa Thomson — fabricante do equipamento. E mesmo sob o impacto das novidades precisou cumprir a rotina.

Mas o trabalho foi interrompido logo no dia seguinte. Uma avaliação da embaixada da França em Buenos Aires, submetida em regime de urgência a Paris, concluiu que a nova situação criada para seus aliados ingleses assim aconselhava. Em consequência disso, os especialistas em eletrônica militar franceses fizeram as malas, desejaram bonne chance (boa sorte) aos clientes argentinos e foram embora.

Entretanto, bem ao contrário do que aconteceu nos casos do "Santa Fe" e do "San Luis", o "S-31" não foi imediatamente convocado a alistarse para o combate.

A tarefa de calibração do telêmetro do "ARA Salta" ficou incompleta, mas o comando da Força de Submarinos, que ainda na primeira semana de abril transferir-se-ia para a Base Naval de Puerto Belgrano — a fim de ficar mais perto do comandante do Teatro de Operações do Atlântico Sul, almirante Lombardo —, precisou lidar com uma notícia bem mais desalentadora do que essa.

Rivero informou ao capitão Moya Latrubesse que, durante os testes com o telêmetro nas águas do golfo Nuevo, que banhavam Madryn, percebeu-se que, tanto na navegação à superfície como no deslocamento submerso, o barco produzia ruídos de alto nível de indiscrição. Uma barulheira que o deixava facilmente detectável pelos sonares, portanto presa fácil de eventuais navios e helicópteros antissubmarinos inimigos.

Em seu relatório, o comandante do "S-31" lembrou que a embarcação seguira para a Patagônia depois de uma temporada de reparos no dique seco de Belgrano. E acrescentou: no Sul, apesar dos esforços de oficiais e subalternos a bordo, fora impossível detectar a origem daqueles sons.

A reação de Eulogio Moya Latrubesse foi, nesse caso, a esperada. Ele determinou que o submarino fosse docado para uma nova revisão completa, antes que se pudesse pensar em mandá-lo zarpar em patrulha de guerra. Então, precisamente no período em que o navio foi levado de volta ao dique — o fim da segunda semana de abril —, Rivero precisou afastar-se de suas funções, por motivo de saúde.

Essa nova má notícia não abalou apenas a Moya, que considerava o "Salta" a unidade mais bem-preparada de sua Força. Ela também produziu uma repercussão amplamente negativa entre a oficialidade do barco e o restante da tripulação. Afinal, todos sabiam que, naquela época, havia uma carência de comandantes de submarino.

A questão da escassez de pessoal qualificado em submarinos atormentará os chefes navais de Puerto Belgrano e de Mar del Plata até o fim do conflito. Mas nesse ponto é curioso observar certas movimentações de pessoal que, à época da crise das Malvinas, aparentemente foram na direção contrária à das necessidades da Arma Submarina argentina.

Caso, por exemplo, da nomeação do capitão de navio submarinista José Antonio Mozzarelli — comandante por quase dois anos (de janeiro de 1975 a novembro de 1976) do submarino "Santiago del Estero" — para o comando da Subárea Naval Malvinas, na Isla Soledad.

Mozzarelli desembarcou em Puerto Argentino a 8 de abril. Ele fora incumbido de controlar o funcionamento do chamado Apostadero Naval Malvinas — o porto militar estabelecido pelos invasores na capital do arquipélago. O Apostadero aproveitava tanto o molhe principal que a antiga Falkland Islands Company construíra naquele lugar quanto os diversos galpões que o rodeavam.

Escolhido pela Marinha para ser a máxima autoridade naval nas ilhas, o oficial submarinista precisou ser, dias depois, discretamente destituído dessa posição — e não por algum motivo relacionado ao seu preparo profissional, mas à hierarquia.

Em 1982 Mozzarelli ainda devia ser considerado um oficial recém-promovido a capitão de navio (o equivalente a capitão de mar e guerra na Marinha brasileira e no Exército a coronel), e por um descuido do comando da Armada, em Puerto Belgrano, ele vinha participando de reuniões com três generais — Oscar Jofre, Omar Parada e Américo Daher — e um brigadeiro, Luis Castellano.

Assim, a 27 de abril, desembarcou em Puerto Argentino o contra-almirante Edgardo Aroldo Otero, um oficial baixote, de testa alta, rosto comprido e olhar enérgico que, no período de janeiro a dezembro de 1980, comandara o centro de torturas que funcionou na tristemente famosa Escola de Mecânicos da Armada (Esma).

Otero passou a encarnar a máxima autoridade da chamada Agrupación Naval Malvinas — organização dotada de uma miscelânea de cargueiros desarmados, lanchas e dois pequenos guarda-costas (cada um deles equipado com apenas duas metralhadoras), cujo grau de vulnerabilidade deixaria seus inimigos britânicos simplesmente encantados.

21. "Esquadra em potência": a Marinha argentina foge de suas responsabilidades nas Malvinas

A fragilidade do Agrupamento Naval Malvinas, uma organização de valor militar essencialmente nulo, transformava em claro desperdício a presença nas ilhas do capitão submarinista Mozzarelli.

Essa ausência da Flota de Mar *derivava da firme resistência demonstrada, ainda na primeira semana de abril, pelo comando da Armada, em assumir o papel e a responsabilidade que lhe cabiam na defesa de um território que, afinal de contas, era insular — situava-se, portanto, em um teatro de operações próprio da Força Naval.*

As negativas da Marinha argentina sucederam-se despudoradamente.

A interdição das rotas marítimas em latitudes próximas às Malvinas por meio do porta-aviões "25 de Mayo" foi considerada e — diante da iminente chegada dos submarinos nucleares ingleses aos mares austrais — logo descartada.

Também o emprego de unidades de superfície da esquadra platina como baterias móveis de artilharia — inclusive para a defesa antiaérea — foi examinado ponderadamente, e igualmente rejeitado.

O que estava na cabeça dos almirantes argentinos era a concepção da "Esquadra em potência" — *Fleet in being*, na tradição marítima internacional —, que consiste em negar-se ao combate decisivo, para que a ameaça de usar o poder naval possa ser preservada.

Em seu festejado livro *Alguns princípios da estratégia marítima (clássicos do poder naval)* [*Some Principles of Maritime Strategy (Classics of Sea Power)*], o historiador naval inglês *Sir* Julian Stafford Corbett (1854-1922) esmiúça a teoria: "Onde o inimigo encara o comando-geral de uma área como necessário para seus propósitos ofensivos, é possível ser capaz de impedi-lo de conquistar tal comando, por meio do uso de sua esquadra defensivamente, recusando o que Nelson [*almirante Horatio Nelson (1758-1805)*] chamava uma batalha regular e capturando toda oportunidade para um contra-ataque."[97]

O problema é que a simples inatividade das forças esvazia o valor dissuasório da ameaça, contrariando a essência desse pensamento estratégico, isto é, o uso da mobilidade e da oportunidade para conter ou distrair o inimigo.

Vale também dizer: submarinistas não gostam do conceito *fleet in being*, porque o papel a ser desempenhado pelo submarino nessa estratégia é pequeno, ou nenhum, já que esse tipo de unidade naval é uma arma de emprego tipicamente agressivo.[98]

No início de abril de 1982, a ideia do Almirantado argentino era conservar uma força de reserva considerável, capaz de intervir a) no caso de o inimigo tentar alguma ação em águas muito próximas ao seu território continental, ou diretamente sobre algum ponto desse litoral, e b) na hipótese de ser necessário enfrentar uma agressão de caráter oportunista da Esquadra chilena.

O dogma dessa política traçada pela Armada era não comprometer seus navios em batalhas frontais. Os chefes navais argentinos optaram pela guerra de desgaste, à base de incursões pontuais e escoteiras — bastante adequadas à agilidade de seus modernos caças-bombardeiros de fabricação francesa, caso eles dispusessem de munição adequada (mísseis em estado operacional) e da capacidade necessária à localização do inimigo.

É preciso que se diga isso com crueza, para que o leitor possa dimensionar o esbanjamento que foi, aqueles dias, a presença do submarinista Mozzarelli em solo malvinense.

Na segunda-feira, dia 12 de abril, o comandante do Teatro de Operações do Atlântico Sul, vice-almirante Lombardo, e o chefe da frota de submersíveis argentinos, capitão Moya Latrubesse, reuniram-se para selecionar um oficial capaz de, naquela situação de emergência nacional, preparar o "Salta" para um rápido deslocamento até a zona de operações.

Pelo critério de exclusão de nomes já comprometidos com outras funções vitais, a escolha recaiu sobre um oficial naquele momento um tanto longe do mar: o capitão de fragata Roberto F. Salinas, *edecán naval* (assistente naval) do Presidente da República, general Leopoldo Galtieri.

O comandante da Arma Submarina conhecia-o bem. Em fins dos anos 1970, quando Eulogio Moya Latrubesse chefiava o estado-maior de sua Força, o oficial agora lotado na Casa Rosada se desempenhava, justamente, como comandante do IKL "Salta". A ideia era de que se pudesse reaproveitá-lo agora, em caráter temporário.

Na terça-feira, um surpreso capitão Salinas recebeu a comunicação do diretor-geral de Pessoal da armada, Almirante Rubén Oscar Franco, ordenando-lhe assumir *el comando accidental* do "S-31". Para tanto, deveria apresentar-se no prazo de 24 horas na Base Naval de Puerto Belgrano.

Segundo de turma na Escola Naval Militar argentina, Salinas, além de possuir experiência no 209 alemão, também dirigira a Escola de Submarinos. Sua reputação era de submarinista experimentado, e sua folha de serviços, simplesmente inatacável. Mas a verdade era que ele estava, há algum tempo, longe do mar — e, claro, completamente alheio aos problemas registrados nos últimos dois anos e pouco pelo navio.

Ele desconhecia igualmente o nível de adestramento da tripulação que iria liderar.

Na emergência de 1978, as dotações dos submarinos argentinos tinham cerca de cem dias de navegação em suas unidades, e essa vivência refletiu-se em um trabalho eficiente nas profundezas próximas ao Canal de Beagle. Mas essa não era a situação em abril de 1982.

Para agravar mais as coisas, a Arma Submarina argentina ignorava a capacidade antissubmarina da frota inimiga. Na verdade, ela nem sequer dispunha de qualquer doutrina de combate preestabelecida contra uma Marinha que sempre fora tida como sua aliada. Ainda no primeiro trimestre daquele ano, oficiais navais da Inglaterra e da Argentina exercitaram-se em conjunto numa operação de comando e controle da área marítima do Atlântico Sul denominada *Expanded Seas '82*.

A novidade da terça-feira representava um giro de 180 graus na rotina de Salinas. Há somente 72 horas ele testemunhara, na Casa Rosada, o encontro do presidente Galtieri e do chanceler Nicanor Costa Méndez com os dois enviados americanos a Buenos Aires: o secretário de Estado Alexander Haig e o general Vernon Walters, um militar com fama (em Washington) de profundo conhecedor dos latino-americanos.

Conforme lhe fora determinado, Salinas apresentou-se a Moya Latrubesse na quarta-feira, 14 de abril, mas foi informado de que não poderia assumir seu novo comando antes de três dias, pois o barco acabara de sair do dique seco, e estava sendo submetido a testes de navegação na zona do Farol El Rincón, que, fincado na Península Verde — ao sul da província de Buenos Aires —, assinala os acessos para a Base Naval de Belgrano e para a cidade de Bahía Blanca. Conduzia as provas o imediato do navio, capitão de corveta Estebán Jorge Arata.

Salinas conhecia bem esse oficial, que havia sido seu segundo na direção da Escola de Submarinos, em Mar del Plata. Isso devia facilitar a sua familiarização com os detalhes sobre o estado do navio. Contudo, na volta do "Salta" à base, as notícias não eram boas. O imediato do IKL relatou que a embarcação continuava a exibir muitos ruídos e vibrações indesejáveis.

Decepcionado e irritado, Moya mandou devolver o submarino ao dique seco e, dessa vez, pediu ao *Taller de Hidráulica* local que fizesse a desmontagem do eixo e do hélice de cinco pás de passo fixo — que media 3,20 metros de diâmetro —, além do "selo da popa", para permitir uma vistoria completa. A oficina possuía um torno especial, com prato de 6,15 metros, que possibilitava a intervenção de seus especialistas em grandes hélices.

Só que aí surgiu outro problema, derivado dos azares da guerra. Enquanto esses reparos eram realizados, por diversas vezes foram recebidos avisos de ataque aéreo, o que forçava no dique o procedimento-padrão: a admissão de água do mar para seu enchimento e a retirada da belonave ali abrigada, para que ela fosse rebocada até um local menos exposto.

O que os argentinos temiam, nesse caso, era a aviação estratégica da Real Força Aérea, um serviço confiado aos veteranos bombardeiros *Avro Vulcan*, já em final de carreira mas ainda bastante utilizáveis — sobretudo contra um inimigo despreparado para detectá-los e interceptá-los.

O tempo mostraria que o equipamento de guerra eletrônica a bordo dessas aeronaves era perfeitamente capaz de "jamear" — perturbar — os melhores radares argentinos. Além disso, as tripulações da RAF se comunicavam com sua base na ilha de Ascensão por meio de satélites artificiais — um tipo de ligação indetectável pelos sul-americanos.

O CÓDICO DAS PROFUNDEZAS

Usados nos treinamentos da Otan como transportadores de petardos nucleares, os *Vulcan* estavam, claro, aptos a uma tarefa secundária de bombardeio convencional. Eles podiam carregar quase meia tonelada (454 quilos) de bombas por longas distâncias. No Atlântico Sul seriam, portanto, utilíssimos. Para eles foram planejados os chamados *Black Buck raids*: incursões de 3.889 milhas — 6.259 quilômetros — entre o complexo militar britânico da ilha de Ascensão e as Malvinas.

O sobrevoo de Puerto Belgrano exigiria, claro, bem menos do que isso, mas a verdade é que Londres teve medo da reação internacional a um ataque aéreo em território continental argentino — mesmo tendo sido o governo de Buenos Aires o causador de toda aquela confusão.

22. As opções estratégicas

Na primeira semana de maio de 1982, ante a falta de resultados na investigação da origem dos ruídos produzidos pelo "S-31", e diante da dramática redução — pela perda do "Santa Fe" e a inoperância do "Santiago del Estero" — dos meios disponíveis para a Arma Submarina argentina, o capitão Moya Latrubesse determinou que o colega Salinas levasse sua unidade no estado em que se encontrava para a Base Naval de Mar del Plata, onde ela deveria preparar-se para uma campanha de guerra.

Roberto Salinas organizou imediatamente a travessia para o sul.

Iniciada a viagem, estando ainda seu IKL no canal de Puerto Belgrano, à altura da boia nº 9 — referência náutica que assinala o começo do canal de acesso ao porto militar —, ele recebeu ordem de regressar urgentemente à base. Havia a informação, recolhida por uma aeronave de patrulha, de que um submarino nuclear, provavelmente inimigo, navegava na superfície a uma distância não muito grande dali: entre 80 e 100 milhas (144 e 180 quilômetros) da boia-farol.

Moya, então, reviu seu planejamento para a liberação do "Salta", e mandou que ele fosse aprontado ali mesmo, em Belgrano, para fazer-se ao mar.

Salinas já havia tido essa ideia, e chegara a propô-la — sem sucesso — ao comandante da Força de Submarinos. Fizera isso ainda antes de partir.

O novo capitão do IKL "Salta" considerava o porto de Mar del Plata excessivamente exposto e, portanto, bastante indiscreto para uma tarefa de aprestamento de combate. Além disso, estava convencido de que os argentinos não possuíam meios para impedir a espionagem britânica de se manter a par do que acontecia dentro da base marplatense — e muito menos de evitar que o inimigo conhecesse o dia e a hora em que seu navio partiria em missão.

Como Roberto Salinas não desconhecia, a situação estratégica da Base Naval de Mar del Plata — e, por conseguinte, das unidades militares que ela abrigava — sempre estivera no pensamento dos planejadores militares argentinos do século XX.

Se era verdade que ela não era discreta, também era verdade que, desde os seus atracadouros, era possível alcançar, de maneira relativamente rápida, profundidades adequadas à operação de submarinos e áreas importantes (pela intensidade de seu tráfego comercial) de mar aberto.

Submarinos modernos se sentem incomodados na superfície, e ainda pior em canais de acesso ou zonas de águas restritas. Em tempos de guerra, motivados por sua necessidade de discrição e de eficiência na navegação, eles devem submergir com a maior presteza possível. E essa manobra, para ser realizada de forma absolutamente segura, não leva menos do que vinte minutos. O ideal é que passem à imersão em uma região de, pelo menos, 80 metros de profundidade. Especialmente em uma plataforma continental extensa e de escassa profundidade, como o litoral Sudeste argentino.

Na segunda metade dos anos 1980, o capitão de mar e guerra submarinista Guenter Henrique Ungerer, da reserva da Marinha brasileira, revelou-me: na década de 1970, ao estudarem os diferentes modelos de submersíveis diesel-elétricos disponíveis no mercado, os oficiais do Brasil haviam selecionado o IKL-209 porque, além de sua pequena assinatura acústica (baixo nível de ruído), as suas dimensões reduzidas permitiam que ele operasse sem maiores problemas na costa argentina. A Argentina, recordemos, era, nessa época — quarenta anos atrás —, uma de nossas principais hipóteses de guerra.

Segundo a doutrina argentina, um submarino navegando em imersão na velocidade de patrulha — de 6 a 8 nós (de 10 a 15 quilômetros por hora) — precisa de uma profundidade mínima de 40 metros sob a quilha, e de outros 40 metros acima dela. Para poder incrementar essa marcha, a condução segura da embarcação necessitaria de um significativo aumento da profundidade.

O complexo portuário de Mar del Plata havia sido escolhido para sediar a Força de Submarinos argentina quase 56 anos antes, época em que a cidade e a Armada já haviam se misturado de forma indissociável.

O núcleo do porto surgiu na enseada que banhava a estância Laguna de Los Padres, graças às observações e aos cálculos iniciais feitos, em 1845, por José

Pezzolo, um capitão da Marinha. O primeiro médico que se instalou na região, 29 anos mais tarde, Guillermo Bayley, pertencia aos quadros da Força Naval, bem como o primeiro farmacêutico, Hilário Amoedo, ali presente desde 1886. Finalmente, em 1898, um gesto do então presidente da República, general Julio Argentino Roca, consagrou Mar del Plata à Marinha (e vice-versa): ele mandou organizar uma parada naval com 47 embarcações frente às costas marplatenses.

Mas é preciso dizer que esse trecho de litoral tornou-se a "casa" dos submarinos argentinos por quatro boas razões: 1) acesso imediato das unidades a águas abertas; 2) ingresso na área de profundidade adequada às suas operações em não mais de duas ou três horas de navegação à superfície, uns 45 quilômetros a leste do cabo Corrientes (situado na posição 38°01'S 57°32'O); 3) proximidade com o rio da Prata; e 4) pouca diferença de marés.

Na década de 1980, agregavam-se a estes os seguintes motivos de ordem prática militar: a) a leste do porto havia um perímetro marítimo — identificado nas cartas náuticas como *Sector para adiestramento de Submarinos* — capacitado a abrigar as manobras simultâneas de até quatro submarinos, com seu vértice oriental disponível para testes de velocidades máximas; b) as vizinhanças do aeroporto de Mar del Plata estavam abertas aos voos de treinamento de aeronaves de guerra antissubmarino, o que, ao menos na teoria, ensejava a rápida realização de exercícios conjuntos de grande utilidade; c) devido à tecnologia embarcada nos submersíveis, e à demanda que essas unidades faziam de apoio logístico, Mar del Plata parecia uma opção adequada, com os seus centros tecnológicos (privados e estatais), suas vias de comunicação consideravelmente modernas, a logística portuária pronta, os estaleiros, dique flutuante e cursos de engenharia e de sistemas sintonizados com as necessidades da navegação.

Bem ao contrário disso, os submarinistas Moya Latrubesse e Roberto Salinas sabiam perfeitamente: Puerto Belgrano, além de ter um canal de acesso longo, estava debruçado sobre uma zona de mar aberto com pouca profundidade. Zarpando dali, o "ARA Salta" precisaria de quase doze horas de navegação à superfície (!) — totalmente contraindicada em época de guerra, por causa da vigilância por satélite — para alcançar a chamada *profundidad operativa*.

A outra opção que se abria ao almirante Juan Lombardo e ao capitão Moya era mandar seus submarinos operarem a partir da costa patagônica, mais próxima das Malvinas. Mas essa alternativa oferecia inconvenientes difíceis de contornar — por se originarem na natureza —, especialmente no caso da navegação de submarinos: a) muita diferença nos volumes das marés; b) ventos fortes frequentes; c) correntes marinhas de considerável intensidade, especialmente nos acessos portuários; d) falta de infraestrutura tecnológica nas cidades litorâneas do extremo sul argentino.

Em quase setenta anos de operações da Força de Submarinos, apenas uma vez um submarino da Armada argentina visitou o porto de Comodoro Rivadávia — cidade que naquela guerra iria se constituir em um dos mais importantes enclaves militares dos argentinos. Isso acontecera cinco anos antes, em 1977, e o corajoso visitante fora o intrépido "Santa Fe".

O que desse quadro saltava aos olhos dos chefes navais subordinados aos almirantes Anaya e Lombardo era a limitada capacidade de manobra dos submarinos para atracar nos portos patagônicos. Nas mudanças de maré, a água entrava e saía dos abrigos portuários com muita força, obrigando as embarcações a usarem decididamente as máquinas, no sentido de manobrar com êxito em meio às correntes que se formavam. O vento forte complicava, especialmente, a movimentação das embarcações de capacidade pobre de manobra, como os submarinos.

Então chegaram a Puerto Belgrano, provenientes do IKL "San Luis" — em algum ponto das latitudes austrais do Atlântico Sul — mensagens inquietantes acerca da capacidade de combate dos pequenos submarinos comprados pelos argentinos à Alemanha.

23. Enriqueta

Conforme vimos no capítulo 11, na noite de 11 de abril, horas antes de o almirante Lombardo e de o capitão Moya Latrubesse se fixarem no nome do capitão Salinas para o comando do "ARA Salta", seu irmão gêmeo "ARA San Luis" desgarrou-se da proteção representada pelas águas jurisdicionais argentinas para a imensidão (àquele momento, já bem perigosa) do Atlântico Sul.

O navio aproou para a faixa do oceano compreendida entre os paralelos 50°59' Sul e 59°30' Sul, e os meridianos 26°14' Oeste e 61°27' Oeste, que abriga os 15.277 quilômetros quadrados de terras das ilhas Malvinas, das Geórgias e Sandwich do Sul — mais de setecentos espigões insulares que brotam da plataforma continental sul-americana. Desse total, 11.410 quilômetros quadrados — ou 74,68% — referem-se à superfície malvinense.

Como se fossem as contas de um colar, as Geórgias situam-se 1.400 quilômetros a sudeste das Malvinas e as Sandwich, uns 400 quilômetros a sudeste das Geórgias. Costeá-las significaria navegar em águas gélidas por nada. Vai-se diretamente no rumo do Polo Sul, ou da falta de conforto para o ser humano, da ausência de civilização.

Haveria petróleo naquele subsolo marinho? Óleo de boa qualidade? De exploração economicamente viável?

Era isso, precisamente — ou essas dúvidas —, o que estava em jogo naqueles dias.

A distância desse mundo de ventos, pinguins e gelo até a costa argentina é de quinhentos e poucos quilômetros. Mas apenas 346 separam o cabo Belgrano, nas Malvinas Ocidentais — ou Isla Gran Malvina, como os argentinos preferem chamar — até o cabo San Juan de Salvamento, na ilha dos Estados, na costa patagônica.

Vários dos minúsculos compartimentos do "S-32" estavam obstruídos por pacotes de alimentos não perecíveis e galões de água potável.

Então, a caminho de Enriqueta, o chefe de Comunicações do navio, Alejandro Maegli, lembrou-se da primeira vez que havia entrado no navio.

A sensação era de que toda aquela aparelhagem lhe cairia em cima. O IKL-209 era um tubo de 50 metros de comprimento do timão até a proa, com meros 11 metros de altura desde a quilha até o topo da torreta. Havia, em média, 40 centímetros livres no centro da embarcação: a medida da largura do corredor. Nessa espécie de cilindro deviam viver, trabalhar, dormir e recrear-se 35 homens durante dias a fio, semanas — agora, talvez, durante meses.

O confinamento diminui a sensação de fome; o racionamento de água — forçoso nas missões mais longas — reduz a higiene do banho e estimula a que os tripulantes deixem crescer a barba. Alguns usam tão pouca água quando decidem se barbear, que a pele do rosto fica irritada à passagem da lâmina, e avermelhada.

Maegli descera ao interior de um submarino ainda em 1958 — ano em que o almirante Lombardo integrava a tripulação do "ARA Salta" —, aos 4 anos de idade. Fora ali mesmo, em Mar del Plata, esse seu "primeiro embarque". O navio era, como já sabemos, um modelo italiano *Cavallini* — de apenas dois terços do tamanho do IKL —, recebido na metade final de 1933. Na época em que o garoto Alejandro a visitou, essa primeira frota da Força de Submarinos argentina já estava quase desativada. Mas o menino nem soube disso.

Ele encasquetou que seria tripulante de submersíveis. E foi.

Passou antes por um varre-minas e depois por um barco de apoio, mas logo ingressou na Escola de Submarinos, e pôs-se a decorar os múltiplos sistemas básicos de uma embarcação que devia navegar sob a água. Finalmente, naquela segunda semana de abril, viu-se a caminho da guerra. No exato lugar onde gostaria de estar: dentro de um submarino.

Além dos víveres, o "San Luis" transportava uma dezena de torpedos alemães SST-4, para alvos na superfície, e catorze unidades do Mk-37 mod. 3 americano, de busca a alvos submarinos.

A Azcueta só não havia sido mostrado o relatório produzido pela Flomar, com os resultados dos disparos de teste do SST-4 no segundo semestre de 1981. O curso errático que essas armas inertes haviam adotado, os repetidos episódios em que o cabo de guiagem do torpedo havia se rompido, o problema de absorção indevida de água que eles apresentavam...

Por outro lado, a verdade é que suas ordens proibiam, até aquela data — segunda semana de abril — o confronto com unidades navais inimigas.

A esperança numa solução política sem guerra era utópica, tão improvável quanto a possibilidade de os militares argentinos conseguirem reter as Malvinas pela força. Mas foi nesse mundo do faz de conta que os submarinos argentinos se aprestaram para a batalha no Atlântico Sul.

Durante a viagem para as latitudes austrais, a tripulação do "S-32" concluiu alguns pequenos reparos no navio e foi instruída a rever procedimentos técnicos, bem como a renovar os treinamentos — especialmente o adestramento na utilização do sonar passivo.

Sonares são os olhos de um submarino. O mais usado é o sonar passivo, ou de escuta, capaz de ouvir um navio que se aproxime muito antes que o submersível possa ter seu periscópio, por exemplo, avistado pelo inimigo. Um encarregado do sonar pode dizer muitas coisas sobre o contato obtido por meio dos sons que ele produz. Motores diesel, por exemplo, produzem um ruído diferente do emitido por propulsores a vapor. Mais fácil ainda é identificar um navio de superfície que empregue o sonar ativo, pois o equipamento lança um "ping" insistente, na expectativa de que o sinal colida com o casco volumoso de um submarino e ecoe.

Fernando María Azcueta tinha consciência de que do bom desempenho do sonar de seu IKL dependeria, dali por diante, a sobrevivência de seus homens. Ele apenas evitou pensar no fato — iniludível — de que seguia para uma zona marítima destinada a, em pouco tempo, cair sob o inteiro controle do inimigo.

A rotina exigia que, periodicamente, eles fizessem subir o mastro do esnórquel, pelo espaço de trinta minutos, a fim de carregar as baterias do barco e renovar o oxigênio. Cada uma dessas meias horas representava, claro, um hiato de vulnerabilidade para o barco.

Mas no sábado, 17 de abril, o "San Luis" atingiu em segurança — e, aparentemente, sem ser detectado — o seu "santuário fixo".

Enriqueta mede umas 30 milhas (54 quilômetros) de diâmetro. Suas águas geladas, açoitadas pelo vento, oscilavam de um lado para outro dentro de correntes marítimas que cruzavam o oceano umas 130 milhas ao norte da zona de exclusão da navegação, estabelecida pelo governo britânico apenas alguns dias depois do assalto argentino a Port Stanley.

E apesar de o primeiro objetivo ter sido alcançado sem maiores sobressaltos, os problemas logo começaram.

24. O desastre do dia 19

O domingo, dia 18, foi de relativa paz a bordo. Mas já na segunda-feira, durante a faina de treinamento da tripulação, uma avaria totalmente inesperada deixou fora de ação o computador de tiro digital Signaal M8.

Conforme explicamos no Capítulo 3, o equipamento não apenas calculava os ângulos de lançamento dos torpedos; ele também analisava os dados captados por diferentes sensores do "S-32", projetando em uma tela a posição dos alvos. Uma série de programas de computador havia sido desenvolvida para permitir cômputos — obtidos de modo ativo e passivo — referentes a posicionamento, estimativas que se fizessem necessárias e a avaliação de assinaturas recolhidas pelo sonar passivo CSU 3-4.

Um punhado de tripulantes cercou aquela aparelhagem crucial para o seu bom desempenho na missão, mas nem os esforços do chefe do Armamento da unidade, Tenente Alessandrini, dos operadores do equipamento ou dos versados em eletrônica existentes a bordo foram bem-sucedidos.

Em seu artigo "Um contra todos", de junho de 2009, o pesquisador argentino Jorge Rafael Bóveda esclareceria:

> A dotação do navio incluía dois cabos especializados em direção de tiro, que também tinham o dever de reparar o sistema em caso de avaria. Essa função era anteriormente ocupada por suboficiais experientes, mas em abril de 1982 só havia disponível pessoal muito moderno, sem capacitação para reparar o sistema, a não ser trocar placas de circuito impresso. [99]

Não se conclua que essa dificuldade houvesse sido gerada somente pela transferência para a Alemanha, no ano anterior, do pessoal incumbido de acompanhar a montagem dos novos submarinos da classe TR-1700.

Uma instrução vinda do Comando Naval, logo no início de abril, impedira a Força de Submarinos de embarcar nas missões de guerra os poucos especialistas que haviam restado no país capacitados a reparar o computador de tiro do IKL-209. Essa determinação visava, claro, preservar em terra um núcleo de excelência — espécie de reserva técnica — capaz de prover apoio logístico à frota de submersíveis em operação.

Com o Signaal fora de combate, a alternativa era disparar os torpedos por meio de uma combinação de contas manuais, um de cada vez. O disparo de uma salva daquelas armas — duas ou três, como os manuais recomendavam fazer, ao amparo das resoluções obtidas pelo computador de tiro, caso se quisesse garantir o acerto do alvo — estava fora de questão. "Com o computador avariado, o submarino operaria em 'emergência' ", escreveu Bóveda, "o que doutrinariamente servia apenas para autodefesa, dada a baixa probabilidade de gerar impactos."[100]

O comandante do "S-32" decide comunicar, de imediato, a má nova a seus superiores. Ele esperava que, sob certas circunstâncias favoráveis, lhe fosse permitido retornar diretamente a Mar del Plata, a fim de que o problema pudesse ser solucionado — mas, claro, isso implicava um retardamento da entrada de sua unidade em combate, que, na melhor das hipóteses, devia ser estimado entre onze e doze dias. Assim, só o que se confirmou para Fernando Azcueta foram os seus piores pressentimentos.

A ele ordenou-se continuar em patrulha, já que a frota de Sua Majestade se aproximava daqueles mares austrais. O que em Puerto Belgrano se supunha, era que, dentro em breve, o "ARA San Luis" tivesse, naquelas profundezas distantes, a companhia de submarinos nucleares britânicos. Isso sem um motor e sem o computador de tiro.

É justo que se diga: em terra, os chefes navais argentinos não ignoravam o sacrifício que se pedia ao "San Luis".

Tendo recebido a informação sobre o problema no Signaal M8/8, eles entraram em contato com o capitão de fragata Edgardo P. Meric, chefe do Arsenal Naval de Mar del Plata, para buscar um aconselhamento técnico. Meric era de opinião que talvez fosse mesmo possível consertar o equipamento, por meio da transmissão de instruções a longa distância — mas, na verdade, essa era uma hipótese mais factível em tempos de paz.

Naquela última semana de abril, a conclusão — correta — de Moya Latrubesse e seus superiores na Frota de Mar, foi a de que o simples envio, de parte do "San Luis", de longas mensagens detalhando a avaria no computador de tiro — informações necessárias para que os técnicos do Arsenal fizessem o diagnóstico do problema — representaria uma possibilidade enorme, perigosíssima, de que o navio denunciasse a sua presença perto das Malvinas.

Rafael Bóveda (um civil) é, nesse ponto, taxativo:

"Contra todas as probabilidades previsíveis, foi ordenado que o San Luis deveria ficar onde estava até novo aviso, porque eles achavam (indevidamente) que o inimigo poderia perceber sua ausência do teatro [*de operações*] se o navio fosse reparado."[101]

Mas nesse ponto também é preciso salientar: uma tentativa de conserto via rádio, e a chamada do navio a Puerto Belgrano, não eram as únicas alternativas que se abriam ao Comando Naval argentino.

Muito tempo depois do fim da guerra, vários submarinistas deixaram vazar que o IKL poderia ter sido mandado não a Belgrano, mas a Puerto Madryn, na costa patagônica, para simplesmente receber a bordo os técnicos qualificados a resolver o problema do Signaal. Haveria, certamente, a demora para a entrada em ação do navio, mas, nessa hipótese, o atraso poderia ser reduzido à metade.

Também a vigilância do inimigo na rota para Madryn era só eventual — Bóveda chama "a capacidade antissubmarino do inimigo na área focal de Puerto Madryn" de "inócua" —,[102] dependente das passagens dos satélites espiões americanos ou de alguma informação capturada pela Inteligência britânica em terra.

Indicativo disso são os registros feitos por um oficial do "Conqueror", em seu diário pessoal, no período de 30 de abril a 2 de maio.

Na quinta-feira, dia 29, o submarino nuclear britânico dera início a um patrulhamento na zona marítima entre a Terra do Fogo e as Malvinas. Na sexta, o tripulante anotou: "Passamos para uma área onde a única ameaça é o antiquíssimo cruzador *Belgrano*, uma relíquia da Segunda Guerra Mundial, sem sonar ou equipamento antissubmarino. Além disso, há dois destróieres igualmente decrépitos, e um petroleiro. *Contudo, ainda não sabemos onde se encontram os dois modernos submarinos alemães 209, a diesel.*"

Na noite do domingo, 2 de maio, depois de o barco inglês ter torpedeado e posto fora de combate o "Belgrano", o oficial do "Conqueror" confidenciou a seu diário: "Agora, acho que estamos totalmente bestificados — as pequenas coisas da vida parecem agora relativamente sem importância, à medida que a perspectiva da morte vai se tornando real. (...) Ainda não sabemos onde estão os submarinos S209."[103]

Em um artigo de 2007 para a publicação *Royal Navy, a global force*, da Marinha do Reino Unido, o ex-imediato do submarino nuclear "Conqueror", Tim (Timothy) Pentreath McClement admitiria que, naqueles dias, a bordo de seu navio, a presença do "San Luis" não fora mesmo detectada. McClement assumira o cargo de oficial executivo do *Conqueror* ainda em 1981, aos 30 anos de idade. À época da missão no Atlântico Sul ele acumulava seis anos de experiência na Força Submarina de Sua Majestade.

Então, na terça-feira, 27 de abril — dois dias após a perda do "Santa Fe" —, o comandante do "S-32" recebeu de terra a mensagem: *Destacarse y ocupar "Area María". Todo contacto es enemigo.*[104]

"María" era uma grande zona circular que, a partir da Isla Soledad (Malvinas Orientais), se espraiava pelas direções norte/nordeste, entre o quadrilátero de patrulha "Victoria", a oeste, e a área circular "Isabel", defronte a Port Stanley (agora Puerto Argentino). Segundo o que Azcueta e seus oficiais podiam entender, ali, aparentemente, já não havia mais barcos argentinos. Todo *rumor hidrofónico* captado tinha de ter origem em uma nave inglesa.

Em 1982, devido às características de propagação do som debaixo da água, os ouvidos eletrônicos de um submarino podiam captar um sinal qualquer a distâncias entre sessenta e oitenta vezes maiores do que as alcançadas pelas emissões dos radares à época (ou por aquilo que as lentes de binóculos especiais podiam enxergar).

Quando faltavam umas poucas milhas para "María", o barulho de alguma coisa que se chocava foi ouvido no chamado "espaço livre de circulação" do casco — ou seja, na lacuna existente entre o convés e o casco resistente do navio, que durante a navegação submersa fica completamente inundada. As batidas aumentavam a taxa de indiscrição do "S-32". Assim, a Azcueta não restou alternativa senão emergir, para tentar solucionar mais esse problema.

Como precisasse da luz do dia para fazer aquela inspeção, ele programou subir rapidamente antes do pôr do sol. Felizmente para os argentinos o misté-

Capitão Fernando Azcueta, comandante do submarino "San Luis". Tendo vindo de um comando considerado menor – o do navio-patrulha fluvial "Murature" (barco construído antes da Segunda Guerra Mundial) –, Azcueta apressou a preparação de seu navio e informou a seus superiores que estaria pronto para partir em patrulha de combate no dia 11 de abril de 1982.

Tripulação do navio "San Luis", pronta para partir para a guerra. Nem o comandante Azcueta nem o seu imediato, capitão de corveta Alfredo Macías, tinham experiência prévia nos sofisticados barcos alemães classe IKL-209. O quadro de submarinistas da Argentina estava desfalcado, em razão de muitos oficiais e subalternos estarem na Alemanha, acompanhando a construção de dois outros submersíveis ainda mais modernos que o 209.

Comando da Força de Submarinos/Armada argentina

Última semana de abril de 1982. O submarino argentino "San Luis" aparece na superfície durante um breve período de bom tempo na travessia até a zona marítima que lhe foi designada, ao norte das Ilhas Malvinas. A foto foi tirada de um avião de reconhecimento argentino.

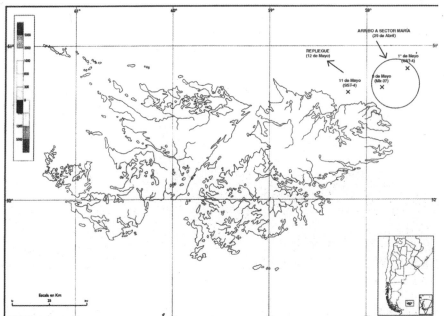

O círculo no mapa mostra as áreas de patrulhamento atribuídas ao "San Luis", no período de abril a maio de 1982. Nos locais assinalados com cruzes, o submarino argentino fez disparos com seus torpedos alemães SST-4 e norte-americanos Mk-37. Todos esses ataques foram vãos.

Torpedo inglês Mk-8. Dois exemplares dessa arma, disparados pelo submarino nuclear "Conqueror", bastaram para levar o cruzador argentino "Belgrano" a pique, no meio da tarde do domingo, 2 de maio de 1982.

Final da tarde do domingo. O "General Belgrano" afunda. Fabricado nos Estados Unidos durante a Segunda Guerra, ele estava virtualmente desprovido dos meios eletrônicos que lhe permitiriam detectar e enfrentar um ataque de submarinos.

Segunda-feira, 3 de maio. Sobreviventes do cruzador torpedeado embarcam em uma base argentina do sul do país com destino a Puerto Belgrano, de onde o navio partira para a sua última missão.

Tendo entrado em serviço em 1971, o submarino nuclear britânico "Conqueror", autor do ataque ao cruzador "Belgrano", fora mobilizado para a campanha das Malvinas em fins de março de 1982. Oito anos depois da guerra, ele foi retirado de combate.

Marinha do Reino Unido/Divulgação

Em resposta ao torpedeamento de seu cruzador, os argentinos atacaram e colocaram fora de combate a fragata "Sheffield". A ação, realizada pela Aviação Naval, representou a consagração do míssil francês *Exocet*, que os argentinos haviam adquirido em 1981. Os franceses entregaram a arma sem fornecer o software que permitiria seu funcionamento. Mas os argentinos desenvolveram o software de emprego do míssil, dando uma inegável demonstração de capacidade.

O empenho do governo de Londres que causou surpresa em parte dos almirantes argentinos. A Marinha da Inglaterra recorreu à sua melhor tecnologia para retomar as Ilhas Malvinas. A foto mostra o lançamento de um míssil antiaéreo *Sea Wolf* de bordo de uma fragata britânica. Em abril de 1982, essa era uma arma recém-introduzida no arsenal da Royal Navy. As incursões dos caça-bombardeiros argentinos nos céus do Atlântico Sul foram o seu primeiro teste oficial.

As unidades inimigas dos argentinos no dia 11 de maio de 1982. Em sua última ação de combate, o submarino "San Luis" disparou os torpedos SST-4 primeiro contra a fragata britânica "Alacrity" (no alto), depois contra a "Arrow". Nas duas vezes os SST-4 falharam.

Oficialidade do submarino argentino "San Luis". Apesar de ansiosos por participar da campanha naval, esses militares estavam cônscios das limitações operacionais de seu barco. E preocupados com elas, claro.

A rotina de bordo. No alto, o suboficial especialista em sonar; embaixo, três tripulantes trajando macacões impermeáveis para uma tarefa que precisa ser cumprida na torreta do submarino, ao ar livre mas sob mau tempo.

Dois momentos diferentes a bordo. A pose para a foto, no compartimento de comando do submarino "San Luis", e a pose involuntária, durante um fugaz momento de descanso, no próprio posto de trabalho. Seguindo a tradição da arma submarina alemã, o conforto a bordo do classe IKL-209 praticamente inexiste.

A bordo de um submarino pequeno como o IKL-209, só há espaço para a camaradagem. Na foto do alto, a comemoração de um aniversário durante a missão de guerra, com direito a bolo de chocolate; na outra, um momento de confraternização, em torno da minúscula mesa de refeições.

Comandante da reserva da Marinha do Brasil Guenter Henrique Ungerer, em agosto de 2000, no interior de um submarino brasileiro classe *Oberon*. Ainda na década de 1980, na condição de representante da indústria naval alemã no Rio, ele redigiu um memorando esclarecendo: o problema apresentado pelos torpedos SST-4 embarcados nos submarinos classe IKL-209 da Armada argentina deveu-se a um erro na preparação dessas armas cometido pelos próprios marujos argentinos.

- 2 -

Enquanto nos tubos, os torpedos são alimentados por energia do submarino (trifásica) com 115 volts, 400 Hertz, para suprir os giroscópios. No instante do lançamento, a alimentação é trocada para a fonte própria do torpedo, imediatamente antes do cor

e eles

ro humano

quando a

pedos, as

cia corre

em preces

FALHAS DE TORPEDOS

GUENTER HENRIQUE UNGERER

Em artigo de Roberto Lopes, repórter da "Folha de São Paulo", publicado na Edição Especial desta Revista, sob o título "Sem Força no Mar", foi citada como causa da falha dos torpedos do submarino argentino San Luiz, o rompimento do fio de comando.

Após o conflito das Malvinas (ou Falkland), tem surgido um considerável número de informações contraditórias acerca das falhas dos torpedos SST-4 empregados pela Marinha Argentina. Acreditamos que a maioria delas está completamente errada, o que inclui a assertiva do repórter Roberto Lopes.

O rompimento do fio de comando é uma falha muito peculiar aos torpedos de origem inglesa, devido à sua filosofia de lança - mento, a qual demanda que um sarilho contendo cerca de 2.000 jardas de um cabo grosso fique estático no mar, abaixo do submarino lançador. A ligação entre o cabo grosso e o fio de comando, feita por solda, é o ponto fraco do sistema e responsável por muitos fracassos dos torpedos MK-23 e MK-24 (este o Tigerfish).

Não temos notícia, no entanto, de problemas no fio com os sistemas americano e alemão, os quais mantêm o sarilho dentro do tubo.

No caso do conflito das Malvinas, o que conseguimos apurar , foi, que os torpedos SST-4 mod. 0 (já obsoletos) estavam em bom estado, mas não poderiam ter a menor chance de acerto por estarem ligados em fases incorretas antes do lançamento.

- 2 -

uiz nunca

os, vamos

tornando

ertura e

Arquivo Roberto Lopes

Fac-símile do memorando intitulado "Falhas de Torpedos", redigido pelo comandante Ungerer. O texto afirma que "os torpedos SST-4 mod. 0 (...) estavam em bom estado, mas não poderiam ter a menor chance de acerto por estarem ligados em fases incorretas antes do lançamento. (...) Parece que durante os serviços [argentinos] de manutenção houve erro humano na ligação das fases na fonte de alimentação".

Sucessor do modelo empregado pelos argentinos na Guerra das Malvinas, o projeto do submarino brasileiro "Tupi" foi denominado IKL-209/1.400. O "S-30 Tupi" chegou ao Rio no segundo semestre de 1989, com um ano de atraso e problemas no computador de tiro (posteriormente sanados).

O outro IKL argentino. O submarino "Salta", gêmeo do "San Luis", fotografado nas costas do Rio, em 2008. Este barco de fabricação alemã não chegou a entrar em combate, porque apresentou diversas deficiências operacionais, entre elas ruído e vibração exagerados em seu conjunto propulsor. Os argentinos tentaram resolver o problema durante quase toda a fase dos combates navais nas Malvinas, sem obter sucesso. Quando decidiram mandar o "Salta" para o combate assim mesmo, descobriram que seus torpedos SST-4 não funcionavam – problema que os tripulantes do "San Luis" também enfrentavam.

rio foi desfeito logo que eles puderam assomar à torreta: algum operário desavisado de Puerto Belgrano havia esquecido uma pistola de solda presa dentro do submarino... O movimento da embarcação fizera com que a ferramenta se soltasse dentro do espaço de circulação e se chocasse continuamente contra o casco, dando a impressão de uma nova — e grave — avaria.

O período na superfície também serviu para que fosse tomada uma segunda providência: o tamponamento de uma válvula cuja proteção metálica havia se soltado. Tudo não levou mais de quinze minutos, e então Azcueta ordenou passar à imersão — e à navegação em muito maior segurança.

Em cumprimento à ordem recebida, às 8h da quarta-feira o IKL "San Luis" ingressou, tão silenciosamente quanto possível, em sua nova área de patrulha. Ele estava, agora, o mais próximo da costa malvinense que jamais estivera.

Finalmente, na quinta-feira, dia 29 — quatro dias depois de o "Santa Fe" ter sido posto fora de combate —, foram levantadas as ordens quanto à restrição para o uso de torpedos. Havia aí uma inequívoca mudança das regras: o submarino estava autorizado a abrir fogo, ignorando a chamada Zona de Exclusão.

Precisamente como o capitão Roberto Salinas, comandante do "ARA Salta", previra, os ingleses vigiavam as comunicações da Base Naval de Mar del Plata com os navios de sua guarnição que estavam no mar.

Nessas últimas horas de abril, tendo Mar del Plata respondido a um chamado do "S-32", a Inteligência britânica interceptou a mensagem despachada de terra, decifrou-a e transmitiu-a de imediato ao almirante Woodward, no porta-aviões Hermes.

O comandante da Operação *Corporate* tomou esse informe como válido e mandou que fosse organizado um grupo-tarefa de três embarcações dotadas de helicópteros antissubmarino para a busca ao navio de Fernando Azcueta.[105]

25. 1º de maio (com os torpedos em manual)

A função primordial de um oficial é exercer de forma absoluta sua responsabilidade, em particular quando esta repercute sobre seus subordinados.

Juan José Lombardo, almirante da reserva

novembro de 2000

Na solidão do *"ARA San Luis"*, o último turno de oficial de guarda, na madrugada de 1º de maio de 1982, coube ao chefe de Comunicações do navio, o tenente de fragata Alejandro Maegli.

Ao amanhecer desse dia Maegli estava a ponto de passar o serviço e meter-se na cama quando, subitamente, foi procurado pelo operador de sonar do navio: "Señor, tengo un rumor hidrofónico", ele disse.[106]

O oficial, a princípio, pensou que o especialista pudesse ter se enganado.

Mesmo ao nadarem sob a água sem produzir sibilos ou grunhidos, as baleias, em seu deslocamento, produzem um som muito parecido com o da navegação de um submarino. E esses chamados ruídos biológicos são capazes de confundir os mais experimentados operadores de sonar.

Logo em seguida, porém, o tenente Maegli lembrou-se da guerra — e da recomendação recebida de terra menos de quatro dias antes: "todo contacto es enemigo". Então mandou acordar o comandante.

Nesse ínterim, as características mecânicas do rumor detectado a bordo do submarino foram, minuto a minuto, se confirmando. Vinha de nordeste. E logo foi classificado como o de um "escolta tipo 21 ou 22".

Fragatas do tipo 21 e do tipo 22 vinham sendo entregues à Royal Fleet desde 1974. As primeiras para a função primordial de escolta; as outras para as missões de ataque a submarinos. Eram navios velozes e pesadamente artilhados.

Tal identificação fora possível devido ao ritmo dos hélices e à emissão de seu sonar de busca, do tipo Graseby 184M. O equipamento, desenvolvido nos *anos 1960, possuía uma especial capacidade antissubmarino e podia "trackear" — ou monitorar — dois alvos ao mesmo tempo.*

O alvo se aproximava em boa velocidade — 18 nós — e certamente devia operar um helicóptero.

Fernando Azcueta não demorou a aparecer no compartimento de manobra, junto ao console do sonar. Inteirado do que estava acontecendo, ordenou a Maegli, às 8h01, uma cuidadosa mobilização de seu barco, para que não se produzissem ruídos desnecessários, capazes de denunciar a presença do "S-32" naquelas águas: *"Despiértelos a todos, uno por uno, y colóquelos en sus puestos de combate"* ("Desperte-os um a um, e coloque-os em seus postos de combate").[107]

Enquanto cumpria a determinação recebida, Alejandro Maegli só conseguia pensar em helicópteros antissubmarino ingleses voando rente às ondas em busca de seu navio, seguido das temíveis unidades de superfície da Royal Navy. Esses eram maus pensamentos, mas não havia como evitá-los — nem que fosse por um instante. Depois o oficial lembrou-se do computador de tiro inoperante. Outro mau pensamento...

"Maegli juntou toda a sua equipe de informações de combate", narra o pesquisador Bóveda. "Sentaram-se ao redor de uma mesa minúscula e ele descobriu que lhe tremiam as pernas e que não podia levantar o rosto. Quando levantou-o viu que seus camaradas estavam em idêntica atitude de pânico. Vadeou como pôde esse pânico e começou a reunião de análise [*da situação*]."[108]

Com os auriculares na cabeça, o oficial de Comunicações percebeu que o alvo parecia vir diretamente sobre eles. E a verdade é que também Azcueta decidira encurtar a distância rapidamente, para engajar o inimigo: 13 mil jardas... 12 mil... 11 mil... 10 mil... Então Maegli ouviu seu comandante ordenar profundidade de periscópio.

O barco subiu ligeiramente até perto da superfície. Azcueta pendurou-se nas manoplas do equipamento e girou de um lado para outro, mas a névoa o impedia de visualizar o que quer que estivesse lá fora, se aproximando.

Ante a possibilidade de ser descoberto pelo inimigo, o comandante decide antecipar-se e atacar. São 9h40. Ele manda preparar os tubos de torpedos e solicita as melhores posições do barco para abrir fogo. Favorecido pela boa recepção dos ruídos que se reproduziam sob a água naquela manhã, seu submarino foi manobrando de forma a alcançar o ângulo mais adequado ao tiro torpédico. Os argentinos chegaram a pensar que haviam conseguido fazer tudo dentro da maior discrição — sem serem notados, portanto. Mas então o operador de sonar anuncia explosões e hélices de helicópteros.

Três dessas aeronaves se aproximam com seus sonares baixados e largando torpedos antissubmarinos. Só que às cegas. À medida que os sons e suas marcações iam sendo analisados, os sul-americanos se convenciam de que as aeronaves avançavam à frente, abrindo uma trilha segura não para um, mas para várias unidades de Sua Majestade.

"Senhor, dados do alvo ajustados!", gritou Maegli para o líder da tripulação.

¡Fuego! foi a resposta.[109]

Naquele momento — 10h15 —, segundo os cálculos de Maegli, o inimigo mais próximo à superfície estaria a umas 8.700 jardas, o equivalente a 8 quilômetros de distância. No último momento antes do disparo, Azcueta mandara parar as máquinas da embarcação, de maneira a facilitar a partida do torpedo e o desenrolamento de seu cabo de guiagem.

O SST-4 alemão deixou o tubo do submarino com trepidações e uma barulheira arrepiante, esticando o fio por meio do qual, teoricamente, podia ser controlado. Era a primeira vez, em sete anos, que um submarino argentino lançava um torpedo daquele tipo equipado com "cabeça de combate". Sete anos...

O resultado — ou o castigo — de tamanha espera veio em três ou quatro minutos: um oficial informou que o fio se partira.

O SST-4 agora corria de forma autônoma, e deveria cumprir uma trajetória ascendente, de forma a poder impactar contra o alvo. O problema é que ao fazê-lo ele se deixava ver à superfície. Em cinco minutos todas as marcações de barcos ingleses desapareceram da tela do sonar do IKL. Do torpedo disparado, nada mais se soube.

Alejandro Maegli engoliu em seco: não era difícil para os aviadores britânicos, supostamente bem-treinados dentro dos rigorosos padrões da Otan, observar a trajetória do torpedo e, dessa maneira, calcular a posição aproximada do barco que o despachara. Nesse caso, a caça passa a caçador, e o caçador...

Fernando Azcueta ordenou uma manobra de evasão a toda a máquina. O "ARA San Luis" tombou para um bordo mergulhando, mas aí — precisamente às 13h — ouviu-se o operador de sonar: *Splash de torpedo en el agua*, disse ele, aparentemente sem emoção.

A arma inimiga produzia uns silvos de alta frequência aterrorizantes para aqueles que têm a consciência de serem os alvos.

Máxima profundidad, reagiu o comandante, como se fosse um autômato. O "S-32" embicou decididamente para baixo. Em seguida Azcueta ordenou que fossem lançadas naquelas profundezas duas pastilhas metálicas enormes, que deviam fazer o papel de alvos falsos, e desviar o torpedo que os procurava. No jargão dos submarinistas elas são conhecidas como *Alka-Seltzer*, pois em contato com a água produzem sons e borbulhas, de forma a confundir o sensor da arma inimiga. Então o operador de sonar anunciou: "Torpedo perto da proa." Maegli achou que tudo estava perdido. "Torpedo na popa", relatou o tripulante que o acompanhava pelos hidrofones do navio. Mas não houve impacto, ou explosão. Dez segundos mais tarde, volta o operador de sonar: "Torpedo passou para o outro lado." Ou seja, ele ia se perder na imensidão do mundo subaquático.[110] O perigo imediato fora superado.

Na superfície, o assédio continuava. Um após outro, vários helicópteros deixavam cair no mar suas armas submarinas, que explodiam sem precisão alguma dentro da água. Enquanto isso, o IKL argentino só descia...

Maegli calculou que as aeronaves britânicas — três helicópteros do tipo Sea King, de fabricação americana, pertencentes ao Esquadrão Aeronaval nº 826 da Marinha Real — se concentravam em uma área a cerca de meio quilômetro do ponto onde seu navio estivera antes de começar a procurar o fundo. Então o "San Luis" achou o leito submarino — pedregoso, de pouca luz e estranhas formas de vida subaquática — Reduzindo bruscamente a velocidade, aninhou-se nele, no mais completo silêncio.

Devido à irregularidade daquele "chão", o casco adernou ligeiramente, e então se imobilizou. Eram 16h25 do dia 1º de maio.

O Livro de Navegação do submarino guardaria, no quarto das 12h às 16h, um singelo resumo dos acontecimentos no horário: "O navio em combate. Em contato com o inimigo. Em manobra de evasão sob o comando do Sr. Comandante."[111]

26. Mais notícias ruins

Nos céus, regularmente a cada 20 minutos — como se cumprissem algum procedimento-padrão da Otan —, os helicópteros inimigos vinham e soltavam sobre o tapete de ondas agitadas suas cargas de profundidade.

Eles integravam a dotação orgânica do porta-aviões "Hermes", que operava naquelas águas sob a proteção do "HMS Brilliant" e do "HMS Yarmouth" — unidades veteranas do episódio de Grytviken.

As aeronaves fizeram essa "manutenção antissubmarina" durante cinco horas. Informações prestadas pelos ingleses no pós-guerra relataram que, nessa jornada, os Sea Kings despejaram ao menos meia dúzia de cargas de profundidade Mk-11 e dois torpedos antissubmarinos Mk-46[112] — entretanto, o mais provável é que esses números tenham sido bem maiores, na casa das dezenas.

De acordo com um relato que parece mais próximo da realidade, durante a perseguição aos contatos obtidos por seu sonar, o "Brilliant", do comandante John Coward — um dos algozes do "Santa Fe" —, despejou torpedos antissubmarino que mataram duas baleias próprias da fauna daquela zona do Atlântico. O "Yarmouth" fez chover sobre os vagalhões mais de trinta morteiros de profundidade. E aquele ambiente subaquático ainda foi sacudido pelas explosões das bombas largadas do ar por aeronaves.[113]

Nesse ínterim, a bordo do "S-32" o problema passou a ser a qualidade do ar que se respirava. Sem poder subir o esnórquel para buscar oxigênio, a tripulação só conseguia pensar no nível do dióxido de carbono que, certamente, aumentava — o que constituía um risco. Azcueta levantou a ordem de "postos de combate" e ordenou que todos aqueles não diretamente envolvidos na operação do navio naquele momento fossem para a cama, a fim de consumir menos oxigênio

Em um famoso livro de 1966, o comandante da Marinha americana, George Peabody Steele, então com 42 anos, lembrou que "A vida de um homem trancado na caixa-forte de um banco depende do tempo que durar o ar aí contido. As paredes de aço de um submarino não deixam entrar mais ar que as paredes da caixa-forte."

Em seu trabalho, Steele recordaria que, à época da Segunda Guerra Mundial, "usando produtos químicos espalhados sobre as cobertas de colchões, era possível retirar do ar parte do perigoso dióxido de carbono (CO_2) exalado pela respiração, mas isso era um método de emergência incômodo".

Nos anos 1950, "quando o Nautilus foi equipado com energia nuclear, seus planejadores fizeram-no de modo que nem os motores, nem os tripulantes viessem a precisar de uma fonte de ar situada fora de bordo", observa o autor, para, em seguida, completar: "O primeiro problema, o do suprimento de oxigênio para a tripulação, foi resolvido com relativa facilidade, instalando-se garrafões de oxigênio comprimido em diversos pontos dos tanques de lastro. O Nautilus transportava oxigênio suficiente para mais de um mês de imersão contínua."

Mas o fato é que a pesquisa tecnológica para garantir a sobrevivência em imersões prolongadas nunca parou. Volta Steele:

> Em seguida, era preciso inventar um meio de remover o CO_2 exalado pela respiração. Foi inventado e testado um dispositivo chamado purificador de CO_2, o qual possui um produto químico especial que dissolve o CO_2 da atmosfera. O fluido carregado é bombeado para o interior de uma câmara, onde é libertado do CO_2, que é, logo depois, bombeado para fora do barco. O purificador de CO_2 não é de manejo mais complicado do que uma máquina de lavar roupa.[114]

No leito, o chefe de comunicações, Alejandro Maegli, pensou que não conseguiria controlar o medo e relaxar... mas, contra todas as suas expectativas, dormiu.

Por volta das 20h, o operador de sonar comentou com Azcueta que as emissões produzidas pelas unidades inimigas pareciam enfraquecer — sinal de que esses barcos, possivelmente, se afastavam.

Então, quando faltavam 20 minutos para as dez da noite desse inesquecível 1º de maio de 1982, o operador informou ao comandante do IKL que a área acima do navio estava completamente livre.

Azcueta ordenou profundidade de periscópio. "Nesse momento, a insuficiência das bombas de compensação apareceu", relata o submarinista brasileiro Frederick Wanderson Varella.[115] Encarregadas de expelir a água armazenada dentro dos tanques do navio, de forma a permitir sua subida à superfície, elas mostraram que funcionavam mal.

O "San Luis" levou 40 minutos para despregar-se do fundo e (muito lentamente) alcançar uma profundidade mínima, em torno de 15 metros. Seu periscópio assomou às ondas e rodopiou, ansioso, em busca do horizonte vazio que o autorizasse a erguer o mastro do esnórquel. Feita essa verificação, a tubulação que permitiria a renovação do ar e o recarregamento das baterias foi acionada. Junto com ela foi erguida a antena de comunicações do navio... só então os homens do "S-32" foram inteirados de que o "S-21 Santa Fe" havia sido posto fora de combate...

Sustos aconteciam a todo momento.

O primeiro quarto de serviço no domingo, dia 2 de maio, foi retratado dessa forma, no Livro de Navegação: "À 00h15 se tomou contato com o inimigo, dois alvos do tipo contratorpedeiros nas proximidades e um som classificado como de um helicóptero. À 1h30 se rompe o contato com os contratorpedeiros."[116]

Os tripulantes do IKL não podiam saber, mas a temporada das más notícias para a Marinha argentina estava apenas começando.

No meio da tarde desse domingo, quando o batismo de fogo do "ARA San Luis" completava suas primeiras 24 horas, um torpedo Mk-8 britânico, dotado de uma cabeça de combate de 340 quilos de explosivo *torpex*, apareceu à superfície, bem à popa do cruzador argentino "C-4 Belgrano".

Desde a sexta-feira, dia 30 de abril, que o submarino nuclear "Conqueror", de Wreford-Bowles e Tim McClement, vinha monitorando a movimentação do grande navio, de mais de 9.000 toneladas, pelo Atlântico. Apesar de sua antiguidade, o ex-"USS Phoenix" — em atividade desde a primeira semana de outubro de 1938 — cortava as ondas forçando bravamente as máquinas, a uma velocidade não muito pequena de 13 nós.

Seu torpedeamento requerera uma autorização de Londres, vinda do mais alto nível político. Ela fora transmitida ao submersível às 14h (hora do Atlântico Sul) pelo comando em chefe da Frota, desde o QG Naval de Northwood — nos subúrbios da capital britânica —, por meio de um breve sinal. E isso representara, com certeza, a parte mais difícil em todo o procedimento.

Afundar a velha nave argentina foi o mais fácil. Bastaram para isso dois exemplares do Mk-8, arma de concepção antiquada mas ainda plenamente confiável no caso de um alvo lento como aquele.

O resto do serviço ficava por conta do *torpex*, explosivo também bastante conhecido, 50% mais poderoso que o TNT, porque misturado a RDX — um multiplicador de efeito constituído por cristais brancos de nitroamina explosiva — e ao alumínio em pó. O alumínio se comporta como um retardador do acionamento do explosivo principal, o que permite ao torpedo penetrar a couraça do alvo antes de explodir.

Lançado de bem perto — 1.260 metros —, o primeiro Mk-8 correu por 43 segundos até entrar, um pouco depois das 16h, pelo compartimento das máquinas do cruzador argentino.[117] As labaredas de sua explosão alcançaram o refeitório, onde muitos tripulantes tomavam uma bebida quente naquele domingo de mau tempo. Dois minutos depois, o segundo torpedo arrancou uns 15 metros da proa. O "C-4" adernou violentamente para bombordo, às escuras, e foi inundando.

Mais de 250 dos seus 1.093 tripulantes — dois deles, cozinheiros civis — morreram imediatamente. Mas a ceifa produzida pelo ataque eliminou, no total, 323 vidas — inclusive as do segundo suboficial maquinista José Dante Faur e as de seus camaradas Luis Ramón Gallo e Alvarez, todos submarinistas ocasionalmente embarcados no cruzador "Belgrano".

Entrei no espaçoso vestíbulo do Sheraton Hotel, de Buenos Aires, por volta das 18h da segunda-feira, 3 de maio, em busca de notícias para um boletim que iria ao ar na TV Globo, à noite. Foi quando percebi o porta-voz das Forças Armadas argentinas para a imprensa estrangeira, um oficial de Marinha muito alto, calvo e elegante, atarefado e de expressão fechada.

Quando me virei para o bar do *hall* — um espaço pequeno forrado de carpete vermelho —, percebi que alguns jornalistas americanos e europeus assistiam a um noticiário no aparelho de TV. Parte deles tomava notas. Aproximei-me. A tela mostrava imagens dos sobreviventes do naufrágio do cruzador, que desciam de uma aeronave militar em um aeroporto próximo à capital, procedentes do sul.

Eram recebidos com abraços efusivos e gritos de satisfação. O comandante do navio argentino, capitão de navio Héctor Bonzo, elogiou o heroísmo de seus homens.

Em Brasília, o setor de Inteligência do Estado-Maior do Exército brasileiro começara — um tanto tardiamente — a perceber a força irresistível dos atacantes britânicos. O texto do "Sumário Diário de Informações nº 19-E2.1", produzido esse dia no Estado-Maior, parece inseguro quanto às reais chances dos defensores das Malvinas:

> Os combates do dia 1º de maio [*já travados pelos ingleses na baía de San Carlos, no lado ocidental da Isla Soledad*], sábado, duraram das 4h40 às 21 horas, com interrupções. Houve um saldo favorável aos argentinos, já que conseguiram abortar três tentativas de desembarque britânico nas ilhas.
>
> (...)
>
> Apesar dos meios de que dispõe, a FAA (Força Aérea Argentina) infligiu apenas o que podem ser considerados pequenos danos às forças britânicas. (...) Os argentinos ressentiram-se da falta de um adestramento mais adequado e de experiência em combate. Um Mirage chegou a abater um Dagger da própria FAA.
>
> (...)
>
> O torpedeamento do General Belgrano acentua a disparidade de forças navais existente entre os dois países, além de significar um sério golpe moral e psicológico para a Armada argentina.[118]

Em seu isolamento submarino, a tripulação do "ARA San Luis" foi poupada dessas cenas que evocavam a desgraça dos mais fracos numa guerra. Parte dos homens foi empregada na tarefa de reforçar pontos específicos dos tanques de lastro. Usou-se o que havia a bordo para emergências: material especial de vedação e *poxipol*, pasta adesiva que endurece com características semelhantes à do metal.

ROBERTO LOPES

Essas precauções contribuíram para que o "S-32" pudesse se manter vigilante acerca do que se passava em "María". Sem um motor, sem o computador de tiro, com sua capacidade de manobra (por lastro) aparentemente afetada, e carregado com oito torpedos alemães nos quais — para se dizer o mínimo — parecia imprudente confiar.

27. 8 de maio. Alvo em zigue-zague

Enquanto o IKL argentino amargava a sua rotina de decepções, a guerra, na superfície, prosseguia.

Na manhã da terça-feira, dia 3, dois jatos argentinos de fabricação francesa Super Étandart, pertencentes à 2ª Escuadrilla Aeronaval de Caza y Ataque, foram vetorados — guiados — por um antiquado avião de reconhecimento marítimo SP-2H Neptune até um grupo de alvos britânicos que se movimentavam umas 100 milhas ao sul de Puerto Argentino.

Por volta das 11h05, os caças dispararam seus mísseis Exocet AM39, simultaneamente, contra o "HMS Sheffield", um grande destróier britânico do tipo 22, de 4.820 toneladas (o deslocamento de um cruzador ligeiro durante a Segunda Guerra Mundial).

Apenas um AM39 acertou o alvo. Com o incêndio derivado desse impacto, a fumaça e as primeiras notícias sobre baixas extensas no navio — e sobretudo o alarme que irrompeu na frota —, os oficiais britânicos pensaram, a princípio, estar sendo alvo de um ataque de torpedos.

Passaram-se dez minutos da mais genuína confusão nas coordenadas 52°33'55" Sul, 57°40'55" Oeste, antes que um helicóptero pudesse, do alto, relatar o que se via: um enorme buraco de três metros de diâmetro e bordas enegrecidas acima da linha-d'água do "Sheffield", a boreste, dano que só podia ter sido causado por um objeto voador — um míssil.

A notícia aliviou a ansiedade dos ingleses quanto à presença de algum submarino de ataque argentino, mas criou outra expectativa pessimista: a de que aquele grupo de batalha de Sua Majestade podia, sim, ser alcançado pelos ataques aéreos do inimigo. E se o próximo alvo fosse um dos dois porta-aviões em operação na área?

A reação do comando da frota no Atlântico Sul foi a mais óbvia: deslocar os navios-aeródromos para uma zona marítima a leste das Malvinas — em posição bem afastada, onde eles estariam a salvo das incursões pelo ar. Esse estratagema de preservação dessas importantes unidades só poderia ser furado caso elas fossem encontradas e atacadas, de maneira furtiva, no mar — ou, mais especificamente, sob a água.

O "San Luis" foi informado do bem-sucedido ataque ao "Sheffield" às 21h14 (hora de Buenos Aires) — dez horas e dez minutos depois de ele ter acontecido — e instruído a seguir a toda velocidade para "Isabel", área de patrulha a leste da Isla de los Leones Marinos (52°26'Sul 59°05'Oeste), em uma zona do Atlântico bem a sudeste da Isla Soledad, perto de onde o "Sheffield" havia sido atingido.

Sua missão: confirmar o possível afundamento do destróier (algo que ainda não acontecera) e obter *blancos de ocasión* ("alvos de oportunidade"): navios ingleses que estivessem naquele ponto em missão de socorro à belonave atingida.

A sudeste da Malvina Oriental, o dia, nessa época do ano, amanhece tarde — por volta das 9h — e escurece cedo, lá pelas 17h. O céu está sempre carregado, e mesmo à luz do dia a visibilidade não ultrapassa as 6 milhas. A temperatura, entre 10 e 20 graus centígrados, não é, contudo, das piores.

O que aparentava ficar cada vez mais difícil eram as condições de trabalho a bordo do "S-32". Ainda nessa terça, 4, um dos dois conversores de energia de 400Hz do navio parou, subitamente, de funcionar. O equipamento, assemelhado a uma pequena geladeira, alimentava itens vitais da aparelhagem do barco. Sonar, radar, emissores de sinais de toda ordem, o girocompasso militar e o próprio sistema de armas (torpedos) do submarino dependiam dele.

O chefe de eletricidade do navio, tenente Dacharry, sabia: se esse abastecimento provido pelos conversores parasse, o barco navegaria praticamente às cegas — a mais de 500 quilômetros da costa argentina.

Em Brasília, a Inteligência do Exército brasileiro já não se deixou iludir pela vitória argentina no episódio do "Sheffield".

"Militarmente, os argentinos poderão obter êxitos em combates isolados e mesmo, efetuando-se um desembarque nas Malvinas, impor severas perdas aos britânicos. No entanto, o governo argentino não pode esperar uma vitória militar final nessa disputa, especialmente considerando a decisão do governo americano de apoiar militarmente a Grã-Bretanha", dizia o texto de um comentário datado desse dia 4.[119]

O IKL argentino patrulhou por três dias as águas de "Isabel", sem resultados. Foi-lhe, então, ordenado voltar a "María" — a fronteira marítima que, certamente, separava as tropas argentinas das Malvinas da força de desembarque britânica.

Por volta das 19 horas do sábado, 8 de maio, os sensores acústicos do navio de Azcueta captaram, de novo, algo importante: um ruído no setor da popa, com todas as características de um contato inteligente e, portanto, hostil. O alvo se encontraria a cerca de 3 mil jardas do barco argentino, deslocando-se a uma velocidade entre 6 e 8 nós horários.

Fernando Azcueta ordenou imediatamente manobras evasivas e o lançamento de pastilhas chamarizes, destinadas a enganar um eventual torpedo inimigo. Tudo então se acalmou.

Contudo, um pouco depois, voltou o alerta do sonar: "Possível submarino", anunciou o operador.

O comandante convocou seus homens aos "postos de combate". O Livro de Navegação guardou o horário: "20h39". Azcueta mandou o IKL dirigir-se para o alvo, que apresentava um comportamento algo estranho, de zigue-zague. Quando esse *target* aproximou-se a 1.500 metros, o operador informou: "Alvo alfa muito perto."

Precisamente às 21h42 o "San Luis" despachou um torpedo americano Mk-37, programado para corrida curta, e 16 minutos depois todos escutaram uma detonação tremenda. Os sensores do submarino captam uma evidente mudança de rumo do alvo, que se vira para a costa — mas os tripulantes nunca puderam determinar o que, de verdade, atingiram.[120]

Teria sido a explosão produto do impacto do torpedo contra uma nave inimiga? Contra um cardume de *krill*? Ou ele apenas interrompera sua corrida porque encontrara o fundo?

28. 11 de maio. Aparecem dois inimigos de uma só vez

No fim da tarde da segunda-feira, dia 10 de maio, o tenente Maegli estava novamente de guarda quando soou o terceiro alarma daquela campanha.

O sonar detectara o que parecia ser uma fragata porta-mísseis aproximando-se de "María", procedente do leste. O IKL argentino aproou para oeste, e logo deixou sua área de patrulha, determinado a interceptar o inimigo.

Nesse novo curso, contudo, o "S-32", em questão de minutos, identificou um segundo alvo — talvez um segundo barco do mesmo tipo — vindo do norte.

Não foi necessário nem mesmo dar o alerta à tripulação, pois todos estavam já em seus postos. Como não parecesse haver perigo imediato, a cozinha do barco fez circular um prato de arroz com tomate, que os tripulantes engoliram tensos.

Quando Azcueta concluiu que as unidades inimigas convergiam para a baía de San Carlos, na Isla Soledad, decidiu atacar.

A escuridão da madrugada tornava inútil a tentativa de visualização da superfície por meio do periscópio, mas, de acordo com as estimativas feitas a bordo, o acaso colocara o submarino entre as duas naves britânicas, em posição considerada ótima para o ataque torpédico.

O comandante do Azcueta anunciou que abriria fogo contra o blanco mais próximo, que se encontrava ao sul. O alvo, nesse caso, era a fragata "Alacrity", de 3.250 toneladas, que respondia ao capitão Chris (Christopher) J.S. Craig.

Na noite de 10 de maio, seguindo ordens do almirante Sandy Woodward, máxima autoridade da Operação *Corporate*, Craig metera seu navio no estreito de San Carlos, que separa as duas Malvinas. Fizera-o, contudo, a contragosto.

Aquelas águas quase fechadas limitavam muito suas possibilidades de manobra. Além disso, a missão de que fora incumbido era, em si, bastante

ROBERTO LOPES

ingrata: verificar se ali o mar estava minado, e também se o inimigo estabelecera defesas costeiras.

A sorte, entretanto, estava do seu lado.

Durante a varredura no estreito, a "Alacrity" encontrou o cargueiro "ARA Isla de los Estados", de quase 4 mil toneladas, que navegava para o norte tentando alcançar Puerto Howard, na costa nordeste da Malvina Ocidental. Carregado com munições e combustível JP1, de aviação, para as unidades argentinas sediadas no arquipélago, o transporte, apesar de relativamente novo (fora construído na Espanha, em 1975), não era páreo para a fragata. Suas máquinas mal lhe permitiam alcançar os 14 nós, enquanto a "Alacrity" cortava as ondas a uma velocidade que podia superar o dobro dessa. Bastaram alguns canhonaços do barco inglês para o transporte argentino voar pelos ares, matando quase toda a tripulação.[121]

Após o ataque bem-sucedido, julgando ter perdido o fator surpresa de sua missão, o Comandante Craig ordenou que seu navio deixasse aquelas águas a toda velocidade. Seu plano imediato era escapar do estreito e alcançar a segurança de mar aberto, onde, ademais, era aguardado por uma unidade amiga: a fragata "Arrow", irmã gêmea da "Alacrity".

Mas passados alguns minutos, a sorte esteve a ponto de abandonar Craig e sua tripulação.

Por volta de 1h40 da terça-feira, a uma distância de pouco mais de 8 mil jardas — cerca de 7,3 quilômetros — da fragata de Sua Majestade, Azcueta ordenou: *Fuego!* Um tripulante do IKL "San Luis" disparou o SST-4 alojado no tubo n° 1 do submarino. Mas o torpedo falhou, e não deixou o navio.

Imediatamente procedeu-se ao aprontamento de outro tubo, o de n° 8. A distância entre o submarino e o alvo havia encurtado para apenas 5.200 jardas — pouco mais de 4,7 quilômetros. Fernando Azcueta gritou de novo: ¡*Fuego!*

O torpedo alemão pareceu movimentar-se normalmente e abandonar a embarcação. Mas, passados três minutos, acendeu-se o sinal luminoso de "cabo cortado", e alguém anunciou que o fio de guiagem havia se rompido — mais uma vez.

Os tripulantes se mantiveram na expectativa de que o torpedo ainda pudesse impactar a nave inimiga, que passava tão perto. Então, decorridos mais três minutos, veio o pior: um Clanc! — o ruído de um corpo metálico que se chocara contra o casco. Ninguém podia ter certeza, mas todos a bordo do "S-32" pensaram a mesma coisa: o torpedo saíra efetivamente do tubo, mas em vez de correr para o alvo se deixara atrair pela estrutura gigantesca do próprio IKL... Felizmente sem explodir.[122]

O Livro de Navegação do "San Luis" guardou a consequência imediata de mais esse ataque infrutífero: "À 1h20 ambos os contatos [*navios inimigos na superfície*] se afastam."[123]

Casos de torpedos que depois de lançados acabaram atraídos pelo casco do próprio navio que os disparou não são, absolutamente, uma novidade.

No início da madrugada de 25 de outubro de 1944, uma quarta-feira, o submarino americano "USS Tang", em procedimento de ataque a um comboio japonês no estreito de Formosa, foi atingido por um torpedo Mk-18, defeituoso, que ele próprio havia disparado.

O engenho, de 6 metros de comprimento, propulsão elétrica e "cabeça explosiva" de 260 quilos, saiu do tubo do navio, cumpriu por 20 segundos uma ampla rota circular e, navegando à velocidade de pouco mais de 50 quilômetros por hora, alcançou o "Tang" — que tinha só um ano de uso — por trás, bem na seção de torpedos da popa.

De seus 79 tripulantes, apenas treze puderam nadar para fora do navio enquanto ele afundava, e desses, só nove alcançaram a superfície — entre os quais Richard "Dick" O'Kane, o comandante.[124]

A nova sequência de infortúnios com os torpedos de fabricação alemã levou Fernando Azcueta a romper o silêncio de rádio e fazer um curto e amargo relato a Puerto Belgrano.

O comandante do "S-32" informou a posição de seu último engajamento com o inimigo, assinalou a oportunidade perdida diante de dois alvos, relatou sinteticamente os problemas de falha de lançamento e de rompimento do cabo de guiagem e, por fim, sentenciou: "Considero sistemas de armas não confiáveis." Foi então instruído pelo Comando de Operações Navais a voltar para casa.

Mas até mesmo o cumprimento dessa instrução constituía um problema. Para evitar a interferência com outras unidades — amigas e inimigas — que pudessem estar operando em águas próximas ao litoral continental argentino, Azcueta aprovou uma navegação direta ao extremo sudeste da área de treinamento da Força de Submarinos, defronte a Mar del Plata; a partir dali mudou-se o curso para uma rota costeira que permitia o acesso ao canal da Base Naval de Puerto Belgrano.

Tanta precaução não era injustificada.

Após o bombardeio do "Sheffield", a maior parte dos seis submarinos ingleses destacados para o Atlântico Sul posicionou-se junto à faixa de 12 milhas do mar jurisdicional argentino, com a missão de fornecer um alerta antecipado acerca de qualquer ataque aéreo lançado contra a frota britânica.

Os sensores desses navios podiam detectar as decolagens desde a principal base dos caças-bombardeiros da Marinha argentina — Rio Grande, a mesma de onde haviam partido os Étandarts na manhã de 4 de maio —, estimando o tipo de aeronave em voo e a quantidade de aparelhos no ar. Esse dispositivo submarino devia prevenir a frota de Sua Majestade das missões ofensivas uns 45 minutos antes que elas pudessem produzir danos.

Azcueta e seus homens entraram em Belgrano na quarta-feira da semana seguinte, à noite, discreta e silenciosamente, frustrados por não terem conseguido afundar nenhuma unidade inimiga, mas também sem saber que haviam causado uma significativa perturbação às forças de superfície da Marinha Real — algo de que foram informados somente depois da guerra.

Haviam cumprido uma campanha de 39 dias em patrulha, dos quais 36 — 864 horas — em imersão.

Exaustos e barbudos, os oficiais do "San Luis" ainda formaram no convés para serem recepcionados pelo capitão Moya Latrubesse. Vestiam a *polera* (blusa) branca que tanto os assemelhava a seus inimigos da Marinha Real, a boina negra e as botas meio-cano, de couro negro, itens típicos do uniforme dos submarinistas argentinos. Como eles, Latrubesse apareceu para saudá-los trajado de acordo com o melhor figurino militar: quepe acinzentado enterrado na cabeça, o lenço de seda branco em volta do pescoço — sem ocultar-lhe a gravata escura (conforme mandava o regulamento argentino) — e sobretudo azul-escuro.

O CÓDIGO DAS PROFUNDEZAS

Os recém-chegados pensavam que lhes seria dada a oportunidade de uma revanche — logo que os problemas a bordo fossem superados, claro. Mas a verdade é que isso não seria fácil. Após algumas horas da atracação, o segundo conversor de energia do "ARA San Luis" também deixou de funcionar...

No dia seguinte o IKL foi, efetivamente, metido em um dique, para sofrer uma inspeção completa. Havia que reparar o Signaal M8, consertar os conversores e entender o que acontecia com os torpedos SST-4.

Mas o chefe dos submarinos argentinos já estava "atacando" esse último assunto.

29. O grande vexame de Roberto Salinas

A notícia passada pelo capitão Azcueta na segunda semana de maio, de que era impossível confiar nos torpedos SST-4, atirou os chefes navais argentinos — e especialmente os submarinistas — em sua dura realidade: a Marinha — que já recolhera o seu porta-aviões — perdera agora a Arma Submarina, seu penúltimo braço de combate. Restava-lhe apenas a aviação.

Em um esforço desesperado para ainda fazer uso dos submarinos IKL, na quarta-feira, 12 de maio, o Comando da Força de Submarinos criou uma comissão especial de emergência sob a chefia do capitão Roberto Salinas. O grupo de cinco oficiais — três deles qualificados engenheiros especialistas em armamento — foi incumbido de analisar os frustrados ataques do "ARA San Luis", estimar as causas daqueles fracassos e sobretudo avaliar a real confiabilidade do sistema de armas alemão, propondo as medidas adequadas ao restabelecimento de sua operatividade. Tudo isso em 72 horas...

Em função dos limitados dados disponíveis — e das restrições em vigor para a troca de informações militares de qualquer ordem e em qualquer nível —, a comissão de Salinas nada pôde fazer além de especular.

Ninguém sabia ao certo o que acontecera a bordo do "S-32", e, àquele momento — sexta-feira, 15 de maio —, os informantes mais categorizados acerca das falhas dos torpedos ainda se encontravam em mar alto — contando as horas que faltavam para encontrar a segurança de Puerto Belgrano, o que só aconteceria na noite da terça-feira seguinte.

Em um relatório preliminar, os investigadores puderam apenas lembrar os problemas registrados em duas campanhas de lançamentos de torpedos no segundo semestre de 1981, e elencar hipóteses. Moya Latrubesse e seus superiores decidiram, então, aguardar a volta da tripulação do "San Luis".

A partir da quarta-feira, dia 20 de maio, com os depoimentos prestados por oficiais e subalternos do IKL recém-chegado, a Comissão Salinas, ainda incapaz de determinar as causas dos eventos fracassados, simplesmente recomendou a não utilização de torpedos SST-4 similares aos experimentados na zona marítima das Malvinas.

Isso, contudo, ainda não significava o completo descarte da arma fabricada pela AEG-Telefunken. Especialmente naquela circunstância de emergência nacional.

Ao comandante do "ARA Salta" foi dada a instrução de, alternativamente, embarcar em seu navio os SST-4 modernizados pelos técnicos da prestigiosa Empresa de Desarrollos Especiales (Edesa).

Organizada na segunda metade dos anos de 1970, mesma época da criação do estaleiro Domecq García (onde os argentinos incinerariam meio bilhão de dólares), a Edesa surgiu depois que, em 1975, o então comandante da Marinha argentina, Emilio Massera, arrancara do governo peronista de turno uma autorização para seu Plan de Reequipamiento Naval.

O capital da empresa fora formado por um aporte majoritário da própria Armada, completado por recursos dos Talleres Navales Dársena Norte (Tandanor), e sua direção confiada ao contra-almirante Ricardo Guillermo Franke, oficial da estrita confiança de Massera que se notabilizara em 1966, ao receber das mãos do duque de Edimburgo — em nome da rainha Elisabeth — o troféu Boston Tea Pot.

Franke levara o bergantim-escola "ARA Libertad", a estabelecer o recorde mundial de velocidade no cruzamento do Atlântico Norte a vela: 2.058 milhas desde o cabo Race, no Canadá, até a linha Dublin/Irlanda, em tão somente oito dias e meio.

A Edesa começou a funcionar em duas instalações distintas: uma em Zárate, às margens do rio Paraná, e outra vizinha aos estaleiros Domecq García, na chamada Dársena Sul. Elas tinham como missão ser o eixo de um plano grandioso: o de abastecer a Armada de torpedos, mísseis, sistemas eletrônicos, corvetas e até submarinos a serem montados sob licença da alemã Thyssen. Mas em maio de 1982 bem pouco disso havia sido concretizado.

Àquela altura já se sabia, por exemplo, que nem mesmo a fabricação de quatrocentos torpedos/ano — cifra absurda levando-se em conta o tamanho da *Flota de Mar* — seria suficiente para custear os gastos da corporação. E os técnicos da Edesa ainda precisavam encontrar um meio de saltar o abismo tecnológico que se abria entre a indústria de seu país e a produção de sistemas militares nas principais potências militares do mundo ocidental.

Diante desse quadro é fácil compreender: na crise das Malvinas, a missão recebida por esses especialistas, de uma hora para outra, de intervir na engenharia do SST-4 afigurou-se para eles um desafio quase intransponível.

Mas ao capitão Salinas foi dito apenas que os torpedos egressos da Edesa incorporavam melhorias em relação ao modelo original, de procedência alemã. Aperfeiçoamentos, naquele momento, ainda insuficientemente provados...

Na sexta-feira, 21 de maio — três dias depois de o "San Luis" ter aportado em Belgrano —, o IKL "Salta" zarpou em patrulha de guerra.

Uma navegação bastante especial, porque o oponente britânico não era o seu único desafio.

À tripulação do "S-31" o que se pedia era, além de combater o inimigo, aproveitar o trânsito para a zona de operações, no sul do país, e realizar testes de tiro, verificando o funcionamento geral do sistema de armas do navio. Isso sem esquecer, evidentemente, de avaliar o nível de ruído produzido pelo barco — e o risco que ele acarretava à segurança da missão.

Para Moya Latrubesse, o indispensável era garantir à frota — e ao esforço de guerra argentino como um todo — um mínimo de capacidade de guerra submarina. Roberto Salinas e seus homens eram, naqueles dias, sua única esperança.

Domingo, 23 de maio, 14h. O "Salta" chega a uma área defronte ao litoral norte do golfo Nuevo, na Patagônia. Aí deverão ter lugar os tiros torpédicos solicitados pelo Comando da Força de Submarinos.

Os disparos seriam realizados contra um alvo perto da costa, à vista de observadores terrestres. Os SST-4 Edesa estariam equipados com "cabeças de combate" — ou seja, munição real. Tratava-se, portanto, do primeiro treinamento desse tipo realizado nos quase oito anos em que os IKL arvoravam o pavilhão argentino.

Segunda-feira, 24 de maio, 9h05. Tudo parece pronto e em ordem para o início das provas.

Cônscio de que o bom resultado dos testes pode significar a última chance de a Arma Submarina argentina mostrar a sua utilidade naquela crise, o comandante Salinas ordenara que seu barco fosse mantido à cota periscópica e em baixa velocidade, de forma a proporcionar as melhores condições para o disparo e o acompanhamento da trajetória do torpedo.

Mas, precavido, ele planejara: tão logo o SST-4 deixasse o tubo, levaria o "S-31" a uma maior profundidade — que os submarinistas argentinos chamavam de *plano de seguridad* —, de forma a evitar que os sensores do torpedo pudessem "capturar" o casco do próprio "Salta", e dessa forma voltar-se contra ele...

Segunda-feira, 24 de maio, 9h13. Salinas ordena lançar o primeiro torpedo, pelo tubo n° 7. Quase imediatamente depois, o operador de sonar grita do seu posto: "Não escuto ruído de hélices!"

Uma rápida verificação mostra que o SST-4 Edesa permanecera ativado — e trêmulo — dentro do tubo por exatos 75 segundos, e então se detivera — completa e inexplicavelmente. Salinas avisa a seus oficiais: insistirá nos lançamentos.

Segunda-feira, 24 de maio, 10h25. O "Salta" está a 13 mil jardas (11,8 quilômetros) do alvo. Roberto Salinas manda lançar o torpedo que fora carregado no tubo n° 1. Mas o resultado é igual... Dessa vez o SST-4 funcionou por um tempo ainda inferior: só 54 segundos. Então parou.

O capitão de fragata Roberto Salinas ordena a manobra-padrão nesses casos: inclinar a proa (bico) do submarino 20 graus para baixo, a fim de desprender as armas de dentro do navio. Mas esse curto giro na direção do fundo do mar não produz resultados.

O saldo do exercício é uma vergonha inominável: dois torpedos com "cabeça explosiva" enguiçados dentro dos tubos do mais sofisticado submarino argentino disponível, arriscando produzir uma tragédia de proporções inéditas para a Marinha.

Salinas e seus homens não conseguem pensar em uma forma de livrar-se dos engenhos que enguiçaram. Não se pode extraí-los por uma injeção de ar comprimido, e também não é possível buscá-los dentro dos tubos, resgatando-os internamente.

Ao anoitecer o comandante decide manter seu barco nas profundezas, a fim de que os tripulantes que não estão de serviço possam relaxar e descansar um pouco. Para desanuviar o ambiente, ele manda servir o jantar.[125]

30. Emergência! O torpedo "acorda" dentro do tubo n° 1...

Segunda-feira, 24 de maio, 20h28.

A tripulação do "ARA Salta" sente uma forte vibração, e ouve uma voz de alarma que ecoa desde a seção de proa do navio. O hélice do torpedo engasgado no tubo n° 1 começara, subitamente, a girar!

Roberto Salinas ordena que o barco suba de emergência à superfície. Seu raciocínio está quase bloqueado pela ideia dantesca de os gases exarados pela bateria do SST-4 (armado, lembremos, com "cabeça de combate") produzirem uma detonação, destruindo a proa do submarino. Ato contínuo, o oficial manda abrir as escotilhas externas dos tubos lança-torpedos — medida preventiva para o caso de as armas entaladas nos tubos n°s 1 e 8 resolverem, efetivamente, deixar o navio...

Os tripulantes sentem o IKL se deslocando rumo à superfície. O hélice do torpedo que voltara a girar funciona por intermináveis 47 minutos — e então... para de novo.

O comandante informa os seus superiores do ocorrido, e recebe a instrução de voltar imediatamente a Puerto Belgrano — interrompendo, pela segunda vez, a sua viagem para uma zona de operações.

O percurso do regresso à base será feito da forma mais controlada possível, e a baixa velocidade, mas implica alguns riscos particulares, que precisam ser minimizados.

Em primeiro lugar, como precaução e por questão de segurança, Salinas decide manter os tubos lança-torpedos inundados. O que ele não pode fazer é manter as portas externas desses tubos abertas. Isso aumentaria o nível de ruído de seu navio, que já está bem acima do desejável. Em outros tempos isso não representaria um grande problema, mas agora a Argentina está em guerra...

Eliminar a geração indesejável de gases por parte das baterias dos torpedos — ou a possibilidade de sua combustão — é, contudo, impossível.

O "S-31" ingressa no porto militar de Belgrano no sábado, 29 de maio, para o imenso alívio de sua tripulação. Uma equipe liderada pelo capitão de corveta engenheiro Ernesto Conrad o aguarda, para desativar e fazer a extração dos dois torpedos SST-4 Edesa engasgalhados no bico do navio.

O IKL é evacuado. Apenas os especialistas de Conrad permanecem a bordo. O resgate dos torpedos é, finalmente, efetuado. Uma inspeção posterior mostrará que um dos sistemas de segurança do barco não havia desativado completamente, impedindo, dessa forma, a saída dos torpedos. O problema da barulheira produzida pelo navio é, no entanto, tão grave quanto o do sistema de armas.

Em um relatório para seus superiores o comandante Salinas informa: durante a viagem de volta, esse nível de ruídos e vibrações interferia em 100 dos 360 graus de varredura do sonar passivo — perturbações que eram registradas em diferentes setores da tela.[126]

A 12 de junho, quando a defesa de Puerto Argentino já agoniza, o comandante Salinas recebe ordens de voltar a golfo Nuevo com o "Salta", a fim de prosseguir com as provas de tiro e as avaliações de ruídos do navio. A notícia da rendição das forças de seu país nas Malvinas, no domingo 14, o surpreende na zona de exercícios, mas ainda preparando o barco para os disparos.

Finalmente, na segunda-feira, o IKL está pronto para, mais uma vez, testar os SST-4 alemães. Em que pese ao fim das hostilidades, o comando em terra decidira seguir adiante com a programação de lançamentos, usando munição real — isto é, torpedos com "cabeças de combate".

O submarino desliza pelo ambiente subaquático do golfo nas mesmas condições do primeiro teste: em baixa velocidade e à cota periscópica.

O disparo é feito por meio do tubo n° 6, mas transcorrido 1 minuto e 41 segundos o operador de sonar perde o contato com o torpedo. Alarmado com a evidência de um novo funcionamento defeituoso, Salinas ordena o corte do cabo de guiagem da arma e o mergulho do navio a uma profundidade que o livre de ser, eventualmente, "apanhado" pelos sensores do SST-4. Os tripulantes do "ARA Salta" não tiveram notícia alguma desse engenho.

Disposto a fazer uma nova tentativa, Salinas solicita uma revisão no sistema de controle de tiro do submarino.

O tubo nº 2 é carregado. À ordem de "fogo!" o torpedo alemão abandona o navio e parece, a princípio, fazer uma corrida normal. Mas à distância de 7.200 jardas do alvo surge o sinal luminoso de "cabo cortado".

Salinas ordena o mergulho de segurança. O "Salta" inclina para baixo. Então, passados apenas dois minutos desde o rompimento do fio, a tripulação ouve uma explosão assustadora, que parece ter ocorrido ainda muito perto do casco. Os sensores do "S-31" registram que ela aconteceu a 5.500 jardas da costa — a metade da distância entre o submarino e o alvo — e à profundidade de quase 50 metros. Sem guiagem, o SST-4 foi penetrando as profundezas sem rumo, até explodir sem que (de novo) se pudesse entender por quê.

Essas penosas experiências convenceram o capitão Moya Latrubesse e as instâncias superiores do Comando Naval argentino de que o sistema de armas de seus submarinos classe IKL-209 em geral, e os torpedos SST-4 em particular, não eram operacionais. As provas de tiros torpédicos foram, então, suspensas.[127]

Restavam, contudo, a ser executados, os testes de navegação que deveriam determinar, com a precisão possível, os níveis de ruído gerados pelo S-31. E esses não seriam cancelados.

31. Salinas volta à Casa

A nova bateria de provas a ser enfrentada pelo IKL "Salta" na área do golfo Nuevo contaria com o auxílio de um veleiro oceânico de quase 500 toneladas: o barco oceanográfico "ARA El Austral", comandado pelo capitão de fragata Santillán.

Essa unidade de pesquisas teria a função de, por meio dos seus equipamentos de escuta subaquática, registrar os níveis de ruído produzidos pelo submersível do comandante Salinas em diferentes condições de marcha.

Entre os dias 17 e 18 de junho o submersível navegou a velocidades e profundidades variadas, de forma a produzir diferentes assinaturas acústicas. O objetivo era avaliar se tais emissões sonoras podiam delatar a presença do navio sob a água.

Então, na manhã do dia 19 — o primeiro sábado sem guerra em dez semanas —, um grande alvo caiu no visor do periscópio do submarino...

Roberto Salinas permaneceu alguns minutos apoiado sobre as manoplas do periscópio, observando o gigantesco transatlântico "Canberra", de 44.807 toneladas, sulcar as águas próximas ao litoral patagônico argentino.

O barco, pertencente à empresa P&O Shipping Co., havia sido requisitado pela Marinha de Sua Majestade para levar alguns milhares de soldados britânicos até o Atlântico Sul. Ele deixara a segurança de Southampton a 9 de abril — uma semana depois de Port Stanley ter caído em mãos argentinas —, após receber as diversas adaptações que lhe permitiriam cumprir a função de transporte de tropas; entre elas, duas cobertas de voo para helicópteros e um sistema de recepção de combustível em alto-mar.

Salinas não poderia saber, mas naquele momento o "Canberra" demandava Puerto Madryn, em cumprimento de missão humanitária: devolver ao território continental argentino 4.167 prisioneiros de guerra — muitos deles feridos.

No dia seguinte o navio zarparia de Madryn diretamente a Port William, nas Malvinas, para embarcar tropas inglesas que deveriam ser repatriadas. Sua aventura se encerrou a 11 de julho, quando os veteranos das Falklands puderam comemorar suas glórias militares em solo britânico.

Roberto F. Salinas deixou o comando do "ARA Salta" ainda em fins de junho, sem glórias para comemorar.

Suas duas tentativas de seguir com o moderno submarino alemão para a zona de combates haviam fracassado, e o barco ainda registrava os mesmos problemas de barulheira e vibração excessiva que lhe haviam sido relatados quando ele recebeu aquele comando, cerca de dez semanas antes.

Ao reassumir o cargo de assistente naval do presidente da República, já sabendo que seria mantido na Casa Rosada (sede do Executivo argentino), o capitão de fragata Salinas encontrou seu novo *jefe*: o general Reynaldo Bignone, um oficial de Infantaria muito alto e sério. O *Edecán Naval* ainda se encontrava no mar, com o "Salta", quando, na terceira semana de junho, Bignone fora convocado por seus pares a suceder o "pavão" Leopoldo Galtieri.

O novo presidente não tinha o carisma de seu antecessor, ou de um Lanusse — era considerado "um general de escritório" —, mas o fato é que os mais carismáticos representantes das casernas haviam levado a nação argentina a um estado de convulsão político-social tão grave, e em si mesmo tão autofágico, que esse processo — magnificado pela vergonha da derrota nas Malvinas — acabara por devorá-los.

Cinco semanas depois de Galtieri ter sido apeado da Presidência, o comandante da Força Aérea Argentina, brigadeiro Lami Dozo, solicitou sua transferência para a reserva.

Nessa situação, da antiga Junta que levara a Argentina à aventura com os britânicos, restara só a pálida esfinge do almirante Jorge Isaac Anaya. E ele resistiu quanto pôde a encerrar o seu sonho de poder.

Fê-lo somente em meados de setembro, ao ser convencido de que a sua saída do cargo de comandante da Armada argentina não implicava juízo de valor, mas derivava da circunstância inarredável de uma remontagem da Junta Militar.

O CÓDIGO DAS PROFUNDEZAS

Bem cedo na manhã da sexta-feira, 1º de outubro de 1982, Anaya presidiu uma última reunião a portas fechadas com os principais oficiais-generais de sua Força na Base Naval de Puerto Belgrano, 30 quilômetros ao sul de Bahía Blanca. A oportunidade para sentidos cumprimentos de despedida e gestos de adeus.

Precisamente às 10h, o almirante Anaya apareceu muito garboso e emocionado na ampla praça Sarmiento — o antigo Campo Sarmiento, de aviação, bem no centro da base, adaptado vinte anos antes para a realização de eventos e cerimônias militares.

Suas últimas palavras como chefe da Marinha ecoaram sem surpresas. Ele declarou que os militares argentinos haviam vencido a luta contra a guerrilha de esquerda, e que "aceitar o ultimato da Grã-Bretanha [*para a retirada de trabalhadores argentinos das Geórgias do Sul*] seria calar para sempre nossas reivindicações". Ele também ressaltou: "Jamais durante tais negociações foi dada a nosso país a possibilidade de uma saída digna, nem o inimigo nem seus representantes aceitaram sequer discutir nossos direitos."[128]

Em seu discurso, o sucessor de Anaya, almirante Rubén Franco (o antigo companheiro do almirante Maximiano da Fonseca na Junta Interamericana de Defesa), seguiu a mesma linha de estimular a opinião pública a sentir orgulho de sua Força Naval. "Não nos rendemos", disse Franco, "só fomos momentaneamente abatidos pelo inimigo". E exortou: "Ninguém sinta, portanto, que foi uma guerra inútil, sem fundamentos, irresponsável." E então homenageou o oficial a quem substituía: "Comandou a Marinha na ação militar mais transcendente deste século."[129]

Um dos que ouviram, imóvel, essa arenga, foi o vice-almirante Juan José Lombardo. Seus dias de glória pessoal, nem é preciso dizer, também haviam chegado ao fim.

Sua autoridade à frente do Toas — o famoso Teatro de Operações do Atlântico Sul — havia sido dura e repetidamente contestada não apenas pelo Comitê Militar, mas especialmente pelo pessoal da aviação.

O almirante recebera queixas de seus camaradas da Armada sobre a existência, em áreas próximas às Malvinas, de missões da Fuerza Aerea Argentina não coordenadas com a Força Naval; descobrira que os pilotos da FAA não lhe repassavam nem as descobertas feitas pelos voos de reconhecimento nem os contatos obtidos por suas aeronaves; e ainda seria informado de que o

Centro de Informações de Combate, mantido pelo pessoal do brigadeiro Lamı Dozo em Puerto Argentino, sonegava aos companheiros da Marinha as rotas dos aviões inimigos que, procedentes de porta-aviões, realizavam *raids* sobre a capital das ilhas — impedindo, dessa forma, a aviação naval de localizar os navios-aeródromos de Sua Majestade.

As mudanças resultantes do advento de um novo comandante-geral para a Armada encerraram, também, os dias do almirante Eduardo Morris Girling à frente do setor de Inteligência do Estado-Maior naval.

Ele assumira essa importante função em dezembro de 1981, e durante a guerra sua tarefa estivera muito concentrada na obtenção de informações acerca da movimentação e do potencial dos submarinos nucleares inimigos.

Pude perceber a angústia dos chefes navais argentinos com a falta de dados sobre a posição da frota britânica em uma tarde do fim de abril. Eu havia sido chamado para um breve descanso em Brasília, e resolvi me despedir do oficial da Marinha que, sediado no Hotel Sheraton, servia como porta-voz das Forças Armadas argentinas junto à imprensa estrangeira. Conforme já mencionei brevemente, tratava-se de um militar alto, de uns 35 ou 40 anos, cabeça de amplas entradas, luzidia, que falava baixo e demonstrava ser muito educado. Disse-lhe, para ser agradável, que lhe traria de presente, na volta, alguns pacotes do café brasileiro. Ele me encarou, muito sério, e respondeu: "O que precisamos é de informações sobre a posição dos navios ingleses." Surpreso, emudeci e me retirei.

Durante a gestão Bignone (julho de 1982 a dezembro de 1983), Roberto Salinas encontrou, por mais de uma vez, a oportunidade de comentar informalmente com o chefe de Estado acerca dos problemas evidenciados pela operação dos submarinos IKL-209/1.100 e de seus sistemas de armas, baseados nos torpedos filoguiados SST-4.

O assunto adquirira tanta relevância que figurava na pauta de uma Comissão de Análise de Ações de Combate, instalada pela Marinha ainda no segundo semestre de 1982, nas dependências da Escola de Guerra Naval.

O prédio, muito antigo, sediava uma instituição de estudos com folha de serviços de 48 anos, respeitadíssima. Ela agora abrigaria as verificações e avaliações de uma equipe que, segundo relataria mais tarde o contra-almirante

Miguel Angel Grondona — piloto naval que integrara esse comitê —, deveria produzir conclusões e as chamadas *Acciones Recomendadas* (Ações Recomendadas), "com uma reserva semelhante à de uma confissão ante um sacerdote".

Segundo Grondona, tais "ações" objetivavam "enriquecer a doutrina [*naval*], os procedimentos, as técnicas, táticas, os programas e métodos de ensino ou qualquer outro tema que tivesse relação com o material ou o pessoal".[130]

Alguns almirantes argentinos julgaram, contudo, que não havia tempo a perder: era preciso impedir que o incipiente desempenho da Força de Submarinos desmotivasse o Executivo a manter seus investimentos na renovação dessa componente da Frota de Mar.

Assim, em certos setores da cúpula naval, criou-se a expectativa de que a proximidade do oficial submarinista "veterano da campanha das Malvinas" com o primeiro mandatário da nação fosse útil à causa de manter o governo atento à necessidade de a Força receber as unidades classe TR-1700, encomendadas durante a década de 1970 à Thyssen Nordseewerke, da cidade alemã de Emdem.

Com mais do dobro do deslocamento dos IKL-209, esses novos submersíveis podiam ser considerados navios verdadeiramente oceânicos, por sua autonomia bem acima das 6.500 milhas náuticas (o alcance máximo sempre foi mantido em segredo), a velocidade na média 20% maior que a de um classe "Salta", e a capacidade de transportar até 22 torpedos — 27% maior que a do IKL. Bignone preservou seu programa de construção.

O TR-1700 "ARA Santa Cruz" foi lançado ao mar em setembro de 1982, e o seu irmão gêmeo, "ARA San Juan", em junho de 1983.

Roberto Salinas podia, finalmente, dizer: *misión cumplida*.

PARTE IV Os vinte anos seguintes

32. O memorando de Guenter

Ainda na metade final de 1982, em plena ressaca argentina pela derrota, representantes da conceituada AEG-Telefunken, fabricante dos torpedos SST-4, começaram a aventar hipóteses — técnicas e táticas — para explicar o fiasco desse seu modelo de arma.

No campo da doutrina de emprego, eles arriscaram dizer que os repetidos fracassos no lançamento do torpedo podiam ser a consequência de esses engenhos terem sido disparados a uma distância muito grande do alvo — acima dos 8 mil metros —, amparados em "soluções" (cálculos) de tiro insuficientes.

Sem qualquer conhecimento direto acerca das circunstâncias em que as falhas haviam ocorrido, eles também se referiram: 1) a uma possível transmissão de informações incorretas do periscópio para o computador de tiro (que no "ARA San Luis", lembremos, esteve inativo) e 2) ao mau preparo dos tubos lançadores de torpedos dos IKL.

Contudo, no pós-guerra, as desconfianças da AEG no tocante à competência da tripulação do "S-32" foram abaladas por testes realizados pela própria companhia no mar Báltico. Nesses lançamentos ficou evidente que, enquanto sob o controle do cabo de guiagem, o SST-4 era incapaz de manter a profundidade que lhe fora determinada.

Em 1983, engenheiros alemães e holandeses estiveram, finalmente, na Argentina para verificar pessoalmente o problema dos torpedos filoguiados.

Os resultados desse exame foram mantidos, naturalmente, em segredo. Mas algum tempo depois de os especialistas terem voltado para os seus países, fragmentos de um relato oficioso acerca da visita deles começaram a circular nos meios navais locais — e, logo, nos meios diplomáticos de Buenos Aires. Reunidos, esses dados conformavam uma explicação que apontava para as suspeitas da AEG sobre a imperícia dos submarinistas sul-americanos na operação dos sistemas do IKL.

Segundo essa versão, os visitantes teriam descoberto que, ao fazer a checagem das conexões entre a aparelhagem do submarino e os torpedos, um subalterno da Marinha argentina, encarregado da manutenção do sistema de armas do navio, se equivocara. Ele montara de maneira defeituosa o giroscópio, componente crítico de guiagem do torpedo. Os conectores do equipamento tiveram sua polaridade invertida. Esse erro deixava o SST-4 descontrolado, impedindo-o, portanto, de correr na direção que lhe fora traçada.

O que jamais ficou claro: se a mesma pessoa ajustou equivocadamente o armamento dos dois IKL ou se o grave engano era cometido, de forma sistemática, por todos os especialistas nos torpedos do navio. De qualquer forma, em conversas privadas, o ex-comandante do "ARA San Luis", Fernando Azcueta, sempre descartou a possibilidade de esses barcos terem sido sabotados.

O diagnóstico dos engenheiros europeus não invalidava, claro, a percepção das Marinhas clientes da AEG-Telefunken de que o torpedo apresentava problemas de concepção — inclusive os destinados à exportação. Tanto que o produto foi sucessivamente modificado.

A 15 de junho de 1987, o TR-1700 "ARA Santa Cruz" disparou um SST-4 melhorado e dotado de carga explosiva sobre o velho destróier "ARA Py", descomissionado três anos antes. O impacto, a meia-nau, levantou a embarcação uns 5 metros de dentro das ondas, partindo-a, literalmente, em duas partes. O navio foi a pique em não mais de cinco minutos.

Ainda nesse ano — quinto aniversário do conflito das Malvinas —, escrevi um artigo intitulado "Sem força no mar" para uma publicação da Marinha brasileira. Nele, apresentei como causa da falha dos torpedos do "S-32" o rompimento do cabo de guiagem.

Meu texto mereceu a réplica, por escrito, de um oficial submarinista brasileiro da reserva, o capitão de mar e guerra Guenter Henrique Ungerer, que eu não conhecia.

Morador do bairro carioca de Laranjeiras, esse militar, descendente de alemães, havia sido nomeado, em 1973, o primeiro comandante do submarino da classe *Oberon* "Humaitá". E viajara à Inglaterra para buscar o navio.

Em 1987, já na reserva, ele trabalhava como consultor, no Rio de Janeiro, do consórcio Howaldtswerke Deutsche Werf (HDW)/Ferrostaal A.G., conglomerado industrial selecionado ainda em 1982 — justo no ano da Guerra das Malvinas — para (inicialmente) fornecer dois submarinos IKL-209/1.400 à Marinha brasileira.

A aquisição desses navios — 5,30 metros mais compridos e 27% mais pesados que os modelos recebidos pelos argentinos do mesmo fabricante, na metade inicial da década de 1970 — constituía um dos principais programas do esforço de reequipamento naval em curso no Brasil. Havia muito dinheiro em jogo, e os alemães desejavam, obviamente, incluir no "pacote" os torpedos que fabricavam, do tipo SUT. Mas contra esse último detalhe, em particular, subsistiam, obviamente, as desconfianças derivadas da má experiência dos argentinos com os SST-4 no Atlântico Sul.

Nesse caso, as lembranças suscitadas pelo quinto aniversário do conflito em nada ajudavam um processo de reequipamento que se desenvolvia com razoável celeridade.

Até aquele momento, haviam transcorridos apenas seis anos desde que, na virada de 1980 para 1981, a Marinha do Brasil convidara proponentes da Itália, da França, da Alemanha e da Suécia a oferecerem submarinos na faixa de 1.200 a 1.700 toneladas. Exigiu-se a transferência de tecnologia para que a maior parte das unidades a serem contratadas pudesse ser construída no Arsenal de Marinha do Rio de Janeiro (AMRJ).

Eu não sabia, mas Guenter Ungerer trabalhara nos estudos de Estado-Maior que haviam selecionado o 209 como a melhor opção para o país. Ele defendia esse modelo de embarcação em todos os aspectos: autonomia, alta manobrabilidade, adequação ao cenário marítimo proposto como teatro de operações, excelência dos equipamentos embarcados, dos torpedos oferecidos... Pesou igualmente, para a escolha da proposta alemã, a experiência que o consórcio HDW/Ferrostaal já possuía na entrega de conjuntos de materiais e de equipamentos, bem como no repasse de tecnologia para a montagem dos submarinos na Índia e na Turquia. Assim, a Armada brasileira sentiu-se à vontade para fechar as encomendas do submarino "Tupi", que seria fabricado pela HDW em Kiel, Alemanha, e do "Tamoio", cujo projeto deveria se tornar realidade, com a assistência alemã, no Arsenal do Rio.

As compras foram feitas à sombra das avaliações negativas que, especificamente sobre o IKL-209, circulavam, na época, na imprensa internacional. Um noticiário, claro, derivado do fiasco da Marinha argentina nas Malvinas. Coube ao correspondente do *Jornal do Brasil* em Bonn, William Waack, reproduzi-las na imprensa brasileira:

Falha nas Falklands pode afetar venda de armas alemãs

Bonn — Mais uma consequência da guerra no Atlântico Sul para os projetos de armamentos brasileiros: o fracasso dos dois submarinos alemães que os argentinos empregaram contra os ingleses este ano poderá levar o Brasil a modificar as encomendas que pretende fazer num estaleiro da Alemanha.

Um dos submarinos do tipo 209 que os argentinos compraram há mais de cinco anos dos alemães permaneceu o tempo todo no porto, com defeito nas máquinas [*óbvia referência ao "ARA Salta"*]. O segundo, batizado de *San Luis*, foi lançado na batalha, disparou três torpedos, mas não afundou nenhum alvo. É sobre o funcionamento desses torpedos que discutem atualmente os especialistas militares argentinos, alemães, ingleses e brasileiros: a culpa foi da tripulação do *San Luis* ou do material?

Outra versão — Um grupo de militares argentinos que esteve recentemente na Alemanha inspecionando a construção de quatro fragatas [*classe Meko*] para sua Marinha espalhou a versão de que (a exemplo das famosas bombas jogadas pelos aviões) a tripulação do submarino não soube ajustar corretamente o dispositivo que faz o torpedo explodir ao chocar-se com o alvo. Informações passadas aos colegas brasileiros dão conta de que o Comandante do *San Luis* teria com certeza acertado três projéteis no porta-aviões *Invincible*, que não explodiram.

Esta semana a revista *Spiegel* publica outra versão. Culpa no fracasso do submarino foi o precário treinamento da tripulação, que só começara a operar o barco dois meses antes da guerra e do sistema de direção de dois torpedos dos torpedos disparados, ambos da firma AEG-Telefunken. O terceiro, de fabricação norte-americana, teria explodido, mas até hoje não se sabe de encontro a quê.

Os submarinos alemães do tipo 209 são considerados armas ultra-avançadas. Movidos por motores elétricos extremamente silenciosos, são muito difíceis de serem localizados pelos sistemas de detecção anti-submarino convencionais, e antes mesmo de sua frota partir para o Atlântico Sul os ingleses perguntavam aos alemães como preparar sua defesa contra os 209.

Os torpedos da AEG também vinham sendo considerados ultra-sofisticados. Ligados ao submarino por um pequeno fio, os projéteis podem corrigir sua trajetória durante a viagem até o alvo. Caso necessário, seu disparo pode efetuar-se de uma distância de 30 quilômetros, com o submarino a 100 metros de profundidade. Mais de 1 mil exemplares foram vendidos nos últimos anos, principalmente no exterior.

Depois que a super arma não funcionou, os ingleses estão oferecendo ao Brasil um novo negócio: em vez de equipar os submarinos que a Marinha brasileira quer encomendar na Alemanha com os torpedos da AEG, eles propõem projéteis da Marconi. Cada torpedo custa aproximadamente 1 milhão de dólares. O argumento comercial dos ingleses é o de que pelo menos um de seus submarinos cumpriu sua missão, afundando o velho cruzador argentino *General Belgrano*.[131]

O artigo de Waack dá bem a ideia da desinformação que era distribuída aos jornalistas nos meios da indústria de defesa europeia, já que as falhas dos torpedos argentinos nada tinham a ver com algum defeito no impacto contra o alvo, nem o cruzador "Belgrano" havia sido alcançado por um torpedo da fabricante britânica Marconi...

O texto lembra, entretanto, a reportagem da *Der Spiegel* sobre o mau funcionamento do SST-4, com informações muito próximas da realidade — especialmente a do parco adestramento das tripulações argentinas no barco IKL-209/1.100, que não fora só de dois meses, mas de quatro...

Os dois anos seguintes à contratação do "Tupi" e do "Tamoio", os oficiais brasileiros gastaram em discussões com seus novos parceiros alemães sobre o plano geral de transferência de tecnologia e de construção e no início oficial dos trabalhos, a partir de 23 de julho de 1984. Enquanto a HDW iniciava em

Kiel a produção do "Tupi", engenheiros alemães chegavam ao Rio para preparar o AMRJ para a empreitada

A Marinha enviou cerca de cem especialistas em engenharia naval e técnicos para a Alemanha, a fim de que eles recebessem treinamento *on the job* durante todas as fases de fabricação de seu novo submarino: planejamento, construção, controle de qualidade e procedimentos de teste de submarinos.

Então, a 10 de maio de 1985 (terceiro aniversário da campanha de guerra do IKL argentino "San Luis" no litoral malvinense), considerando satisfatória a parceria com os alemães, o governo brasileiro contrata a fabricação de mais dois IKL-209: o "Timbira" e o "Tapajó" — ambos a serem produzidos também no Rio.

Na verdade, Brasília sonhava com um plano ainda mais ambicioso, para ser desenvolvido no âmbito de sua cooperação com a HDW: a contratação de um programa de treinamento que permitisse aos brasileiros desenhar e construir o seu próprio submarino. Cerca de trinta engenheiros foram selecionados para participar dessa capacitação durante os anos 1985 e 1986, a que se seguiu o início de uma fase sensível, prevista para durar até 1990: a da concepção do projeto.

Naquele ano de 1987, o Arsenal de Marinha havia iniciado a construção do "Tamoio". O estaleiro, no coração do antigo porto militar do Rio, incorporara à sua rotina dezenas de procedimentos relativos a planificação, etapas construtivas, controle de qualidade e testes que lhe haviam sido transmitidos pelos alemães. Mas a tarefa é enorme. Ela envolve aproximadamente 10 mil desenhos, 50 mil itens de materiais e equipamentos, além de uma força de trabalho que, no pico, mobilizará 230 engenheiros e técnicos especializados.

A construção do submersível exigirá pelo menos 250 mil dias-homem de trabalho dedicado, em instalações exclusivas, uma vez que os rigorosos requisitos de qualidade não permitem a execução de atividades de construção de navios desse tipo simultaneamente com a construção de unidades de superfície. Em Kiel, enquanto isso, os especialistas da HDW preparam o lançamento ao mar do "Tupi".

Era esse esforço que estava em jogo quando, em meados de 1987, apareceu minha crítica aos SST-4.

Burocratas minuciosos, os representantes do consórcio HDW/Ferrostaal aboletados em um lindo escritório envidraçado de frente para a baía de Botafogo, no Rio, decidiram reagir a ela. Até porque, em sua opinião, o torpedo SUT, da ATLAS Elektronik, que previam vender à Marinha do Brasil, era uma arma muito mais completa e confiável que o SST-4 Mod. 0 comprado pelos argentinos na década de 1970.

O SUT combinava os predicados de um engenho projetado para alcançar navios na superfície — como o SST-4 —, com as virtudes do torpedo alemão *Seeschlange* "Serpente do Mar", concebido para atacar alvos submarinos. Tratava-se, portanto, de uma arma de duplo emprego, bastante mais prática que o SST-4.

Como o meu artigo aparecera nas páginas de uma publicação da própria Marinha, eles escalaram o capitão de mar e guerra da reserva Guenter Ungerer para respondê-lo.

Assim, o oficial redigiu uma espécie de memorando, não muito longo e que pretendia ser bastante objetivo — claro, no duro palavrório técnico da caserna. Ei-lo, na íntegra:

FALHAS DE TORPEDOS

GUENTER HENRIQUE UNGERER

Em artigo de Roberto Lopes, repórter da "Folha de São Paulo"[sic], publicado na Edição Especial desta Revista, sob o título "Sem Força no Mar", foi citada como causa da falha dos torpedos do submarino argentino San Luiz, o rompimento do fio de comando.

Após o conflito das Malvinas (ou Falklands), tem surgido um considerável número de informações contraditórias acerca das falhas dos torpedos SST-4 empregados pela Marinha Argentina.

Acreditamos que a maioria delas está completamente errada, o que inclui a assertiva do repórter Roberto Lopes.

O rompimento do fio de comando é uma falha muito peculiar aos torpedos de origem inglesa, devido à sua filosofia de lançamento, a qual demanda que um sarilho contendo cerca de 2.000 jardas de um cabo grosso fique estático no mar, abaixo do submarino lançador. A ligação entre o cabo grosso e o fio de comando, feita por solda, é o ponto fraco do sistema e responsável por muitos fracassos dos torpedos MK-23 e MK-24 (este o Tigerfish).

Não temos notícia, no entanto, de problemas no fio com os sistemas americano e alemão, os quais mantêm o sarilho dentro do tubo.

No caso do conflito das Malvinas, o que conseguimos apurar foi que os torpedos SST-4 mod. 0 (já obsoletos) estavam em bom estado, mas não poderiam ter a menor chance de acerto por estarem ligados em fases incorretas antes do lançamento.

Enquanto nos tubos, os torpedos são alimentados por energia do submarino (trifásica) com 115 volts, 400 Hertz, para suprir os giroscópios. No instante do lançamento, a alimentação é trocada para a fonte própria do torpedo, imediatamente antes do corte do cabo "A".

Dessa forma, seria impossível estabilizar os torpedos e eles teriam que correr "loucos".

Parece que durante os serviços de manutenção houve erro humano na ligação das fases na fonte de alimentação. Assim, quando a alimentação foi trocada de bordo para interna dos torpedos, as três fases foram repentinamente mudadas para a sequência correta, mas, como seria natural, os giroscópios entraram em precessão [*ficaram sujeitos a uma rotação que tendia a alterar-lhes a direção do eixo*] e ficaram fora de controle.

Se, além disso, verificarmos que a guarnição do San Luiz (*sic*) nunca tinha feito um exercício real de lançamento de torpedos, vamos concluir que os torpedos não poderiam nunca acertar, tornando vã a bela manobra de seu comandante, penetrando a cobertura e se evadindo dos escoltas ingleses sem ser detectado.[132]

As duas linhas finais do arrazoado de Guenter são, é claro, uma breve e diplomática reverência ao esforço do oficial em comando do "ARA San Luis". Até onde sabemos, o capitão Azcueta e sua tripulação jamais penetraram, de forma planejada, cobertura anti-submarina alguma, até porque desconheciam detalhes da localização dos diferentes grupos-tarefa da Força Naval Britânica.

Da mesma forma, e até que se prove o contrário, o aparente sucesso do submarino argentino em se evadir "dos escoltas ingleses sem ser detectado" parece refletir apenas a extraordinária incapacidade dos ingleses em plotar e destruir seu inimigo — algo verdadeiramente relevante, já que, à época, cerca de 70% das missões antissubmarinas das forças navais da Otan cabiam a unidades de Sua Majestade.

Também é importante deixar claro: quando a alimentação de energia dos torpedos argentinos foi trocada da fornecida pela aparelhagem de bordo para a suprida pela fonte de energia interna das armas, o que predominou foi a ligação errada das fases — inversão de polaridade — nessa fonte interna. A falha produziu uma força que tirou o eixo do giroscópio do SST-4 de sua posição inicial. A eletrônica do torpedo mediu essa diferença, transformou-a em grandeza elétrica e aplicou-a aos mecanismos da arma, "enlouquecendo-a".

De qualquer forma, as informações do comandante Ungerer parecem coincidir perfeitamente com a versão que se obteve, em 1983, da visita de inspeção realizada por especialistas alemães e holandeses à Marinha argentina. Ambas as versões coincidem em atribuir o mau funcionamento dos torpedos a uma falha humana, cometida pelo serviço de manutenção do sistema de armas do IKL-209.

Em abril de 1989, sétimo aniversário do assalto argentino às Malvinas, a prestigiosa publicação americana *The Submarine Review* publicou um artigo sobre as lições do conflito no tocante ao emprego de submersíveis. As breves linhas reservadas aos problemas do SST-4 afirmavam:

> A experiência dos argentinos com seus submarinos 209 sugere que um torpedo antinavio altamente complexo, que requeira um número grande de setagens elétricas e um sistema de direção de tiro complexo, seja de difícil utilidade numa guerra. Tais torpedos são também quase impossíveis de serem empregados normalmente se houver uma falha na sequência elétrica de disparo.[133]

33. A sentença do capitão Moore

Quase todas as análises realizadas no Ocidente acerca do desempenho das unidades integrantes da Força Naval britânica destacada para operar no Atlântico Sul entre abril e junho de 1982 ressaltam o pavor dos comandantes desses navios de serem surpreendidos pelo ataque de algum submersível argentino.

O tempo mostrar-lhes-ia: muito mais importante do que a ameaça submarina era a ameaça aérea representada pelos caças-bombardeiros das duas aviações argentinas: a da Marinha e a da Força Aérea. Mas a verdade é que o medo do impacto de um torpedo sempre esteve presente nos passadiços da Operação Corporate.

Esse temor e a situação de extraordinária incapacidade operacional da Arma Submarina argentina — que analisaremos de forma mais conclusiva no próximo capítulo deste livro — demonstram, sobretudo, que a Inteligência inglesa esteve muito aquém do que dela se requeria em alto-mar.

Ou, em palavras mais diretas: os espiões a serviço de Londres estavam bem menos atualizados sobre o potencial dos barcos sob o comando do capitão Moya Latrubesse do que imaginava, por exemplo, o capitão Roberto Salinas.

O pesadelo que torturava o subconsciente dos oficiais de Sua Majestade, refletiu-se, claro, nas medidas preventivas que eles adotaram no mar.

Embarcados em dois pequenos navios-aeródromos e nas diferentes unidades de superfície da Marinha Real, os helicópteros antissubmarino dos Esquadrões Aeronavais 820, 824 e 826 — todos de Cornwall, perto de Helston — foram as aeronaves que registraram a maior quantidade de horas de voo entre todos os aviões e aparelhos de asas rotativas empregados pelos ingleses no teatro de operações.

ROBERTO LOPES

"Os ataques à Força-Tarefa por submarinos inimigos (209) foram uma significante ameaça, o que foi reconhecido pela inclusão do helicóptero A/S Sea King na Ordem de Operações Aérea", escreveu o almirante Fieldhouse, logo depois da guerra, ao ministro da Defesa britânico. "Um número de ataques torpédicos foi desencadeado por estas aeronaves contra contatos classificados como possíveis submarinos. Os resultados das ações não são conhecidos, mas a alta taxa [rate, no original] de voo deste helicóptero cumprida durante as operações representou uma parte essencial da Guerra A/S de defesa da força".[134]

No mês de maio, por ordem do almirante Sandy Woodward, máxima autoridade no mar da Operação Corporate, os movimentos dos ingleses no Atlântico Sul nunca deixaram de estar protegidos — as 24 horas do dia — por ao menos quatro helicópteros ASW (sigla em inglês de guerra antissubmarina).

Tão importante quanto isso: durante as nove semanas em que a Força Naval britânica patrulhou o extenso corredor de 8.110 milhas (13.100 quilômetros) entre a ilha Ascensão — enclave militar da Grã-Bretanha — e as Malvinas, os navios e aeronaves dessa frota despejaram no Atlântico um mínimo de 203 modernas armas submarinas,[135] entre torpedos e cargas de profundidade. Tudo para prevenir algum ataque argentino.

Claro, nem todos os procedimentos estudados na teoria têm a sua eficiência confirmada na prática. Foi assim, por exemplo, no ataque dos helicópteros ingleses ao submarino "Santa Fe", que no fim de abril tentou escapar ao seu destino navegando na superfície. As duas principais armas despachadas pelas aeronaves contra o seu antiquado inimigo provaram ser ineficientes. Um míssil AS-12, ar-superfície, atravessou a torreta do submersível sem explodir, porque o revestimento dessa parte da estrutura do navio, à base de fibra de vidro, não representou uma resistência suficientemente robusta, capaz de detonar o mecanismo de ignição da carga explosiva transportada pelo míssil.

Também os torpedos antissubmarinos Mk-46 Mod. 5, concebidos para atingir alvos em águas rasas, mostraram-se ineficientes. Para explodir e danificar o alvo, essas armas de quase três metros de comprimento, que corriam a mais de 50 quilômetros por hora, precisavam perseguir o inimigo a uma profundidade mínima de 30 pés — 9,10 metros —, e o problema é que o "S-21" corria à superfície, cortando as ondas a toda velocidade...

O CÓDIGO DAS PROFUNDEZAS

Abaixo da linha do equador, os navios britânicos comportaram-se como — perdoem-me o chavão — peixes fora d'água: uma força fora do cenário de seu adestramento e das regras nas quais havia aprendido a lutar.

Uma frota preparada durante décadas para fazer a guerra em águas profundas, buscando a detecção de grandes submarinos nucleares de ataque por meio de sistemas acústicos passivos, que agora precisaria encontrar pequenos e silenciosos submersíveis de propulsão diesel-elétrica, em um leito submerso escarpado e pouco profundo, onde o trabalho dos seus sonares podia não ser inteiramente confiável.

O artigo da *The Submarine Review*, de abril de 1989, sobre o emprego de submarinos na Guerra das Malvinas observa:

> Outra lição destas operações (...) é a necessidade de assegurar que os submarinos de hoje sejam eficientes nas operações em águas rasas e particularmente na cota periscópica. Com águas [*de profundidade*] abaixo de 100 braças [*182 metros*] em toda a área entre a costa argentina e as Falklands, mesmo o bloqueio contra navios mercantes argentinos tinha que ser efetuado em "águas rasas".[136]

A simples mudança de águas — do Atlântico Norte para o Atlântico Sul — causava preocupação aos oficiais britânicos.

Além do fato de que deveriam combater em mares desprovidos dos abismos submarinos do hemisfério norte, eles teriam de avaliar contatos hidrofônicos obtidos em ambientes de vida marinha diferente daquela com a qual estavam familiarizados, de temperaturas e salinidades também diversas daquelas cujos efeitos conheciam.

Nem os sensores da frota de superfície nem os dos submarinos de Sua Majestade estavam preparados para um teatro com tais características. O resultado disso? Muitos falsos alarmes gerados por espécies biológicas desconhecidas, pela irregularidade do fundo nas latitudes austrais, e por outros fatores do meio subaquático.

"As péssimas condições de tempo que criaram muito ruído na superfície, aliadas à alta densidade biológica nas águas próximas às Falklands, contribuíram para tornar as operações A/S extremamente difíceis, com alta incidência de falsos contatos", observa a *The Submarine Review*.

Minúsculas espécies de camarões produzidos pelas águas frias da Antártica são encontrados em grandes cardumes, os quais fazem retornar ecos convincentes aos sonares ativos e fazem muito ruído, através da soma dos seus pequenos gritos agudos. É altamente provável que os navios de guerra tenham despendido grande quantidade de armamento A/S contra falsos contatos.[137]

No início da década de 1990, o então capitão de corveta H. Boehm, da Armada da Alemanha Ocidental, enfatizou:

> Rápidas mudanças nas condições do tempo, na altura das ondas, no estado do mar, nas fortes correntes e no alto nível de ruído ambiente são fatores que reduzem as chances de sucesso dos navios que fazem a guerra antissubmarina, tornando, em consequência, o submarino invisível até que este lance o seu armamento.
>
> (...)
>
> Os fatores hidrográficos das águas rasas devem ser consistentemente usados para aumentar as vantagens do submarino sobre as forças A/S [antissubmarinas]. O submarino deve manter-se sempre atento à salinidade e temperatura do local em que estiver mergulhado e usar as diferentes camadas para esconder-se, obter detecção a longa distância, atacar e evadir-se.[138]

E os ingleses ainda precisavam contar, claro, com os contratempos derivados a) da enorme distância que os separava de suas bases de operações; b) das características do novo meio subaquático onde deveriam operar; e c) dos casos de enguiço normal nos equipamentos embarcados em seus navios e aeronaves.

O diário de um oficial do "Conqueror" guardou, a 29 de abril, a seguinte anotação: "Já percorremos mais de quatorze mil quilômetros. Hoje, passamos rapidamente para as nossas novas áreas em torno das Malvinas e da Terra do Fogo. (...) As comunicações são um problema terrível, e esta manhã conseguimos falar com a Nova Zelândia, que está mais perto do que a Grã-Bretanha."[139]

Sobre os problemas ocasionados pelo ambiente marinho do Atlântico Sul, lembro agora o que apurei durante uma reportagem acerca da chegada do submarino IKL-209/1.400 "Tupi" ao porto do Rio, no final de junho de 1989.

Durante a travessia da Alemanha para a costa brasileira, as duas centrais de ar condicionado do navio haviam entrado em colapso. Isso obrigara o submarino a cobrir o trecho inicial da etapa Recife-Rio de navegação à superfície. Recordo o que escrevi:

> Em um submarino, ar condicionado não é conforto para a tripulação. Poucos circuitos computadorizados a bordo de um moderno submersível resistem a temperaturas superiores a 35 graus e a níveis de umidade do ar acima dos 75%. Assim, o ar-condicionado serve para reduzir a alta temperatura e expelir o excesso de umidade que existe habitualmente no interior do submarino.[140]

O primeiro equipamento do "Tupi" a apresentar defeito gerou um princípio de incêndio, sem maiores consequências; o segundo pôde ser reparado ainda durante aquela viagem. Ele deixara de funcionar em decorrência de um entupimento em seu filtro coletor de impurezas.

"Quando passou a navegar nas chamadas 'águas tropicais' — isto é, abaixo da linha do Equador —", informei à época, "o 'Tupy' passou a admitir uma quantidade de água do mar para o resfriamento de algumas de suas tubulações com excesso de algas, mariscos e outros tipos de organismos que terminaram sujando o filtro da central reserva de ar-condicionado. Esse alto índice de 'sujeira marinha' é característico das 'águas tropicais'."[141]

Nos mares austrais próximos às Malvinas essa variedade de organismos vivos é ainda mais traiçoeira.

Um oficial submarinista argentino especializado na eletrônica dos sonares explicou-me certa vez que, em águas pouco profundas, um simples cardume de camarões que se interponha entre o submarino e seu alvo pode produzir uma "cortina" de estática (som assemelhado ao de uma fritura) altamente prejudicial à escuta que o operador de sonar precisa fazer.

Em profundidades maiores, o chamado "peixe-carpinteiro" (*pez carpintero*) produz um som bem parecido com o da propulsão de um navio de superfície, e o *woof-woof*, um barulho semelhante ao do deslocamento de um barco cargueiro. A respeito das situações inoportunas causadas por problemas técnicos, faço constar as anotações de um oficial (não identificado) do submarino nuclear britânico "Conqueror", entre a última semana de abril e a primeira de maio de 1982:

29 DE ABRIL — "Até que estamos sobrevivendo apesar de termos que enfrentar defeito após defeito. O barco está claramente precisando de uma revisão geral."

5 DE MAIO — "(...) Estamos com um vazamento num dos geradores de vapor. Isso poderia ser desastroso — suicida — se tentarmos manobras de fuga após um ataque. Jesus Cristo."[142]

Lembro também que, a 4 de maio, quando foi alcançado por um míssil *Exocet*, o destróier "Sheffield" ocupava o posto de seu "navio gêmeo" "Coventry", que enfrentava dificuldades técnicas com o radar de alarme aéreo de longo alcance do tipo 965. Esse aparelho, projetado para captar a aproximação de aeronaves e mísseis em altitudes consideráveis, era de concepção já relativamente antiquada, e estava perto de ser substituído por um modelo bem mais moderno, o sistema Type 1022.

Também tomei conhecimento de que os ataques de jatos da Aviação Naval argentina procedentes de diferentes direções contra um mesmo navio de superfície britânico "enlouqueciam" o sistema de análise de alvos e resposta automática dos mísseis antiaéreos menos sofisticados a bordo dessa unidade — como o *Sea Dart* —, desarmando o disparador do míssil.

Não há dúvida de que essas peculiaridades do Atlântico Sul dificultaram a caça ao IKL argentino que operava dentro da Zona de Exclusão Marítima estabelecida por Londres. Aliás, essa foi, talvez, a única vantagem real desfrutada pelos tripulantes do "ARA San Luis" na campanha das Malvinas — uma luta, conforme sabemos, marcadamente desigual.

Por qualquer ângulo que se encarasse um comparativo das forças em oposição, a desvantagem argentina era flagrante.

Em 1982, a Grã-Bretanha destinava 440 dólares *per capita* para os seus gastos militares; a Argentina despendia 105.

Nos últimos dois anos, enquanto Londres aplicou 25 bilhões de dólares em armamentos e no treinamento de seus soldados, Buenos Aires não foi além dos 7 bilhões. Ambos os países dedicavam 4,5% de seu PIB aos assuntos da defesa nacional. A diferença é que o PIB britânico estava na casa dos 390 bilhões de dólares, enquanto o argentino não superava os 100 bilhões.

O orçamento da Defesa dos ingleses para 1982 era de 14 bilhões de libras esterlinas — ou 24,64 bilhões de dólares (segundo uma paridade de 1,76 dólar

O CÓDIGO DAS PROFUNDEZAS

por libra) —, enquanto o dos argentinos — reduzido um pouco antes do assalto a Port Stanley — era só de 4 bilhões.

Na Inglaterra, só a verba destinada à aquisição de material bélico e às atividades de pesquisa e desenvolvimento de produtos militares fora estipulada em 6 bilhões de libras, ou 10,56 bilhões de dólares. Na Argentina, ao menos 60% da modernização de seu armamento estavam atrelados a importações.[143]

Em seu *paper* "Submarine Operations during the Falklands War", o tenente-comandante da Marinha americana, Steven Harper, organiza, cronologicamente, as oito principais diretrizes despachadas pela cúpula da Marinha Real às tripulações envolvidas na Operação *Corporate*.

A lista permite acompanhar a gradual ampliação do esforço de guerra britânico. Eis a relação dessas ordens recebidas, em um espaço de 31 dias, pelas embarcações e aeronaves de Sua Majestade:

12 de abril — Ataque [*liberado*] na Zona de Exclusão Marítima (200 milhas náuticas);

23 de abril — Canhões liberados contra qualquer força que se acredite ser uma ameaça;

26 de abril — Área de defesa de 25 milhas estabelecida em torno de todas as unidades da força-tarefa;

29 de abril — Ataque a quaisquer vasos que estejam *shadowing* [*fazendo sombra, acompanhando*] a força-tarefa;

30 de abril — Declarada a Zona de Exclusão Total (inclui aeroplanos entre os alvos que podem ser atacados);

2 de maio — Submarinos autorizados a atacar quaisquer navios de guerra argentinos;

7 de maio — Zona de Exclusão Total (tudo, à exceção das 12 milhas da Argentina);

12 de maio — Ataque [*liberado*] a vasos de pesca e mercantes se engajados no ressuprimento das ilhas.

Uma primeira avaliação pouco lisonjeira e de alto impacto acerca do desempenho das forças britânicas no Atlântico Sul apareceu apenas três semanas após o fim da guerra, no prefácio que o respeitado capitão reformado John

Evelynn Moore escreveu para a 85ª edição de seu conceituado anuário naval *Jane's Fighting Ships*.

Editor dessa publicação desde 1973, Moore, um veterano submarinista da Marinha Real na Segunda Guerra Mundial, então com 59 anos, sentenciou: o conflito das Falklands levara a Marinha de Sua Majestade ao limite máximo de sua capacidade de ação. "As rápidas e excelentes medidas adotadas para o envio da força de operações às ilhas Falklands", escreveu ele, "não devem ·obrir o fato de que a ação se dirigia contra uma pequena armada de quatro submarinos e uma eficiente força aérea, com a perspectiva de um desembarque anfíbio de escala relativamente pequena."

E o oficial completa: "Por casualidade a ação argentina ocorreu antes da data prevista para a destruição das embarcações de desembarque [*desativação de navios britânicos por motivos de economia*], de modo que se dispunha de algum transporte para os fuzileiros navais. A oportunidade beneficiou os britânicos, mas da próxima vez poderá não ser assim."[144]

Quatro anos depois John Moore publicou *Submarine Warfare: Today and Tomorrow* ("Guerra Submarina: Hoje e Amanhã"), onde criticou duramente a falta de preparo do Ocidente para esse tipo de combate naval.[145]

Outra importante crítica aos britânicos partiu do respeitado almirante da reserva da Marinha americana George Peabody Steele — uma das maiores autoridades em submarinos nucleares do Ocidente. Pouco depois do conflito pelas Malvinas, Steele escreveu:

> A liderança britânica falhou em não manter a credibilidade militar quando as Malvinas foram ameaçadas por uma volátil e ignorante ditadura militar. O emprego de um simples submarino nuclear na área, bem como de uma guarnição pequena com mísseis superfície-ar para defender o espaço aéreo de Port Stanley poderiam ter dado, provavelmente, uma maior deterrência [*capacidade dissuasória*] à agressão. Mais um ano de redução de forças convencionais nas Forças Armadas britânicas, conforme estava planejado, teria tornado a invasão britânica pelo mar inviável.[146]

34. A Força desprezada

Há duas maneiras de se analisar o papel desempenhado pela Força de Submarinos argentina durante o episódio das Malvinas.

A primeira é examinar por que os seus navios apresentaram tantos problemas técnicos, ou para que não se escamoteie o real sentido do problema com palavras: por que essas embarcações demonstraram se encontrar em tão mau estado de conservação.

A segunda maneira de estudar o assunto é investigar a real inserção da Arma Submarina na doutrina operacional da Armada argentina.

Qual era a importância que os almirantes dessa corporação emprestavam a seus submersíveis?

A subordinação do Comando da Força de Submarinos à Frota de Mar era adequada?

O treinamento da Força estava em dia?

O adestramento específico das tripulações para operar os barcos da classe IKL-209 era suficiente?

A Força se mantinha em sintonia com o que era feito no Ocidente (pelo menos) em termos de preparação para a guerra submarina?

Ela se encontrava em um estágio de prontidão capaz de suportar o chamamento repentino para a ação?

Era razoável, enfim, esperar que a Força de Submarinos argentina se comportasse, nos anos 1980, como uma força de pronta resposta?

Muitas dessas respostas já foram dadas ao longo das páginas anteriores, mas isso precisará, agora, ser reordenado — e tornado claro com todas as letras. Reforçado.

Por uma questão de método, organizo essas respostas em dez itens:

Os prós e contras do barco da classe IKL-209/1.100.

Os problemas evidenciados pelo equipamento.

O aspecto mandatório de um ataque limitado.

A falta de um pré-aviso para o ataque.

O adestramento incompleto das tripulações.

As limitações operacionais impostas à Força de Submarinos argentina.

As restrições superiores ao plano do chefe do Toas.

A divisão existente no Almirantado argentino antes do ataque.

A incapacidade de se garantir um mínimo predomínio no mar.

A deficiente percepção sobre o real papel do submarino na Esquadra argentina.

Comecemos, entretanto, pela dolorosa constatação, em alto-mar, acerca do estado de prontificação dos submarinos.

Os prós e contras do barco da classe IKL-209/1.100. Em um artigo para a publicação *Boletim do Centro Naval*, redigido em maio de 1997, o então professor da Escola de Guerra Naval argentina capitão de navio (da reserva) Ventura J. Reverter — um ex-adido naval assistente em Londres no período de 1971 a 1972 — descreve o IKL-209 como um navio que resultou ser

um bom desenho operativo, pois seus estudos de engenharia foram excelentes e seu rendimento proporcional aos componentes que neles se instalavam, de acordo com o desejo ou a possibilidade de cada cliente. Em nosso caso [*argentino*], alguns dos componentes parciais não foram brilhantes, mas suas condições operativas, em contrapartida, resultaram muito satisfatórias.[147]

O 209 tem casco de alta tensão, não magnético. A *The Submarine Review* diz que essa característica confundiu os britânicos no ambiente subaquático do Atlântico Sul:

O MAD, detector de anomalias magnéticas, disponível nas aeronaves inglesas, foi de pouco emprego na classificação dos cascos não magnéticos do 209. A assinatura magnética detectável desses submarinos estava provavelmente muito fraca, em um ambiente onde outras massas biológicas podiam produzir assinaturas magnéticas de pouca intensidade, para que se pudesse distinguir se o contato magnético era um submarino ou não.[148]

A mesma publicação acrescenta: "Outro ponto interessante [do 209] é o de que a busca sonar é realizada em três dimensões, o que é particularmente eficiente contra alvos submarinos, apesar de ser uma complicação desnecessária contra navios de superfície."[149] Observação que soa quase como uma ironia, quando se sabe que os submarinistas argentinos eram mais adestrados no engajamento contra alvos de superfície do que para atacar os contatos obtidos debaixo da água.

Como forma de chamar a atenção para aspectos subdimensionados do projeto do submersível IKL-209/1.100, talvez seja útil destacar alguns itens do elenco de dezesseis alterações ao projeto do IKL-209/1.400 (só ligeiramente maior e mais sofisticado que o 1.100), sugerido aos técnicos alemães, em 1994, pela Diretoria-Geral de Material da Marinha do Brasil.

Os submarinistas e engenheiros navais brasileiros propuseram construir em seu país um modelo de submarino IKL 85 centímetros mais comprido e 200 toneladas mais pesado, com:

1. motores de maior potência;

2. redução do Nível de Ruído Irradiado (NRI) e diminuição da taxa de indiscrição;

3. instalação de hidrofones aperfeiçoados, para melhor medição do ruído ambiente;

4. incorporação de sistema Mage (Medidas de Apoio à Guerra Eletrônica), com capacidade de análise de emissões captadas no periscópio. O Mage é capaz de detectar, identificar e classificar emissões de radares e apontar suas prováveis origens. Isso permite que o navio opere sem transmitir com os seus próprios radares, mantendo-se no chamado "silêncio eletrônico" — ou seja, invisível para outros radares e sem o risco de se expor;

5. giroscópios de maior precisão;

6. maior raio de ação;

7. menor assinatura acústica (ruído);

8. ar-condicionado mais potente; e

9. instalação de controle automático de profundidade para ser usado, especialmente, durante as manobras em altas velocidades — acima de 15 nós (27,7 quilômetros).[150]

Ao leitor (mesmo ao leigo) fica fácil perceber uma notável semelhança entre as mudanças sugeridas pelos militares brasileiros e as reclamações dos submarinistas argentinos, doze anos antes...

Os problemas evidenciados pelo equipamento. Nesse campo é possível entender a ocorrência dos inúmeros problemas relatados pelos tripulantes do *Guppy* "Santa Fe", um barco que já navegava havia quase quarenta anos. Mas suas narrativas também sugerem falta de manutenção — o que explicaria, por exemplo, os problemas no revestimento da vela do submarino — e uma curiosa incapacidade de anotar as falhas de funcionamento da aparelhagem a bordo durante as navegações de adestramento.

Teria colaborado para isso o número reduzido de dias de mar reservado ao "S-21"? Talvez.

O que salta à vista é a incúria dos chefes navais argentinos, ao não autorizar um único adestramento de tiro real com os seus modernos torpedos SST-4, transportados pelas unidades da classe "Salta" — situação que perdurou não durante um ou dois anos, mas por quase oito.

Provas de mar com torpedos dotados de "cabeça de combate" teriam alertado os submarinistas e seus superiores da Frota de Mar para o fato de essas armas não poderem ser consideradas operacionais. E isso possivelmente os teria levado a investigar a causa do mau funcionamento do sistema. Mas o argumento para não autorizar tais testes era sempre o mesmo: o de que esses torpedos eram armas novas e de excelente procedência; dispará-los com "cabeça de combate" em um simples treinamento importava um gasto proibitivo naquele momento.

É impossível, contudo, não lembrar: em fins de dezembro de 1981 havia pronto, no Estado-Maior da Frota, um estudo sobre o desempenho assustadoramente ruim dos SST-4 inertes, próprios para o adestramento dos submarinistas. E que isso, ao que se saiba, não gerou mais do que informes burocráticos para os fabricantes do torpedo.

Não houve acerca do problema — alarmante — nenhum questionamento em caráter de emergência; ou verdadeiramente enfático, próprio de um cliente insatisfeito com o produto que adquiriu. Reflexo de um comportamento irresponsável e comodista de parte dos oficiais argentinos? Falta de iniciativa pessoal de algum deles? Retrato de um sentimento de falta de urgência diante da completa ausência da perspectiva de a Armada vir a necessitar dessas armas?

Mas não era precisamente a Marinha que estimulava as forças coirmãs à ação nas Malvinas?

Será que a cúpula naval não imaginou que precisava ter seus navios minimamente preparados para uma hipótese de emprego repentino?

O aspecto mandatório de um ataque limitado. É preciso ter em mente, sempre, que a cúpula militar argentina planejava não uma guerra aberta, mas uma simples operação bélica limitada, incruenta e sem danos materiais para os ingleses. Como se a história militar desses ilhéus — os das ilhas Britânicas (não os das Malvinas) — pudesse autorizar os generais e almirantes argentinos a pensar dessa forma...

Deixo sempre os brigadeiros de fora dessa articulação porque, no âmbito das *Fuerzas Armadas de la Nación*, eles foram, efetivamente, os últimos a saber do que se planejava — e, curiosamente, suportaram um fardo operacional tão ou mais pesado que o dos almirantes.

De acordo com esse raciocínio, caracterizado por um equívoco magistral — que só podia revelar-se amplamente desastroso —, seria possível, após o assalto a Port Stanley, debater o tema soberania com Londres desde uma posição de força, convencendo o governo da primeira-ministra Margaret Thatcher — que (lembremos) vinha fazendo cortes importantes em seu orçamento da Defesa — a não arriscar a vida de soldados importantes para a Otan em um conflito remoto. Uma guerra, podia-se dizer, no fim do mundo, que só resgataria para a sua soberania algumas centenas de súditos e 600 mil ovelhas encarapitadas nas colinas geladas do arquipélago malvinense.

Uma gente — também é bom dizer — que já estava habituada a comerciar e, em alguns casos, a ser assistida pelo socorro procedente do território continental argentino.

O governo militar sediado em Buenos Aires supunha: a) que tudo pudesse ser resolvido no âmbito da Organização das Nações Unidas, com o apoio dos Estados Unidos, que no "abalizado" julgamento da Junta argentina — a

ROBERTO LOPES

"volátil e ignorante ditadura" citada pela *The Submarine Review* — jamais toleraria uma conflagração entre dois de seus aliados anticomunistas; e b) que os próprios países europeus — com tantos e apreciáveis investimentos no país — não permitiriam que os ingleses bombardeassem a bela capital portenha, ou as suas cidades litorâneas, muito menos os seus distritos industriais

A falta de um pré-aviso para o ataque. O rótulo de operação limitada imposto à planificação da ofensiva prevista inicialmente para 1º de abril levou os almirantes argentinos a ordenar que as suas unidades não diretamente envolvidas no assalto anfíbio fossem mantidas na mais completa ignorância acerca do que estava para acontecer.

Solicitado a prover transporte para uma fração de mergulhadores de elite que teriam missões prévias ao desembarque na Isla Soledad, o comandante da Arma Submarina, capitão Eulogio Moya Latrubesse, preferiu poupar seus submarinos mais valiosos e designar para a tarefa — virtualmente desprovida de ameaças antissubmarinas — o antiquado "S-21", do capitão Horacio Bicain.

Alheios àquilo que se urdia, os demais navios da Força de Submarinos permaneceram desmobilizados em uma circunstância sem paralelo para a segurança nacional desde a crise do canal de Beagle, em 1978.

Um pré-aviso no caso dessas embarcações de (ao menos na teoria) tanta importância estratégica teria sido, de parte do comando da Armada, muito mais prudente. Ainda mais quando se sabia que a frota de Moya Latrubesse lidava com problemas operacionais importantes, inclusive em sua parcela mais moderna, dos barcos de tecnologia alemã: mau funcionamento do sistema de armas SST-4, inoperância de um dos motores do "San Luis"...

Chamada a mobilizar-se logo depois do assalto a Port Stanley, a flotilha dos IKL viu-se envolvida em uma súbita corrida contra o tempo para solucionar uma multiplicidade de problemas logísticos e operacionais. Situações que estabeleciam um desafio jamais encarado pelas autoridades navais da República Argentina.

O adestramento incompleto das tripulações. As circunstâncias de abril de 1982 nada, absolutamente, tinham a ver com a preparação feita pela Marinha argentina para enfrentar a crise de Beagle. E isso era do perfeito conhecimento de Moya Latrubesse, que, à época da tensão com os chilenos, se encontrava no comando do "ARA Salta".

Conforme já ficou claro em capítulos anteriores, uma das principais diferenças entre as duas situações era a escassez de gente bem-qualificada e o nível de treinamento geral dos militares embarcados.

Em 1978, as tripulações tinham ao menos cem dias de adestramento em seus navios, e o início dos trabalhos para a fabricação de duas unidades da classe TR-1700 ainda não desfalcava os quadros de pessoal da Arma Submarina argentina.

Em 1982 um considerável grupo de bons submarinistas se encontrava no norte da Alemanha acompanhando a produção dos novos barcos, e isso forçava o comando de Mar del Plata a uma certa improvisação nas chefias e na oficialidade necessária a esses barcos, com o aproveitamento de profissionais muito jovens e inexperientes, e até de guardas-marinhas, para funções executivas a bordo.

Entre os subalternos a situação não era muito diferente.

Como vimos no caso do enguiço do computador de tiro do "San Luis", mesmo diante da emergência militar — ou justamente por causa dela —, Moya Latrubesse não liberou a totalidade dos seus especialistas mais capacitados para o embarque. Ele temeu ficar, em terra, desprovido de seus melhores técnicos em manutenção.

Além disso, a mobilização do IKL só pôde ser completada com a designação, para o serviço a bordo, de marujos sem familiaridade suficiente com esse tipo de embarcação.

Na verdade, também no aprestamento do *Guppy* "Santa Fe" houve a necessidade de certos arranjos de última hora. Submarinistas mais antigos, que haviam servido nos navios da classe *Balao*, nos anos 1960, e agora cumpriam tarefas administrativas, ou ligadas à manutenção da Base de Mar del Plata e dos submersíveis ali atracados, foram convocados às pressas para, mais uma vez, embarcar.

E esse problema da formação de tripulações minimamente experientes não ocorreu só na Força de Submarinos, mas em vários outros setores da Frota do Mar.

Em um interessante relatório que produziu no pós-guerra sobre a atuação da esquadra depois do ataque de 2 de abril, o capitão de navio da reserva, Carlos Alberto Coli, ex-chefe de Operações da Flomar durante a crise das Malvinas, escreveu:

É conveniente fazer um esclarecimento com respeito ao adestramento da frota argentina. Efetivamente, dada a época do ano em que se precipitaram os acontecimentos, ele [adestramento] não havia alcançado um nível ótimo, em razão do que nos primeiros dias e enquanto as unidades se deslocavam para ocupar essas posições, para se encontrarem em condições de cumprir a missão a elas atribuída, executavam exercícios de tiro, operações com aeronaves e antissubmarinas, simulações de ações de superfície, de comunicações, de guerra eletrônica, lançamento de mísseis etc., incluindo, pela primeira vez, manobras conjuntas com aviões da Força Aérea.

Cabe destacar o empenho, espírito de sacrifício e desejos de superação evidenciados pelos estados-maiores e tripulações das unidades da frota que permitiram que a mesma alcançasse nesse curto lapso, de maneira rápida, um nível de adestramento aceitável.[151]

Na segunda semana de junho de 2010, durante uma palestra na localidade argentina de San Rafael, o ex-comandante do submarino "Santa Fe", Horacio Bicain, atestou o espírito de sacrifício de seus comandados: "Na parte humana, nos momentos mais críticos não tivemos nenhum caso de pânico, já que todo mundo fez o que tinha que fazer, o que significa que nosso sistema de capacitação era o adequado e que o pessoal estava preparado.[152]

As limitações operacionais impostas à Força de Submarinos argentina. Do ponto de vista doutrinário, a cúpula da Armada argentina vinha, há vários anos, relegando sua Arma Submarina a um papel secundário.

Empenhadas em exercícios de ataque, as tripulações de submarinistas argentinos priorizavam o tiro torpédico contra alvos de superfície. Havia muito pouco treinamento prático para um eventual enfrentamento com outros submersíveis.

As manobras permitiam certa inteiração com as aeronaves de patrulha marítima (ramo da Aviação Naval argentina mergulhado, diga-se, na obsolescência), mas em uma recente situação de emprego real, no fim de 1978, até mesmo essa parceria revelou problemas.

Recordemos um episódio vivido pelo próprio capitão Moya Latrubesse.

Na segunda semana de dezembro, seu IKL se encontrava a leste da Isla de los Estados, no litoral patagônico, com o esnórquel erguido para a recarga das baterias da embarcação. Subitamente o mastro do equipamento foi localizado por um S-2A Tracker da Escuadrilla Naval Antisubmarina.

Pintada com um esquema de camuflagem marrom com manchas irregulares verdes — matrícula de identificação em tamanho mínimo —, essa aeronave, recebida dos estoques da Marinha americana em um já longínquo ano de 1962, operava desde o dia 1º de dezembro a partir da Base Aeronaval Rio Grande, integrada à Força-Tarefa 42 do recém-criado *Grupo Aeronaval Insular*. A seus tripulantes cabiam as missões de exploração em águas restritas, controle do tráfego marítimo e reconhecimento armado.

Para a surpresa de Moya Latrubesse, o Tracker adotou uma postura de avião atacante: ele desceu rente às ondas e "semeou-as" com sonoboias. Cada S-2A argentino carregava cerca de dez sonoboias. Programadas para determinados padrões de busca, elas eram capazes de detectar ruídos emitidos por submarinos. Tais informações eram então transmitidas à aeronave, que, dessa forma, podia determinar a posição do alvo e, eventualmente, atacá-lo com bombas de profundidade.

Alertado por sua antena de contramedidas acerca daquilo que o Tracker fazia acima da superfície, Moya ordenou de imediato que o *Salta* passasse a uma cota de grande profundidade...

Mais tarde ele ficaria sabendo: ainda que cientes das áreas de patrulha dos submarinos argentinos, os pilotos da Escuadrilla Antisubmarina não possuíam informações sobre as rotas que eles pretendiam cumprir até alcançar a zona marítima que lhes fora designada. Nessa situação, enquanto em trânsito, esses submersíveis podiam ser facilmente confundidos com os navios chilenos. Como agravante, é preciso lembrar: em dezembro de 1978, as tripulações dos S-2A tinham ordens para atacar qualquer contato não identificado que se encontrasse em águas jurisdicionais argentinas...

As restrições superiores ao plano do chefe do Toas. No caso específico da ofensiva da madrugada de 2 de abril contra as Malvinas, deve-se ter em mente que o chamado Comitê Militar, formado pelos três comandantes das forças singulares argentinas — responsável pelo planejamento estratégico e pela "condução superior" da guerra (conforme os argentinos gostavam de dizer à época) —, vetou o plano original de emprego dos submarinos defendido pelo vice-almirante Juan Lombardo.

O oficial (submarinista) propusera adiantar ao menos dois desses barcos argentinos para zonas de patrulhamento ao norte das Malvinas e, fazendo o melhor uso possível do elemento surpresa, infligir pesadas perdas à frota inimiga, que, em sua opinião, desceria o Atlântico na direção da Zona de Exclusão Marítima estabelecida por Londres.

Honrado com a missão de planejar o assalto à Isla Soledad, e mais tarde nomeado comandante do Teatro de Operações Malvinas, Lombardo não quis insistir em uma ideia que, na opinião unânime da cúpula militar de seu país, representava ameaça direta, inequívoca, às últimas — e desesperadas — esperanças do governo de Galtieri de, pela via diplomática, evitar o derramamento de sangue e uma fragorosa derrota.

Na concepção de Juan Lombardo, tratava-se de recorrer a uma vantagem tática que só a Arma Submarina era capaz de obter para a *Flota de Mar*, surpreendendo um inimigo ainda inexperiente quanto às características (temperatura e salinidade) da área marítima onde deveria operar, logo à chegada nessas latitudes austrais — portanto, no momento em que ele menos esperava.

Somente a 28 de abril, em resposta à ação britânica no arquipélago das Geórgias e ao retumbante fracasso das negociações diplomáticas, o comitê autorizou os submarinos argentinos a abrir fogo contra o inimigo.

A divisão existente no Almirantado argentino antes do ataque. Também em defesa do planejador do assalto às Malvinas, e mais tarde comandante do Teatro do Atlântico Sul, é preciso dizer que sua tese acerca da resposta naval que a Inglaterra ofereceria à perda das Malvinas pela força era contestada por ao menos um seu colega muito poderoso dentro da Armada: o almirante Walter Oscar Allara, comandante da Frota de Mar.

Designado, em fins dos anos 1970, adido naval em Londres e chefe da Comissão Naval na Europa — escritório que tinha a seu cargo a compra de material bélico no Velho Continente —, Allara se convencera de que os britânicos, ocupados em se desfazer de vários de seus navios e aviões de combate naval (alguns deles supostamente oferecidos à própria Argentina), e ainda responsáveis por um setor crucial das operações da Otan no Atlântico Norte, não teriam disposição — ou capacidade — de organizar uma frota que precisaria operar a 15 mil quilômetros de casa. E a verdade é que o militar argentino não baseava esse raciocínio apenas na experiência que acumulara durante sua temporada londrina.

Antes de servir na Inglaterra — entre o segundo semestre de 1977 e o final de 1978 — ele se desempenhara como subsecretário de Relações Exteriores. Após voltar da Europa, passara todo o ano de 1980 na estratégica função de chefe de Inteligência do Estado-Maior Geral Naval.

Nas horas que antecederam o lançamento da Operação Rosário, Walter Allara só conseguia pensar nas muitas visitas que fizera a bases navais inglesas, em suas observações sobre o estado de conservação das unidades, o nível de adestramento das suas tripulações, a capacidade do armamento embarcado, o número das aeronaves prontas para decolar. O comandante da *Flomar* estava certo de que especialmente os submarinos nucleares ingleses não poderiam ser transferidos do Atlântico Norte para o Atlântico Sul de uma hora para outra, num pestanejar de olhos.

Para sermos justos com o Almirantado argentino às vésperas do ataque a Port Stanley, é preciso reconhecer que a opinião do almirante Allara não era a mesma, por exemplo, de um seu sucessor na área de Inteligência do Estado-Maior Naval. Para o almirante Morris Girling, oficial de ascendência saxônica, os britânicos reagiriam à perda das Malvinas com tudo o que tivessem à mão.

A incapacidade de se garantir um mínimo predomínio no mar. Privados da companhia do "Santa Fe" — fora de combate desde o domingo 25 —, do uso de seus torpedos mais modernos, e com muitos problemas técnicos (barulheira excessiva, enguiços do computador de tiro e do conversor de energia, mau funcionamento dos tanques de lastro etc.), os dois IKL-209 que restaram a Moya Latrubesse ficaram impossibilitados de afundar os navios de superfície ingleses — missão para a qual haviam se preparado melhor — e, claro, também de interceptar os submarinos de Sua Majestade.

A partir de maio, essas naves modernas estabeleceram um cordão de vigilância junto ao litoral argentino para, desde posições submersas, rastrear as decolagens de aeronaves inimigas. Os submersíveis ingleses também puderam agir livremente no transporte e na "desova" de militares de elite incumbidos de se infiltrarem no território malvinense.

Em seu artigo "Falklands/Malvinas: uma retrospectiva", o então capitão de corveta Luiz Antonio Monclaro de Malafaia, da Marinha do Brasil, alude, inclusive, a uma suposta missão especial de que foi encarregado o submarino da classe *Oberon* "Onyx", o único de propulsão diesel-elétrica despachado para o teatro das Malvinas.

Segundo o relato do oficial brasileiro:

> Notícia não confirmada dá-nos conta que uma incursão teria sido levada a efeito na própria costa argentina, quando um grupo de membros do SAS/SBS teria sido colocado em terra com o propósito de colher informações sobre a Base Aérea de Rio Gallegos. Na ocasião, o submarino teria colidido com o fundo, avariando, ligeiramente, sua proa e impedindo a utilização de seus tubos de torpedo.[153]

De qualquer forma, alguns dos principais especialistas em guerra submarina à época do conflito das Malvinas consideravam impossível que os argentinos ganhassem essa guerra. O almirante da reserva da Marinha americana George P. Steele escreveu:

> Se a Inglaterra tivesse sido repelida no mar [*durante a Operação Corporate*], ainda assim o seu poder naval podia ter levado todo o comércio marítimo argentino a uma estagnação. Os portos argentinos podiam ter sido minados e as bases militares atacadas para neutralizar a força aérea argentina e facilitar o bloqueio. O poder naval britânico podia ter completado a destruição da economia argentina que os seus próprios generais haviam iniciado. Sem dúvida, um novo governo argentino teria surgido para selar a paz e as Falklands seriam evacuadas.[154]

A deficiente percepção sobre o real papel do submarino na Esquadra argentina. Em Port Stanley, no fim da segunda semana de junho de 1982, o capitão de navio submarinista Antonio José Mozzarelli, assistente do comandante naval das Malvinas, almirante Edgardo Otero, caiu sob a mira das armas de seus captores ingleses.

Na década seguinte, Mozzarelli chegou a almirante, mas nunca se conformou com a condução do esforço de guerra por seus superiores. Em 1998, num gesto inusitado, ele redigiu, para a edição nº 18 da *Revista Argentina de Estudios Estratégicos*, uma crítica de 16 páginas à forma com que a Marinha argentina enxergava a utilidade de sua Arma Submarina.

O artigo chamava-se *"Nuestra Fuerza de Submarinos: Una vieja falencia de nuestro poder naval"* ("Nossa Força de Submarinos: Uma velha falência de nosso poder naval"). Foi a primeira vez que um submarinista veterano da campanha pelas Malvinas ousou manifestar-se de maneira analítica — e ainda de público — sobre um assunto tão delicado.

Em sua avaliação, Mozzarelli lembrou a política naval argentina, de sempre renovar apenas uma parte de sua frota de submarinos, o treinamento insuficiente das tripulações, a falta de vontade política dos chefes navais para encarar os seus meios subaquáticos como um componente de valor estratégico da Armada, tanto para missões defensivas quanto para as necessidades de ataque, e, finalmente, a imprevidência dessas mesmas autoridades às vésperas do assalto a Port Stanley.

Mozzarelli fez mais. Ele fez questão de enfatizar a questão de base, doutrinária, que desnudava a assustadora incompetência dos almirantes argentinos para compreender o valor do submarino numa guerra. Algo que coincidia, perfeitamente, com o fato de a Argentina ter sido apenas a quarta potência sul-americana a dotar sua esquadra de uma flotilha de submersíveis. Antes dela haviam feito isso o Peru — em 1911, com dois submarinos de fabricação francesa —, o Brasil — em 1913, com três submersíveis da classe *Laurenti*, italianos — e o Chile — em 1917, com seis barcos (cinco cedidos pela Grã-Bretanha e um comprado nos Estados Unidos).

Em seu artigo de 1998, o almirante é taxativo: *"la concepción imperante [en los más altos niveles de conducción de la Armada] era meramente de adestramiento y este, particularmente centrado en las funciones de blanco para las prácticas de operaciones antisubmarinas"* ("a concepção imperante [nos mais altos níveis de condução da armada] era meramente de adestramento, e este particularmente centrado nas funções de alvo para os exercícios de operações antissubmarinas").[155]

Para que fique bem claro: segundo o almirante Mozzarelli, a função do submarino na Armada argentina era, por tradição, a de servir de alvo nos treinamentos antissubmarinos da Frota de Mar. E só.

Mas não é precisamente essa a realidade que o vice-almirante da reserva Juan José Lombardo recorda, no artigo que escreveu, em novembro de 2000, para o Boletim do Centro Naval? Não foi esse o uso que fizeram de seu velho *Cavallini* "Salta" em 1959?

E ele, Lombardo? O que fez a respeito nos 23 anos que se seguiram? Tentou dar aos submarinos argentinos um *status* de maior respeitabilidade? Tentou transformar a Força de Mar del Plata em uma unidade com capacidade dissuasória, adestrada para missões de ataque?

Ou Juan Lombardo deixou tudo como estava? No conhecido estado de "falência" descrito por seu colega, almirante Mozzarelli?

Em 1984, a Disposición n° 612/84 "C" do Estado-Maior Geral Naval argentino transferiu a Força de Submarinos do organograma da Frota de Mar diretamente à subordinação do chefe do Estado-Maior e, em termos operativos, ao Comando de Operações Navais — igualando o *status* da Arma Submarina ao da própria Frota de Mar.

É, aliás, nessa situação que ela se encontra até hoje, transformada em um comando operativo tão independente, no âmbito da Armada, quanto a Aviação Naval ou a Infantaria de Marinha.

Infelizmente para os submarinistas argentinos, nada disso significou a revalorização da função da Arma Submarina na doutrina naval daquele país. Ao contrário.

A Força ultrapassada
(Conclusão)

Em maio de 1997, quando a Guerra das Malvinas completava seu 15º aniversário, o então professor da Escola de Guerra Naval argentina e ex-comandante, em 1980 — época em que o almirante Lombardo liderava a Flota de Mar —, *da 2ª Divisão de Destróieres da armada, capitão de navio da reserva Ventura J. Reverter, entregou à direção do Centro Naval argentino (entidade de preservação das tradições navais locais) o texto de um artigo para ser publicado no boletim da entidade.*

Intitulada "Pensemos em submarinos", essa colaboração consistia em uma serena advertência sobre o processo de obsolescência do "A. R. A. Salta" — que em 23 anos não fora submetido a nenhuma modernização importante — e a necessidade de a Força Naval renovar de forma mais sistemática e consistente a sua flotilha de submersíveis.

Ao analisar os possíveis fornecedores de submarinos para a frota de seu país, Reverter inclui a indústria naval brasileira: "Brasil: Constrói nos estaleiros do Rio de Janeiro o conhecido submarino tipo 209, de 1.400 ton., com patente e assessoramento alemão. Dispõe de excelentes submarinos desse tipo em estado operacional e outros em conclusão."[156]

A lembrança do vizinho do Norte como país fornecedor superestima a capacidade de trabalho do Arsenal de Marinha do Rio de Janeiro — mergulhado, à época, até o limite de suas forças, no processo de expansão da Força de Submarinos do Brasil. O número de submersíveis brasileiros vinha sendo, efetivamente, multiplicado, por meio de um persistente programa de construções supervisionado por técnicos da HDW e do escritório IKL.

Nessa mesma época, ou mais exatamente em 1966, onze anos depois de ter obtido o status de Comando Operacional independente, a Força de Submarinos argentina não havia conseguido desenvolver-se para além dos planos existentes ainda antes da Guerra das Malvinas. Ao contrário. Ela se atrofiara, e mantinha-se como a parcela talvez menos prestigiada pelo Almirantado argentino.

A última década do século XX teve início com o IKL "San Luis" recolhido ao estaleiro Ministro Manuel Domecq García, na zona portuária de Buenos Aires, ainda com o seu motor n° 1 fora de serviço (!), para ser submetido à modernização "de meia-vida" — comum no caso de naves de guerra.

O serviço implica o corte do casco resistente, para permitir a troca das baterias, inspeção e manutenção das diferentes seções do navio e, em especial, de certos componentes estruturais, mecânicos, elétricos e hidráulicos. O problema é que a verba necessária a essa remodelação não foi aprovada. E nem seria.

Até ali, as frotas de submersíveis das Marinhas do Brasil e da Argentina haviam mantido uma certa paridade técnica, temperada por nuances de eletrônica militar e armamento que situavam uma ou outra, de forma alternada, na dianteira tecnológica.

Contudo, a aventura dos almirantes Anaya e Lombardo na virada de 1981 para 1982 enterrara a reputação da Marinha nos meios políticos e econômicos argentinos. Sem prestígio e sem dinheiro, a corporação platina perdeu competitividade diante da Força que com ela rivalizava — e que, diga-se, nos últimos anos vinha lhe servindo inclusive como parâmetro.

Ainda hoje, é forçoso fazer constar, a distância entre as duas esquadras só faz crescer — especialmente no tocante às suas capacidades de fazer a guerra submarina.

Em julho de 1989, enquanto o "ARA San Luis" aguarda sua revitalização, a HDW entrega o submarino "Tupi" à Marinha do Brasil. O navio chega ao País com um ano de atraso e problemas no computador de tiro (para ser abastecido com torpedos britânicos *Tigerfish*, tão defeituosos e polêmicos quanto os malafamados SST-4 alemães), mas, enfim, está no porto do Rio. Com o passar dos anos, suas deficiências técnicas serão sanadas ou minimizadas.

Em 1990, o Arsenal carioca já abriga duas frentes de construção de submarinos em suas oficinas, uma para o "Tamoio" e outra para o "Timbira". Ainda nessa metade inicial da década o estaleiro militar dá início aos testes de cais e de mar do "Tamoio", que contam com o suporte técnico da HDW e dos fornecedores de sistemas embarcados no navio.

O segundo IKL brasileiro será entregue à Esquadra em 1994. Sua incorporação representa um divisor de águas para a engenharia naval sul-americana, pois esse é o primeiro submarino integralmente construído no hemisfério sul.

O CÓDIGO DAS PROFUNDEZAS

Ainda sob o guarda-chuva dessa cooperação com os germânicos, a então Diretoria-Geral de Material da Marinha do Brasil inicia a negociação de mudanças no projeto do IKL-209/1.400, com o intuito de definir o planejamento para um quinto submarino baseado na tecnologia HDW.

O contrato de construção dessa quinta unidade — batizada de "Tikuna" — passa a ter validade em 25 de setembro de 1995, uma quinta-feira. Catorze dias antes, na segunda 11, o estaleiro argentino Domecq García — sonho do almirante Emilio Massera — fechara as portas.

Às margens do canal sul do estuário do Rio da Prata, único acesso à hidrovia formada pelos rios Paraguai, Paraná e da Prata — onde se encontram atracadouros aptos ao recebimento de navios oceânicos —, o Domecq García parece um gigante inconformado com o seu destino.

Suas instalações, formadas por um galpão principal e vários outros menores — dotados de pontes rolantes fortes o suficiente para mover pesos entre 10 toneladas e 100 toneladas (algumas projetadas para realizar movimentos de precisão) —, haviam sido concebidas para cumprir um destino estratégico.

Ali, ao abrigo do tempo, deveriam ser construídos os submarinos de mais de 2 mil toneladas, da classe TR-1.700. Os prédios fechados permitiriam a realização de trabalhos todos os dias do ano, independentemente do clima. Mas, agora, até o chamado *Plan Nacional de Construcciones Navales de la Armada Argentina*, a que o Domecq García deveria servir, fora suspenso *sine die*.

Em 1996, o Arsenal do Rio de Janeiro conclui e entrega à Força de Submarinos brasileira o "Timbira" — terceiro IKL da Esquadra, e segundo navio de seu tipo a ser construído no Brasil. No ano seguinte têm início — sempre com a assistência da HDW — os testes de cais e de mar do "Tapajó".

A 28 de abril de 1997, enquanto os engenheiros do AMRJ começam a construir as seções do casco resistente do "Tikuna", o IKL *improved* (melhorado) — estendido — encomendado pelos almirantes brasileiros, um dispositivo legal assinado pelo então presidente argentino Carlos Saul Menem coloca o "San Luis" — honrado veterano das Malvinas — em desuso.

O Decreto nº 364/97 destacou: "A manutenção do submarino em sua atual condição de aprontamento gera uma desnecessária despesa ao pressuposto da ARMADA pelo que resulta conveniente descomissioná-lo do serviço e deter-

minar sua venda, e de não ser isso possível, sua concessão como navio-museu."
Mas nem essas providências — nem essas! — seriam tomadas a sério.
Três semanas depois, ainda sob o impacto da sucessão de medidas que apequenam sua corporação, o comandante Reverter escreve:

> A razão por que pensamos que aos 23/24 anos de serviço [*referência ao "Salta"*] se deveria iniciar o processo de renovação está motivada pela experiência de que se dispõe quanto ao tempo que demanda o período [*de aquisição de um submarino novo*] desde a sua especificação [*detalhamento de seus requisitos técnicos*] inicial até contar com a unidade. Historicamente, este tempo não baixa de oito anos e compreende a seleção [*do modelo a ser adquirido*], a negociação, o desenho, a destinação orçamentária, a construção e as provas de recepção.
> Ademais de começar a pensar nesta renovação, quereríamos agregar dois temas não menos importantes, com respeito ao fundamental de romper a inércia (...). Eles são o número de unidades a construir e o tipo de submarino a selecionar. (...) O número de unidades: para dispor de dois submarinos da nova classe, em condições de operar em caso de crise imprevista, deveria contar-se com não menos de três submarinos (...). Se substituirmos dois por dois, no espaço de poucos anos de serviço, pela defasagem [*diferença de época*] de manutenção e troca de baterias etc., em condições normais, teríamos sempre um só em serviço. O doloroso exemplo da guerra das Malvinas, em 1982, demonstrou: de dois, um só submarino esteve operacional quando a frota britânica bombardeava nossas posições e esse único se encontrava com limitações em seus sistemas de armas. (...) O tipo de unidades: (...) Da leitura profunda da crise vivida pelo país e a experiência da guerra das Malvinas, sou de opinião da conveniência de adotar um tipo de submarino convencional de tonelagem pequena a média, simples, provado exaustivamente em operações e com torpedos muito confiáveis.[157]

A 16 de dezembro de 2005 a Força de Submarinos da Marinha do Brasil recebe o "Tikuna", quarto submarino construído no Brasil sob assistência alemã — um IKL mais comprido e pesado, de eletrônica aperfeiçoada, preparado para operar nas lonjuras do Atlântico Sul, e não apenas em zonas próximas ao litoral brasileiro, como os seus predecessores.

Exatos três anos depois, as instalações do antigo estaleiro Domecq García — rebatizado de Almirante Segundo Storni — recebem a visita de técnicos da Armada argentina que têm a missão específica de reinspecionar o velho "San Luis" ali guardado.

O Estado-Maior Geral quer determinar a viabilidade de recuperar o barco para a vida militar. Afinal, bem perto dali, do outro lado do Atlântico, o "SAS Manthatisi" estava fazendo um estrago...

Os estudiosos britânicos de assuntos militares sentem um calafrio.

A 12 de janeiro de 2009, um artigo da conceituada revista inglesa *Jane's Navy International* acusa o golpe:

> Trazer o "San Luis" a um standard que lhe permita reincorporar-se à frota será custoso, ainda que os fatos de que ele haja sido preservado durante 12 anos e não haja estado submetido às tensões do serviço operativo signifiquem que isso deveria ser mais barato do que adquirir um novo.
>
> Será necessário efetuar trabalhos significativos em seu casco e máquinas durante um período de profunda renovação e revisão completa de todos os seus sistemas. A instalação de novos sistemas eletrônicos é essencial.
>
> Se se toma a decisão de devolver o barco ao serviço, não está claro se a Armada Argentina optará a favor de uma revisão ou de uma completa modernização. Esta última requereria a assistência da Thyssen Krupp Marine Systems (proprietária da Howaldtswerke).

Mas a defasagem material da esquadra platina não é o único problema a ser resolvido.

Em sua edição do 3º trimestre de 1994, a *Revista Marítima Brasileira* traz o extrato de um artigo aparecido no *Cols Bleus*, publicação bimensal da Marinha Nacional da França, sobre a visita, em março de 1993, de estagiários da Escola Superior de Guerra Naval da França à Argentina e ao Chile. A Guerra das Malvinas estava prestes a completar seu 11º aniversário, e o "San Luis", fechado no galpão principal do Domecq García, ainda aguardava alguma providência acerca de seu destino.

Diz a revista da Marinha do Brasil, sobre o artigo de sua correspondente francesa:

> Segundo a matéria, eles [*estagiários da Escola Superior de Guerra Naval*] procuravam respostas a uma longa série de quesitos, entre os quais: se aqueles países terão destino comum; quais as suas preocupações estratégicas; como viverão dentro da chamada Nova Ordem Mundial [*surgida, na concepção de Washington, a partir da derrota do Iraque na chamada Guerra do Golfo, um ano antes*]; como funcionam suas democracias; quais são os meios e as ambições de suas Marinhas no contexto atual.[158]

Os viajantes franceses têm uma impressão muito mais positiva do país na costa ocidental da América do Sul: "Conferencistas do Instituto de Estudos Políticos e Estratégicos [*chileno*] disseram que, após um período de relativo isolamento, o Chile por demais se transformou, a prioridade agora sendo dada ao capitalismo liberal, uma economia ainda incerta, ao preço de muitos esforços e sacrifícios sociais."

Em território argentino, o que eles captaram foi amargura:

> Julgam [*os estagiários*] não ser clara a linha de ação da Argentina na cena internacional: ao mesmo tempo que procura juntar-se ao mundo das democracias avançadas — aproximando-se da Europa, dialogando com a Grã-Bretanha, sem contudo esquecer as Malvinas —, a sua posição com relação a seus vizinhos americanos é menos clara, embora pertença ao Mercosul (...).
>
> Após analisada a situação orçamentária da Marinha argentina, em Puerto Belgrano foi apresentado aos visitantes um *jogo de guerra* [*simulação de um cenário estratégico*] que demonstrava **o peso, a ambição e os meios de uma Marinha de alto-mar reorganizada.**
>
> A força aeronaval, na Base Comandante Espora, mostrou-se orgulhosa de seu profissionalismo e de suas vitórias nas Malvinas.
>
> A Marinha francesa, com essa visita, procurou um reaquecimento de seus laços com a Marinha argentina, após um período de afastamento que se seguiu ao conflito das Malvinas.[159]

Ainda no segundo semestre de 1982, passada a vitória inglesa no Atlântico Sul, Paris perseguiu a reaproximação com Buenos Aires quase que desde o primeiro momento.

Decorridos menos de cinco meses desde o 14 de junho, o governo François Mitterrand autorizou que o transporte da Marinha argentina "ARA Bahía San Blas" fosse carregado com 200 toneladas de caças *Super Étandart*, mísseis *Exocet* e outros armamentos comprados por esses clientes.[160]

Mas a verdade é que isso não serviu para aplacar o ressentimento que corroía o íntimo dos clientes sul-americanos.

Prova da mágoa dos almirantes platinos com as nações consideradas amigas, o ex-subchefe do Estado-Maior Conjunto das Forças Armadas Argentinas, contra-almirante Miguel Angel Grondona forneceria, em agosto de 2002 — quase dez anos depois da visita dos militares franceses —, em um artigo entregue ao Centro Naval Argentino, também para ser publicado pelo boletim da instituição.

Denominava-se o texto, sintomaticamente, "Síndrome de Puerto Argentino". E dizia:

> (...) fomos rotundamente vencidos pelos britânicos, com o apoio sutil, ou nem tanto, de outras nações da Europa e ainda da América.
>
> Alguém duvida que para o governo chileno de então resultava ao menos conveniente facilitar seu território para a preparação de golpes de mão tendentes a atacar nossos aviões no continente, quando os britânicos tinham sua ação de bombardeio aéreo limitada somente às ilhas, provavelmente por alguma decisão de seu principal aliado [*referência aos Estados Unidos*], que lhe provinha apoio logístico e armamento, mas não queria uma ampliação do conflito e impunha suas regras?
>
> Alguém duvida que a marinha francesa operou com os seus Super Etandart simulando ataques à frota britânica, antes que esta seguisse em direção às Malvinas, para melhorar seu adestramento, ou haja informado [*aos britânicos*] que nossos Exocet ar-mar careciam do programa [*de software*] necessário para serem usados, porque eles, os vendedores, não nos haviam facilitado [*estes programas*]?
>
> A inteligência britânica e francesa juntas falharam ao não imaginar que nossos oficiais engenheiros eletrônicos pudessem criá-los [*criar os programas de software dos mísseis*], e por isso terão tido os britânicos tamanha surpresa, quando afundamos a *Sheffield*, e terão tido os franceses

que enfrentar uma difícil situação, para que [*os britânicos*] continuassem acreditando que não haviam sido eles os que programaram os mísseis.

Grondona, um homem alto e de maxilares salientes, fez história na Aviação Naval argentina. Em janeiro de 1963 ele pilotou um dos dois DC-3 da Marinha de seu país que aterrissaram numa base americana do polo sul — a primeira viagem desse tipo realizada por militares argentinos. Morreu a 12 de fevereiro de 2010, de problemas cardíacos.

Para a epígrafe de seu texto endereçado ao *Boletim do Centro Naval*, o contra-almirante selecionou alguns versos do escritor espanhol Baltasar Gracián (1601-1658), a quem qualificou como autor de obra ilustrativa de "uma visão desencantada e crítica da sociedade humana."[161]

Dizem os versos escolhidos por Grondona:

Triste cosa es no tener amigos,
pero más triste es no tener enemigos.
Porque quien enemigos no tiene,
señal es que no tiene:
Ni talento que le haga sombra;
Ni carácter que abulte;
Ni valor que le teman;
Ni honor que le murmuren;
Ni bienes que le codicien;
Ni cosa alguna que le envidien.

Triste coisa é não ter amigos,
Mas mais triste é não ter inimigos.
Porque quem inimigos não tem,
Sinal é que não tem:
Nem talento que lhe faça sombra;
Nem caráter que avulte;
Nem valor que lhe temam;
Nem honra que lhe murmurem;
Nem bens que lhe cobicem;
Nem coisa alguma que lhe invejem.[162]

Notas

1. Relatório confidencial produzido na última semana de junho de 1982 pela 2ª Seção (Informações) da 1ª Subchefia do Estado-Maior do Exército. Trecho retirado do item 3 do Capítulo III, "Conclusões e Ensinamentos". Ministério do Exército, Brasília. A recomendação acerca de uma "aviação de ataque" para o porta-aviões "Minas Gerais" nunca foi cumprida. A Marinha brasileira só conseguiu ter uma aviação de combate embarcada em porta-aviões depois que, em setembro de 2000, comprou à Marinha francesa o "Foch", navio-aeródromo construído na década de 1950.
2. "Marinha garante acerto na compra do torpedo inglês". *Jornal do Brasil*, edição de 15 de março de 1986.
3. "Arsenal levou 7 anos para reparar 'Humaitá'". *Folha de S.Paulo*, edição de 26 de outubro de 1986.
4. "Sem refrigeração, viagem de submarino fica difícil". *Folha de S.Paulo*, edição de 1º de julho de 1989, p. A-10.
5. *Rede de Intrigas*. Roberto Lopes. Editora Record. Rio de Janeiro, 1994.
6. "An Analysis of the Falklands/Malvinas Islands Campaign". Admiral Harry D. Train, II (Ret.). *Naval War College Review*, vol. XLI, nº 1. Inverno de 1988. Estados Unidos; ver também "Malvinas: un caso de estudio". Almirante Harry DePue Train, II (Marinha dos Estados Unidos). *Boletín del Centro Naval* nº 748, p. 35. Buenos Aires, Argentina.
7. Sumário Diário de Informações nº 08-E2.1-EME, preparado pela 2ª Seção (Informações) da 1ª Subchefia do Estado-Maior do Exército. Confidencial. Apreciação. 15 de abril de 1982. Ministério do Exército, Brasília.
8. Há mais informações sobre esse assunto em *Malvinas, 1982*, de Santiago Rivas e Juan Carlos Cicalesi. C&R Editorial. São Paulo, 2007, p. 15-16.
9. "Pensemos en Submarinos." Ventura J. Reverter. *Boletim do Centro Naval* nº 789, vol. 116, janeiro, fevereiro e março de 1998, p. 125. Buenos Aires, Argentina.
10. História dá razão à Argentina. Luis Rubio-Chavarri y Alcalá-Zamora. Rio de Janeiro, abril de 1982.
11. "Los Últimos Días del Salta". Juan José Lombardo. *Boletim do Centro Naval* nº 803, vol. 119, julho/dezembro de 2001, p. 473. Buenos Aires, Argentina.

12. Id., ibid.
13. Do secretário de Estado, Byrnes, ao sr. W.H. Collins, presidente da Divisão de Estaleiros da Bethlehem Steel Co. Ofício n° 835.34/4-3047, datado de 9 de janeiro de 1947, em Washington, D.C.
14. Hipolito J. Paz, ministro das Relaciones Exteriores e Culto, a Stanton Griffis, embaixador extraordinário e plenipotenciário dos Estados Unidos da América em Buenos Aires. Ofício n° 359, datado de 23 de fevereiro de 1950, em Buenos Aires, Argentina.
15. Da embaixada norte-americana em Buenos Aires (Griffis) ao Departamento de Estado, em Washington. Ofício n° 337, datado de 1° de março de 1950.
16. Somente em agosto de 1960, após muitas negociações, Washington cedeu dois antiquados submersíveis — construídos ainda na primeira metade dos anos 1940 — à Marinha da República Argentina.
17. "Los Últimos Días del Salta". Juan José Lombardo. *Boletim do Centro Naval* n° 803, vol. 119, julho/dezembro de 2001, p. 474. Buenos Aires, Argentina.
18. Id., ibid.
19. Id., ibid.
20. Id., ibid.
21. Id., ibid.
22. "Los Últimos Días del Salta". Juan José Lombardo. *Boletim do Centro Naval* n° 803, vol. 119, julho/dezembro de 2001, p. 475-477. Buenos Aires, Argentina.
23. Id., p. 474.
24. Id., p. 477.
25. Id., p. 474-475.
26. Id., p. 477-479.
27. Id., p. 475.
28. Id., ibid.
29. Carta do comandante-geral da Armada argentina, almirante Benigno I. Varela, para o comandante em chefe da Frota do Atlântico da Marinha dos Estados Unidos da América, almirante Thomas H. Moorer. Buenos Aires, 14 de abril de 1966.
30. "La Tierra que perdió sus héroes". J.B. Marañon. FCE. Buenos Aires, 1992; ver também "Rumbo a las Islas". Informe Especial: "Malvinas: los secretos de la guerra". *Clarín Digital*, 31 de março de 1996. Buenos Aires, Argentina.
31. "Operación Condor". Relatório da Polícia Federal argentina para o Juizado de Bahía Blanca. Chefaturas de Ushuaia e Rio Grande/Tierra del Fuego, 5 de outubro de 1966.
32. Menções retiradas do texto do Tratado de Utrecht, de 1713.
33. "Los Aspectos Navales de las Relaciones Argentino-Alemanas entre 1910 y 1930". Julio M. Luqui-Lagleyze (professor titular do Departamento de Estudos Históricos Navais e professor de história naval da Escola Militar Naval da Armada Argentina). Disponível em www.histarmar.com.ar.

O CÓDIGO DAS PROFUNDEZAS

34. "La Fuerza de Submarinos de la Armada Argentina en la crisis de 1978". Ricardo Burzaco. Revista *De y Seg*, nº 43, em *El Snorkel*, Comunidad Submarinista Latino-americana, 16 de novembro de 2008.
35. "La Fuerza de Submarinos de la Armada de Chile en el conflicto de 1978". Iván Martinic. *El Mercurio*, 21 de dezembro de 2009.
36. *La Escuadra en Acción*. Patricia Aranciabia Clavel e Francisco Bulnes Serrano. Editorial Grijalbo. Santiago, 2005; ver também "El año que vivimos en peligro". Rubén Scheihing Navarro. Revista *Capital*, nº 237 (17 de setembro-2 de outubro de 2008); e "La Fuerza de Submarinos de la Armada de Chile en el conflicto de 1978". Iván Martinic. *El Mercurio*, 21 de dezembro de 2009.
37. Idem.
38. Idem.
39. "La Fuerza de Submarinos de la Armada de Chile en el conflicto de 1978". Iván Martinic. *El Mercurio*, 21 de dezembro de 2009.
40. "La Fuerza de Submarinos de la Armada Argentina en la crisis de 1978". Ricardo Burzaco. Revista *De y Seg*, nº 43, em *El Snorkel*, Comunidad Submarinista Latino-americana, 16 de novembro de 2008.
41. Id.
42. Id.
43. *La Escuadra en Acción*. Patricia Aranciabia Clavel e Francisco Bulnes Serrano. Editorial Grijalbo. Santiago, 2005; ver também "El año que vivimos en peligro". Rubén Scheihing Navarro. Revista *Capital*, nº 237 (17 de setembro-2 de outubro de 2008); e "La Fuerza de Submarinos de la Armada de Chile en el conflicto de 1978". Iván Martinic. *El Mercurio,* 21 de dezembro de 2009.
44. Memorando de Anthony Crossland. Foreign Office, Londres, 1976. Arquivos Nacionais de Kew, Inglaterra.
45. Informe Rattenbach. II Parte — Antecedentes del conflicto, capítulo III — El Planeamiento de la Junta. La constitución de la Comisión de Trabajo, item 121.
46. Informe Rattenbach. II Parte — Antecedentes del conflicto, capítulo III — El Planeamiento de la Junta. La constitución de la Comisión de Trabajo. Item 116.
47. Ver *Missão no Reich*. Roberto Lopes. Odisseia Editorial. Rio de Janeiro, 2008.
48. Comissão de Análise de Ações de Combate. Referência: testes realizados com torpedos alemães em dezembro de 1981. Fonte: Frota de Mar, Marinha Argentina, 1983.
49. "La Operación Geórgias fue um verdadero absurdo". Depoimento do capitão Horacio Bicain à revista *De y Seg*, nº 7, ano 2, 2002.
50. Juan B. Yofre. "1982". Editorial Sudamericana. Buenos Aires, 2011.
51. "Considerações sobre o Míssil Mar-Mar para a Marinha Brasileira". Anexo à correspondência de Arie Halpern (Trace) para o almirante de esquadra Maximiano Eduardo da Silva Fonseca, ministro da Marinha. São Paulo, 1º de fevereiro de 1982.

Sobre o papel desempenhado por esse representante da IAI, Arie Halpern, durante a crise das Malvinas, há uma história interessante que permaneceu em segredo, mas deve, agora, ser revelada. Em maio de 1982, Halpern viajou a Buenos Aires para um discreto encontro com o comandante da Força Aérea Argentina. Ele ofereceu ao brigadeiro Lami Dozo a possibilidade de um fornecimento emergencial, por parte da IAI, de caças-bombardeiros Kfir, usados, à FAA. Basílio Lami Dozo considerou que a proposta chegava "tarde demais", e não se interessou por dar-lhe seguimento.

52. "Para los argentinos, esa guerra no existió". Depoimento do almirante da reserva Juan José Lombardo a Daniel Gallo, do jornal *La Nación*, 31 de março de 2002.
53. Id.
54. Id.
55. "La Operación Geórgias fue un verdadero absurdo". Depoimento do Capitão Horacio Bicain à revista *De y Seg*, n° 7, ano 2, 2002.
56. Viaje al fondo de los mares del Sur". Artigo de Jorge Fernando Díaz para o jornal *La Nación*, 22 de agosto de 2009.
57. "Documentos revelam segredos dos ingleses". *Jornal do Brasil*, edição de 3 de janeiro de 1985.
58. "Lições Sobre o Emprego de Submarinos na Guerra das Malvinas (Falklands)", *The Submarine Review*, abril de 1989. Tradução do capitão de fragata Edson de Santiago Cerutti. Artigo publicado na revista O *Periscópio*, n° 45, ano XXIX, p. 29. Força de Submarinos, Marinha do Brasil, Imprensa Naval, 1991.
59. Informação recolhida por Michael Frenchman e publicada no jornal londrino *The Times*. Em "Falklands, 1981. A vida nas ilhas da guerra antes da ocupação argentina". *Jornal do Brasil*, edição de 13 de abril de 1982, Caderno B, p. 1.
60. Id.
61. A informação consta no relatório da missão assinado em abril de 1982 pelo então capitão de corveta Alfredo R. Cufré, comandante da Unidade de Tarefas 40.1.4.
62. Foreign Office (Londres) para Rex Hunt, governador das ilhas Falkland (Port Stanley), 1° de abril de 1982.
63. The Falklands War — The Full Story, The Sunday Times Insight Team. Sphere Books. Londres, 1982, p. 12.
64. Libro de Navegación. Q-42 "ARA Cabo San Antonio".
65. *Malvinas, la guerra inconclusa*. Almirante Carlos Busser. Ediciones Fernández Reguera. Buenos Aires, 1987.
66. "Un contra todos". Jorge Rafael Bóveda. *Boletín del Centro Naval*, n° 816, janeiro/abril de 2007.
67. "Unos buques patrullan y otros aguardan". Artigo de Francisco José Papini, correspondente do jornal *La Nación* em Puerto Belgrano, 12 de abril de 1982.

O CÓDIGO DAS PROFUNDEZAS

68. "Ha sido creado el 'Teatro de Operaciones Atlántico Sur'". *La Prensa*, edição de 8 de abril de 1982.
69. *Memorias del Mariscal*. Liddell Hart. Colección Biblioteca del Oficial. Editorial Círculo Militar Argentino. Buenos Aires, 1955.
70. "Regresos a Mar del Plata". Agência de Notícias Saporiti. Publicado no jornal *La Nación*, edição de 8 de abril de 1982.
71. "La Operación Geórgias fue un verdadero absurdo". Depoimento do capitão Horacio Bicain à revista *De y Seg*, nº 7, ano 2, 2002.
72. "La Flota de Mar en la Guerra del Atlántico Sur. Su Actuación Posterior al 2 de Abril de 1982". Capitão de navio da reserva Carlos Alberto Coli, Armada da República Argentina, em www.gaev.com.ar.
73. *Malvinas: La Odisea del Submarino Santa Fe*. Jorge Rafael Bóveda. Instituto de Publicaciones Navales. Buenos Aires, 2007.
74. Id.
75. Comissão de Análise de Ações de Combate. Referência: "ARA Santiago del Estero" (S-22) SUSE. Fonte: Frota de Mar, Marinha argentina, 1983.
76. *Malvinas, 1982*. Santiago Rivas e Juan Carlos Cicalesi. C&R Editorial. São Paulo, 2007, p. 53.
77. A limitação desse equipamento foi, mais tarde, relatada pelos argentinos à Força Aérea Brasileira. Uma versão subsequente do "Bandeirulha" — o P-95B —, recebeu, então, o radar de busca THORN EMI Super Searcher, com capacidade *Track While Scan*, de acompanhar o alvo na superfície do mar sem interromper buscas no restante do espaço aéreo.
78. O mesmo informe dava conta de um aumento do pessoal não diplomático soviético em Buenos Aires — reforço que teria sido conseguido com a transferência de agentes do Peru para a Argentina.
79. "O posicionamento do governo brasileiro na Guerra das Malvinas (1982)". Rafael Macedo da Rocha Santos. *Paper* para o curso de mestrado do PPGHC/UFRJ, 2008, disponível na web.
80. "A participação dos submarinos argentinos no Conflito das Malvinas". CT Frederick Wanderson Varella. *O Periscópio*, ano XLIV, nº 62, 2009. Força de Submarinos da Marinha de Guerra do Brasil, p. 29.
81. *Malvinas: La Odisea del Submarino Santa Fe*. Jorge Rafael Bóveda. Instituto de Publicaciones Navales. Buenos Aires, 2007.
82. Ver, por exemplo, o que diz David J. Kenney, capitão da reserva da Marinha dos Estados Unidos, em seu conhecido artigo "The Fascinating Falklands Campaign", publicado na revista *Proceedings* (vol. 109/6/964), de junho de 1983.
83. *Malvinas: La Odisea del Submarino Santa Fe*. Jorge Rafael Bóveda. Instituto de Publicaciones Navales. Buenos Aires, 2007.

ROBERTO LOPES

84. "La Operación Geórgias fue un verdadero absurdo". Depoimento do capitão Horacio Bicain à revista *De y Seg*, nº 7, ano 2, 2002.
85. *Malvinas: La Odisea del Submarino Santa Fe*. Jorge Rafael Bóveda. Instituto de Publicaciones Navales. Buenos Aires, 2007.
86. "Los gastos y programas militares argentinos y británicos". Agencia Diarios y Noticias (DYN), 12 de abril de 1982.
87. "The Fascinating Falklands Campaign". *Proceedings*, vol. 109/6/964. Instituto Naval dos Estados Unidos. Annapolis, junho de 1983.
88. "La Operación Geórgias fue un verdadero absurdo". Depoimento do capitão Horacio Bicain à revista *De y Seg*, nº 7, ano 2, 2002.
89. Id.
90. "El bautismo de fuego del ARA *Santa Fe*". Artigo de Jorge Rafael Bóveda, preparado com base em seu livro *Malvinas La Odisea del Submarino Santa Fe*. Instituto de Publicaciones Navales. Buenos Aires, 2007.
91. "La Operación Geórgias fue un verdadero absurdo". Depoimento do capitão Horacio Bicain à revista *De y Seg*, nº 7, ano 2, 2002.
92. "The Fascinating Falklands Campaign". capitão David J. Kenney. *Proceedings*, vol. 109/6/964. Instituto Naval dos Estados Unidos. Annapolis, junho de 1983.
93. O grifo é meu. A sigla NM quer dizer navios mercantes.
94. Em seu depoimento do ano de 2000 à revista *Defensa y Seguridad* (*De y Seg*, edição nº 7), o ex-comandante do submarino "Santa Fe", Bicain, indica que seu colega fuzileiro naval agiu estritamente de acordo com a instrução que recebera ainda em terra, antes da partida para as Geórgias: "*Lagos cumplió con las directivas políticas que le había impuesto la superioridad. Esto es que los ingleses tenían que tomar las Geórgias con un acto de fuerza*" ("Lagos cumpriu com as diretrizes políticas que lhe haviam sido impostas pelos superiores. Isto é, que os ingleses tinham que tomar as Geórgias com um ato de força").
95. "The White Paper on the Falklands Conflict". Christopher Dobson et al., em *Strategy and Navy Policy*, Londres, 1983, p. 38-44.
96. "La Operación Geórgias fue un verdadero absurdo". Depoimento do capitão Horacio Bicain à revista *De y Seg*, nº 7, ano 2, 2002.
97. "Alguns princípios da estratégia marítima" (coletânea Clássicos do Poder Naval). Julian Sttaford Corbett. Imprensa do Instituto Naval dos Estados Unidos. Annapolis, 1988.
98. "Emprego de submarinos nucleares com armamento convencional". Capitão de corveta José Carlos Negreiros Lima. *O Periscópio,* ano XXIX, nº 45, p. 35, Rio de Janeiro, 1991.
99. "Un contra todos". Jorge Rafael Bóveda. *Boletín del Centro Naval,* nº 816, janeiro/abril de 2007.

O CÓDIGO DAS PROFUNDEZAS

100. Id.

101. Id.

102. Id.

103. "A guerra vista do submarino que afundou o 'Belgrano'". Artigo de Davis Leigh para o *Observer*, publicado pelo jornal *Folha de S.Paulo* a 2 de dezembro de 1984. Em *O Periscópio*, ano XLV, nº 63, 2010, p. 23-24. Força de Submarinos da Marinha de Guerra do Brasil. Colaboração do vice-almirante João Geraldo Matta de Araújo.

Leigh não revelou o nome de sua fonte, descrevendo-a apenas como "um ex-oficial britânico que estava a bordo do submarino 'Conqueror', quando este afundou o cruzador argentino 'General Belgrano', a 2 de maio de 1982". Esse militar teria solicitado seu desligamento da Royal Navy ainda em 1982 e ido dirigir uma empresa nas Antilhas. Sua identificação pelas autoridades inglesas não constituiu, portanto, dificuldade alguma.

As anotações desse diário foram consideradas comprometedoras ("embaraçosas", segundo o articulista) tanto pela imprensa quanto por fontes do Ministério da Defesa (MoD, na sigla em inglês) da Grã-Bretanha. O assunto Conqueror/Belgrano ganhou repercussão ainda maior quando, na metade final de novembro de 1984, o MoD criou uma comissão de inquérito para investigar o desaparecimento dos seis volumes que constituíam o livro de registros do "Conqueror" referentes ao período da guerra no Atlântico Sul.

104. "Viaje al fondo de los mares del Sur". Artigo de Jorge Fernando Díaz para o jornal *La Nación*, 22 de agosto de 2009.

105. "Operation Corporate: Achievements of the Naval Service". Diretoria de Guerra Naval, Marinha Real. Londres, julho de 1982.

106. "Viaje al fondo de los mares del Sur". Artigo de Jorge Fernando Díaz para o jornal *La Nación*, 22 de agosto de 2009.

107. Id.

108. "Un contra todos". Jorge Rafael Bóveda. *Boletín del Centro Naval*, nº 816, janeiro/abril de 2007.

109. Id.

110. Id.

111. "Buques de la Armada Argentina 1970-1996 — Sus Comandos y Operaciones". Contra-almirante (R) Horacio Rodríguez. Instituto Nacional Browniano, 1997.

112. O temor da Marinha de Sua Majestade em relação à ameaça representada pela Armada argentina era tanto que a frota despachada para o Atlântico Sul levou entre os seus estoques de armas antissubmarinas um pequeno número dos modeníssimos torpedos leves Sting Ray, entregues menos de um ano antes pela Divisão de Armas Submarinas da empresa Marconi Space and Defense. Projetado para perseguir tanto os alvos submarinos como os de superfície, o Sting Ray era to-

talmente computadorizado, mas, à época da guerra das Malvinas, não havia sido sequer testado. Concebido para ser lançado de helicópteros, aeronaves de asa fixa ou embarcações, dentro da água ele podia, em tese, alcançar a velocidade de 45 nós (mais de 80 quilômetros por hora) transportando uma carga explosiva de 40 quilos de *torpex*. Os britânicos garantem que não precisaram usá-los.

113. Essa tática de saturação contra o inimigo submarino foi plenamente admitida pelas autoridades da Royal Navy logo depois da guerra, conforme fica claro no Capítulo 32.

114. *Os Submarinos Nucleares*. Comandante George Peabody Steele. Editora Flamboyant. Rio de Janeiro, 1966.

115. "A Participação dos Submarinos Argentinos no Conflito das Malvinas". CT Frederick Wanderson Varella. *O Periscópio*, ano XLIV, nº 62, 2009, p. 33. Força de Submarinos da Marinha de Guerra do Brasil.

116. "Buques de la Armada Argentina 1970-1996 — Sus Comandos y Operaciones". Contra-almirante (R) Horacio Rodríguez. Instituto Nacional Browniano, 1997.

117. "A Guerra Vista do Submarino que Afundou o 'Belgrano'". Artigo de Davis Leigh para o *Observer*, publicado pelo jornal *Folha de S.Paulo* a 2 de dezembro de 1984. Em *O Periscópio*, ano XLV, nº 63, 2010, p. 23-24. Força de Submarinos da Marinha de Guerra do Brasil. Colaboração do vice-almirante João Geraldo Matta de Araújo.

118. Documento datado de 3 de maio de 1982.

119. Apreciação nº 002. Texto preparado pela 2ª Seção (Informações) da 1ª Subchefia do Estado-Maior do Exército Brasileiro. Brasília, 4 de maio de 1982.

120. "Viaje al fondo de los mares del Sur". Artigo de Jorge Fernando Díaz para o jornal *La Nación*, 22 de agosto de 2009; ver também "Un contra todos". Jorge Rafael Bóveda. *Boletín del Centro Naval*, nº 816, janeiro/abril de 2007.

121. A ação está descrita em "Operation Corporate: Achievements of the Naval Service". Diretoria de Guerra Naval, Marinha Real. Londres, julho de 1982; ver também "La guerra que no se vió". Artigo de Alejandro Amandolara para o jornal *La Nación*, edição de 9 de abril de 1997.

122. "Viaje al fondo de los mares del Sur". Artigo de Jorge Fernando Díaz para o jornal *La Nación*, 22 de agosto de 2009.

123. "Buques de la Armada Argentina 1970-1996 — Sus Comandos y Operaciones". Contra-almirante (R) Horacio Rodríguez. Instituto Nacional Browniano, 1997.

124. *Clear the Bridge!: The War Patrols of the USS Tang*. Richard H. O'Kane. Presidio Press. Califórnia, 1989.

125. "El secreto del ARA Salta". Artigo de Jorge Rafael Bóveda para a revista *Todo es Historia*, nº 417, de abril de 2002. Buenos Aires, Argentina.

126. "El secreto del ARA Salta". Artigo de Jorge Rafael Bóveda para a revista *Todo es Historia*, nº 417, de abril de 2002. Buenos Aires, Argentina.

127. Id.
128. "Argentina muda chefia da Marinha". Artigo de Luis C. Latgé para o *Jornal do Brasil*, edição de 2 de outubro de 1982.
129. Id.
130. "Síndrome de Puerto Argentino". Artigo do contra-almirante Miguel Angel Grondona para o *Boletim Naval* n° 806, janeiro-dezembro de 2003. Buenos Aires, Argentina.
131. "Falha nas Falklands pode afetar venda de armas alemãs". Artigo de William Waack para o *Jornal do Brasil*, outubro de 1982.
132. Documento pertencente ao acervo do autor.
133. "Lições Sobre o Emprego de Submarinos na Guerra das Malvinas (Falklands)". *The Submarine Review*, abril de 1989. Tradução do capitão de fragata Edson de Santiago Cerutti. Artigo publicado na revista *O Periscópio*, n° 45, ano XXIX, p. 32. Força de Submarinos. Marinha do Brasil. Imprensa Naval, 1991.
134. "Lições Sobre o Emprego de Submarinos na Guerra das Malvinas (Falklands)". *The Submarine Review*, abril de 1989. Tradução do capitão de fragata Edson de Santiago Cerutti. Artigo publicado na revista *O Periscópio*, n° 45, ano XXIX, p. 31. Força de Submarinos. Marinha do Brasil. Imprensa Naval, 1991.
135. "The case for more submarines". CDR Mark L. Gorenflo e CDR Michel T. Poirier. *Undersea Warfare*, Revista Oficial da Força de Submarinos da Marinha dos Estados Unidos. vol. 2, n° 2, inverno de 1999.
136. "Lições Sobre o Emprego de Submarinos na Guerra das Malvinas (Falklands)". *The Submarine Review*, abril de 1989. Tradução do capitão de fragata Edson de Santiago Cerutti. Artigo publicado na revista *O Periscópio*, n° 45, ano XXIX, p. 31. Força de Submarinos. Marinha do Brasil. Imprensa Naval, 1991.
137. Id.
138. "Emprego de Submarinos em Águas Rasas". CC H. Boehm, oficial de operações da Flotilha da Alemanha. Artigo publicado na revista *O Periscópio*, n° 46, ano XXX, p. 22-3. Força de Submarinos. Marinha do Brasil. Imprensa Naval, 1992.
139. "A Guerra Vista do Submarino que Afundou o Belgrano". Artigo de Davis Leigh para o Observer, publicado pelo jornal *Folha de S.Paulo* a 2 de dezembro de 1984. Em *O Periscópio*, ano XLV, n° 63, 2010, p. 22. Força de Submarinos da Marinha de Guerra do Brasil. Colaboração do vice-almirante João Geraldo Matta de Araújo.
140. "Sem refrigeração, viagem de submarino fica difícil". Artigo de Roberto Lopes para o jornal *Folha de S.Paulo*, edição de 1° de julho de 1989, p. A-10.
141. Id.
142. "A Guerra Vista do Submarino que Afundou o *Belgrano*". Artigo de Davis Leigh para o *Observer*, publicado pelo jornal *Folha de S.Paulo* a 2 de dezembro de 1984. Em *O Periscópio*, ano XLV, n° 63, 2010, p. 22 e 25. Força de Submarinos da Ma-

ROBERTO LOPES

rinha de Guerra do Brasil. Colaboração do vice-almirante João Geraldo Matta de Araújo, p. 22 e 25.

143. "Los gastos y programas militares argentinos y británicos". Agencia Diarios y Noticias (DYN). 12 de abril de 1982.

144. "Armada inglesa não satisfaz". *Jornal do Brasil*, edição de 5 de agosto de 1982, p. 9.

145. "Submarine Warfare: Today and Tomorrow". John Evelyn Moore e Richard Compton-Hall. Joseph, Estados Unidos, 1986.

146. "Lições Sobre o Emprego de Submarinos na Guerra das Malvinas (Falklands)". *The Submarine Review*, abril de 1989. Tradução do capitão de fragata Edson de Santiago Cerutti. Artigo publicado na revista O *Periscópio,* nº 45, ano XXIX. Força de Submarinos. Marinha do Brasil. Imprensa Naval, 1991, p. 32.

147. "Pensemos en Submarinos". Ventura J. Reverter. *Boletim do Centro Naval,* nº 789, vol. 116, janeiro, fevereiro e março de 1998, Buenos Aires, p. 122.

148. "Lições Sobre o Emprego de Submarinos na Guerra das Malvinas (Falklands)". *The Submarine Review*, abril de 1989. Tradução do capitão de fragata Edson de Santiago Cerutti. Artigo publicado na revista O *Periscópio,* nº 45, ano XXIX. Força de Submarinos. Marinha do Brasil. Imprensa Naval, 1991, p. 32.

149. Id., p. 31.

150. "Programa de Submarinos e Submarinos Nucleares de Ataque (SNA) da Marinha do Brasil". Informe oficial da Marinha de Guerra do Brasil. Disponível em www. infomarmb.hpg.ig.com.br.

151. "La Flota de Mar en la Guerra del Atlántico Sur. Su Actuación Posterior al 2 de Abril de 1982". Capitão de navio (R) Carlos Alberto Coli. Armada da República Argentina (em www.gaev.com.ar).

152. "Se han quitado la vida muchos más combatientes ingleses que argentinos". Depoimento do capitão (R) Horacio Alberto Bicain a Max Belaeff/Mediamza.com, 13 de junho de 2010.

153. "Falklands/Malvinas: retrospectiva". Capitão de corveta Luiz Antonio Monclaro de Malafaia. 2ª parte. *Revista do Clube Naval*. Rio de Janeiro, 1984, p. 36.

Em 1993, uma edição da conceituada revista *Ship's Monthly* noticiou, efetivamente, o incidente que o *Onyx* protagonizou, onze anos antes, em águas pouco profundas do Atlântico Sul, mas insinuou que ele aconteceu no litoral malvinense e não no território continental argentino.

154. "Lições Sobre o Emprego de Submarinos na Guerra das Malvinas (Falklands)". *The Submarine Review*, abril de 1989. Tradução do capitão de fragata Edson de Santiago Cerutti. Artigo publicado na revista O *Periscópio,* nº 45, ano XXIX, p. 32. Força de Submarinos. Marinha do Brasil. Imprensa Naval, 1991.

Duas observações acerca dessa apreciação do almirante Steele. Primeira: trata-se, evidentemente, de um cálculo estritamente militar das possibilidades, que não leva

O CÓDIGO DAS PROFUNDEZAS

em consideração o custo político dos possíveis ataques a bases argentinas e do bloqueio dos portos da nação sul-americana.

Segunda observação: o almirante Steele parece ignorar que foram os seus colegas almirantes argentinos, e não os generais, os principais propugnadores pela aventura nas Malvinas.

155. "Nuestra Fuerza de Submarinos: Una vieja falencia de nuestro poder naval". Vice--almirante (R) Antonio José Mozzarelli. *Revista Argentina de Estudios Estratégicos,* nº 18, p. 33-49. Buenos Aires, 1998.

156. "Pensemos en Submarinos". Ventura J. Reverter. *Boletim do Centro Naval,* nº 789, vol. 116, janeiro, fevereiro e março de 1998, Buenos Aires, p. 124.

157. Id., p. 123-4.

158. "Argentina e Chile vistos pela Escola Superior de Guerra Naval Francesa". *Cols Bleus,* junho de 1993, p. 8-12. Estagiários da ESGN francesa. *Revista Marítima Brasileira,* 3º Trimestre de 1994, p. 241. Marinha de Guerra do Brasil. Rio de Janeiro.

159. Id.

160. O jornal independente *The Times* chamou a entrega do armamento francês aos argentinos de "nítida prova da indiferença, para não dizer hostilidade, por parte do governo da França", e acrescentou: "A Guerra das Falklands terminou há apenas seis meses. Os mortos ainda estão sem sepulturas definitivas. É nesse período que a França envia aos argentinos aviões e mísseis que, já na primeira remessa, quase viraram a balança militar a favor da Argentina."

A imprensa conservadora londrina reagiu com fúria. O tabloide *Sun* chamou o fornecimento de "ato traiçoeiro contra a Inglaterra"; o *Daily Express* considerou-o "uma afrontosa traição aos ingleses"; e o *Daily Mail* lembrou: "Os argentinos estão comprando essas caríssimas armas de guerra no momento em que não podem pagar os juros vencidos de sua dívida externa (...)." Todas as citações referem-se às edições desses diários no dia 20 de novembro de 1982.

161. "Síndrome de Puerto Argentino". Artigo do contra-almirante Miguel Angel Grondona para o *Boletim Naval,* nº 806, Buenos Aires, janeiro-dezembro de 2003.

162. Id.

Textos técnicos consultados

"La Flota de Mar en la Guerra del Atlántico Sur. Su Actuación Posterior al 2 de Abril de 1982". Capitão de navio (R) Carlos Alberto Coli. Armada da República Argentina (em www.gaev.com.ar).

"Nuestra Fuerza de Submarinos: Una vieja falencia de nuestro poder naval". Vice-almirante (R) Antonio José Mozzarelli. Armada da República Argentina. *Revista Argentina de Estudios Estratégicos* nº 18, maio de 1998, p. 33-50. Buenos Aires, Argentina.

No Vencidos. Contra-almirante (R) Horacio A. Mayorga. Editorial Planeta. Buenos Aires, 1998.

Operación Rosario. Contra-almirante I.M. Carlos A. Busser. Editorial Atlântida. Buenos Aires, 1984.

Malvinas, la guerra inconclusa. Contra-almirante I.M. Carlos A. Busser. Ediciones Fernández Reguera. Buenos Aires, 1987.

"Buques de la Armada Argentina 1970-1996 — Sus Comandos y Operaciones". Contra-almirante (R) Horacio Rodríguez. Instituto Nacional Browniano, 1997.

"Super Étandart Naval Aircraft Operations During the Malvinas War". Comandante Jorge Luis Colombo. Armada da República Argentina. *Naval War College Review*, vol. 37, nº 3 e outros. Estados Unidos, maio-junho de 1984.

"The Battle of Malvinas: The Argentinean Version". Jurg Meister. Divisão de Tradução NISC-62, Centro de Apoio à Inteligência Naval. Departamento da Marinha. Washington, Estados Unidos, 16 de maio de 1983.

Malvinas Gesta e Incompetencia. General Martín Balza. Editorial Atlántida. Buenos Aires, out. 2003.

"Informe Rattenbach". Tenente-general Benjamin Rattenbach/Comissão Rattenbach, 2000.

Lista de ex-combatentes da Marinha argentina na Guerra das Malvinas. Dirección Provincial de Personal. Secretaria General de Gobernación. Provincia de Buenos Aires (www.dpp.sg.gba.gob.ar).

"A Guerra Vista do Submarino que Afundou o 'Belgrano' ". Artigo de Davis Leigh para o *Observer*, publicado pelo jornal *Folha de S.Paulo* a 2 de dezembro de 1984. Em *O Periscópio*, ano XLV, nº 63, 2010. Força de Submarinos da Marinha de Guerra do Brasil. Colaboração do vice-almirante João Geraldo Matta de Araújo.

"A Participação dos Submarinos Argentinos no Conflito das Malvinas". CT Frederick Wanderson Varella. *O Periscópio*, ano XLIV, nº 62, 2009. Força de Submarinos da Marinha de Guerra do Brasil.

Leituras Selecionadas nº 5. Centro de Adestramento Almirante Marques de Leão. Marinha de Guerra do Brasil. Rio de Janeiro, julho de 1983.

"Operation Corporate: Achievements of the Naval Service". Diretoria de Guerra Naval. Marinha Real. Londres, julho de 1982.

"Submarine Operations during the Falklands War". Tenente-comandante Steven R. Harper. Naval War College. Newport, Estados Unidos, 17 de junho de 1994.

"Lessons of the Falklands: Summary Report". Departamento da Marinha. Washington, Estados Unidos, fevereiro de 1983.

"Falkland Islands Campaign: Understanding the Issues". National Defense University. Washington, Estados Unidos, 1986.

"The Lesson of the San Luis". *International Defense Review*, vol. 30, nº 8.

"The Future of the Submarine in Argentinean Naval Policy". Juan Carlos Murguizur. *International Defense Review*, abril de 1984.

"The South Atlantic: an Argentinean Point of View". Juan Carlos Murguizur. *International Defense Review*. Londres, fevereiro de 1983.

"The History of the South Atlantic Conflict: The War for the Malvinas". Comodoro Rubén Oscar Moro. Praeger Publishers. Nova York, Estados Unidos, 1989.

"The White Paper on the Falklands Conflict". Christopher Dobson et al., em *Strategy and Navy Policy*. Londres, 1983.

"A guerra dos 74 dias: Novas tecnologias e velhas táticas". Dr. Gary L. Guertner. Instituto de Estudos Estratégicos do Colégio de Guerra do Exército dos Estados Unidos. Em *A Defesa Nacional*, nº 707, Rio de Janeiro, 1983.

"Argentina in the Falklands: Glory Manque". C.W. Koburger. *Navy International*. Londres, maio de 1983.

Este livro foi composto na tipologia Sabon,
em corpo 10/15, e impresso em papel off-white 80 g/m²,
no Sistema Cameron da Divisão Gráfica da Editora Record.